共建"一带一路"
高质量发展丛书

"一带一路"金融风险与金融监管

祝继高 王 谊 等◎著

Financial Risk and
Financial Regulation
under the Belt and
Road Initiative

中国人民大学出版社
·北京·

本书感谢国家社会科学基金重大项目"'一带一路'投资安全保障体系研究"（批准号：19ZDA101）和对外经济贸易大学中央高校基本科研业务费专项资金资助"一带一路"研究系列著作项目（批准号：TS4-12）的资助。

总　序

　　2013 年 9 月和 10 月，习近平主席分别在哈萨克斯坦纳扎尔巴耶夫大学和印度尼西亚国会发表演讲，先后提出建设"丝绸之路经济带"和"21 世纪海上丝绸之路"的合作倡议，简称"一带一路"倡议。"一带一路"倡议旨在促进经济要素有序自由流动、资源高效配置和市场深度融合，推动开展更大范围、更高水平、更深层次的区域合作。政策沟通、设施联通、贸易畅通、资金融通和民心相通（简称"五通"）是"一带一路"倡议的合作重点，也是"一带一路"倡议有别于传统自由贸易的集中体现。

　　"一带一路"倡议提出至今已有十年。十年来，共建"一带一路"取得了举世瞩目的成就。截至 2022 年 8 月底，我国与沿线国家货物贸易额累计约 12 万亿美元，对沿线国家非金融类直接投资超过 1 400 亿美元。截至 2023 年 6 月底，我国已与 152 个国家和 32 个国际组织签署 200 余份共建"一带一路"合作文件。当前，共建"一带一路"已成为深受欢迎的国际公共产品和国际合作平台，也是我国全面推进高水平对外开放、加快构建新发展格局的重要引擎。

随着近年来国际政治经济局势日趋复杂，共建"一带一路"在百年未有之大变局下也面临诸多挑战。在此背景下，探讨如何总结提炼"一带一路"倡议的建设经验和发展成果，防范和应对"一带一路"倡议下的重大风险，不仅是我国有关部门和企业的重大关切，也是我国学者义不容辞的责任。

本丛书的作者团队长期从事金融市场和企业财务管理方面的研究。"一带一路"倡议提出后，作者团队将研究优势与国家顶层设计对接，聚焦"一带一路"风险管理和企业投融资相关问题，积累了较好的研究基础。从 2019 年起，作者团队依托对外经济贸易大学中央高校基本科研业务费专项资金资助"一带一路"研究系列著作项目（批准号：TS4-12）和国家社会科学基金重大项目"'一带一路'投资安全保障体系研究"（批准号：19ZDA101），开始编著"共建'一带一路'高质量发展丛书"。作者团队历经四年多的时间，以"一带一路"倡议下的资金融通为切入点，有机融合其他"四通"，对共建"一带一路"高质量发展下的金融风险、市场风险和企业运营进行了系统梳理。通过本丛书，作者团队希望可以为"一带一路"倡议建言献策，深化理论共识，推动"一带一路"高质量发展。

本丛书共包括三本书，分别为：《"一带一路"金融风险与金融监管》《"一带一路"跨境资本运营》《中国企业共建"一带一路"

典型案例》。三本书分别涵盖了共建"一带一路"高质量发展过程中的宏观金融监管、中观资本市场和微观企业运营三个层面。

金融是经济发展的血脉,资金融通是"一带一路"建设的重要支撑,因此,本丛书的第一本——《"一带一路"金融风险与金融监管》以宏观层面的资金融通为切入点,分析了"一带一路"沿线国家金融体系结构和金融监管的主要现状和特征,以及金融风险的内容、成因和传导机制,致力于构建"一带一路"金融风险分析框架和监测预警体系,为未来"一带一路"金融监管合作提供新方向和新思路。该书从国家主权信用风险、金融风险研究与评估、金融合作、金融资本来源和金融基础设施建设五个维度提出了相关的政策建议。

在中观资本市场方面,本丛书的第二本——《"一带一路"跨境资本运营》从海外资本市场的角度分析了我国企业在境外上市、跨境并购与境外收益回流三个方面的理论与实务问题。该书分析总结了我国企业跨境资本运营过程中遇到的各种问题和挑战,并提出了相应的建议。该书认为,我国企业应该将资本运营与企业的长期发展战略紧密配合,全面筹划,客观分析所面临的内外部环境因素,发挥资本运营的优势,带动跨境资本运营成为我国企业国际化成长的重要路径之一。对于进行境外并购的企业,应加强对财务风险预警的制度建设,推动建立我国企业境外并购风险案例库,系统提炼境外并购风险的经验和教训,为今后企业境外并购交易提供理论和经验支持。

在微观企业运营方面，本丛书的第三本——《中国企业共建"一带一路"典型案例》围绕"一带一路"倡议下的"五通"建设，精心挑选了8个我国企业高质量参与"一带一路"建设的典型案例，深入挖掘了这些企业"走出去"所取得的成效和亮点。这些典型案例突出展现了"一带一路"倡议为我国企业境外投资经营带来的重要战略机遇。该书通过全面总结企业参与共建"一带一路"的实践经验和理论启示，为其他参与共建"一带一路"的企业提供了可复制的范式和可实现的路径，有助于推动共建"一带一路"高质量发展。

本丛书从共建"一带一路"高质量发展过程中面临的实际问题对理论的需求出发，以理论研究回应我国高水平对外开放和企业跨国经营中的重要现实问题，具有鲜明的问题导向、需求导向和目标导向；构建了专门针对"一带一路"沿线国家的风险监测预警评价体系，针对我国企业在跨境资本运营中的挑战从不同层面和维度提出了有效的政策建议，并系统梳理和提炼了我国企业成功参与"一带一路"建设的理论路径，在一定程度上突破了现有风险管理、对外投资等研究更多基于西方情境或西方理论的局限，体现了鲜明的"一带一路"特色。

本丛书的研究内容在一定程度上丰富和完善了"一带一路"沿线国家风险管理、对外投资和财务管理相关理论。当然，本丛书也有一定的研究局限和不足之处，恳请各位读者批评指正。期望本丛书能够引发读者对共建"一带一路"高质量发展的深入思考，总结经验、砥砺前行，不断提升我国企业应对复杂国际环境的可持续竞争能力。

祝继高

前　言

　　2023 年是"一带一路"倡议提出十周年。十年来,"一带一路"建设取得了举世瞩目的成就。资金融通是共建"一带一路"的重要支撑和保障。共建"一带一路"高质量发展离不开多边金融合作的支持,但同时金融在服务"一带一路"建设的过程中也存在诸多现实挑战,尤其是"一带一路"沿线国家制度环境、社会环境和金融发展程度各异。沿线国家之间在金融监管体制、金融基础设施、金融技术水平等方面的差异可能引发"一带一路"建设中的金融风险并加剧其传导。而现有关于金融风险和金融监管的理论大多基于西方发达国家的理论进行构建,不完全适用于"一带一路"沿线众多发展中国家的金融监管制度环境。如何构建符合"一带一路"情境的金融风险监测预警体系,加强沿线国家之间的金融监管合作就成为保障"一带一路"建设金融稳定、推动共建"一带一路"高质量发展的重要理论和现实议题。

　　笔者在金融机构的资源配置和金融风险治理等方面有长期的积累和深入的研究。随着"一带一路"建设的持续推进,笔者将前期研究积累与现实情境相结合，聚焦"一带一路"倡议下的投资安全保障和金融风险防范等问题开展研究。本书针对沿线国家的金融监管制度特征，探索构建"一带一路"金融风险分析框架和监测预警体系，并在此基础上深入探讨"一带一路"金融风险治理和金融监管合作，为"一带一路"金融监管合作提供新方向和新思路。

基于上述主题，本书的主要研究内容具体包括：

第一，揭示"一带一路"沿线国家金融监管体制的影响因素，梳理和比较不同沿线国家的金融监管体制特征。探索"一带一路"沿线国家金融监管体制，是完善"一带一路"金融监管体系框架、分析"一带一路"金融风险和加强"一带一路"金融监管合作的基础。本书首先从"一带一路"沿线国家的金融发展水平、政治经济体制、法律体系等维度分析了国别特征对沿线国家金融监管体制的影响，然后通过梳理和归纳沿线国家的金融监管体制特征建立有针对性的国别框架。在此基础上，通过对典型沿线国家的具体分析揭示金融监管体制与金融风险之间的作用关系，为具体分析沿线国家的金融风险管理提供启示。

第二，探索"一带一路"沿线主要国家的金融风险内容、成因和传导路径，建立"一带一路"沿线国家金融风险分析框架。现有基于西方发达国家背景的金融风险和金融监管理论不完全适用于"一带一路"沿线的众多发展中国家，亟须建立更适合"一带一路"具体情境的金融风险分析理论框架。这也是构建"一带一路"沿线国家金融风险监测预警体系的重要基础。针对这一问题，本书在分析"一带一路"沿线国家金融监管体制特征的基础上，从宏观的国家和中观的金融机构与金融市场两个层面展开研究，分别梳理了不同层面上的金融风险内容和金融风险成因，形成了不同层面的金融风险传导路径图，并归纳总结了"一带一路"沿线国家金融风险分析框架。

第三，构建"一带一路"金融风险监测预警体系，量化"一带一路"沿线国家金融风险。对"一带一路"沿线国家的金融风险进行评级，为我国企业在沿线国家的商业活动提供信息支撑和金融风险预警，是本书研究内容服务于共建"一带一路"高质量发展的落脚点之一。本书基于以上对风险内容的识别，分别在宏观和中观层面选取可量化的指标构建金融风险监测预警体系。本书通过整合相关指标度量沿线国家不同层面和维度的风险，进一步从风险指标关联性、时间变化趋势、风险波动性等方面对评级结果进行分析。本书还将构建的评级体系与其他相关研究的结论进行了对比，凸显了本书指标体系构建的合理性和独特性。

第四，梳理"一带一路"沿线国家金融监管合作现状，探讨未来与"一带一路"沿线国家进行金融监管合作的重点方向。如何在高质量共建"一带一路"的背景下不断探索金融监管合作的可行路径，是防范和化解"一带一路"金融风险的重要议题。针对这一问题，本书首先回顾了国际金融监管合作的基本途径、基本模式和新发展趋势；然后梳理了"一带一路"倡议提出以来，我国与沿线国家的金融监管合作实践；最后分析了"一带一路"沿线国家金融监管合作实践中存在的问题，并探讨了未来推进"一带一路"沿线国家金融监管合作的重点方向和制度安排。

本书聚焦于我国新发展格局下高水平对外开放的重大理论和现实问题，具有明确的问题导向和需求导向。本书的创新之处主要体现在：第一，本书的研究框架不拘泥于以往针对发达国家的金融风险和金融监管理论分析，具有鲜明的"一带一路"特色。第二，本书系统构建了"一带一路"金融风险传导路径图，为深入理解、识别和预测金融风险提供了重要的理论依据，也为后续研究"一带一路"资金融通提供了可借鉴的分析思路。第三，本书构建了一套专门针对"一带一路"沿线国家金融风险的评级体系，有助于为将来开展"一带一路"资金融通效率和其他有关问题的研究提供可资借鉴的分析数据。

全书共设六章。第一章旨在说明本书的研究背景与意义、研究思路与框架、主要观点和未来的研究方向。第二章系统研究"一带一路"沿线主要国家的金融监管体制。第三章建立"一带一路"沿线国家金融风险分析框架。第四章构建"一带一路"沿线国家金融风险评级体系并对该体系进行应用。第五章探讨如何加强"一带一路"沿线国家金融监管合作。第六章总结本书的研究结论并提出相应的政策建议。

　　本书是研究团队倾力合作的成果，对外经济贸易大学祝继高、梁晓琴、王天韵、朱佳信、娄思琦、姜彦辰和郑紫菱，郑州航空工业管理学院王谊，河北大学刘霞共同参与了本书的撰写、统稿和校稿。本书的分工如下：祝继高负责第一章的撰写；祝继高、梁晓琴和朱佳信负责第二章的撰写；刘霞和王谊负责第三章的撰写；王谊和王天韵负责第四章的撰写；祝继高、梁晓琴和朱佳信负责第五章的撰写；祝继高和娄思琦负责第六章的撰写。本书由祝继高和王谊统稿，姜彦辰、娄思琦和郑紫菱参与了本书的校对。最后，感谢中国人民大学出版社陈永凤老师为本书的出版做了大量工作。当然，本书难免存在一些不足，恳请读者批评指正，也期待以本书为契机与各位读者进行沟通交流。

祝继高

目 录

第一章
导　论

第一节　研究背景与意义

金融是现代经济的血液。血脉通，增长才有力。[①]毫无疑问，"一带一路"建设离不开资金的支持，资金融通是"一带一路"建设的重要支撑。历经多年的实践探索，"一带一路"已经初步形成以政策性、开发性和商业性贷款为主，投资基金、专项债券为辅，政府部门与私营部门共同参与，我国与沿线国家、国际性金融机

---

① 习近平.携手推进"一带一路"建设：在"一带一路"国际合作高峰论坛开幕式上的演讲.人民日报，2017-05-15（3）.

构互利合作的综合融资机制。以亚洲基础设施投资银行和国家开发银行为例，截至 2023 年 1 月，亚洲基础设施投资银行累计批准项目 202 个，融资总额超过 388 亿美元，带动资本近 1 300 亿美元[①]；截至 2020 年 9 月，国家开发银行在"一带一路"沿线及共建国家累计支持了 700 多个项目，业务覆盖了 105 个沿线和共建国家[②]；此外，自 2018 年 3 月上海证券交易所发布开展"一带一路"债券试点的通知以来，截至 2022 年 11 月，境外发行人在上海证券交易所发行熊猫债券和"一带一路"债券已累计超过 1 000 亿元[③]。但与此同时，金融在服务"一带一路"建设的过程中也带来了诸多风险与挑战，随着"一带一路"建设向高质量发展转变，加强沿线国家的金融监管合作、保障金融稳定成为必不可少的议题，引起各界广泛的关注和探讨。

2019 年 4 月 25 日，中国人民银行行长易纲在第二届"一带一路"国际合作高峰论坛资金融通分论坛上发言时提出，"应秉持'共商、共建、共享'的理念，坚持'企业为主体、市场化运作、互利共赢'的原则，构建开放、市场导向的投融资体系，推动'一带一路'建设高质量发展"，其中，"应加强债务和风险管

---

① 开业运营 7 周年 亚投行"朋友圈"何以越来越大？（2023-01-17）. https://www.gov.cn/xinwen/2023-01/17/content_5737425.htm.

② 金融开放新格局有力推动"一带一路"建设 .（2020-10-26）. https://finance.gmw.cn/2020-10/26/content_34308645.htm.

③ 打造世界 流交易所 助力资本市场高质量开放和上海国际金融中心建设：上交所总经理蔡建春在第五届虹桥国际经济论坛上的致辞 .（2022-11-05）. www.sse.com.cn/aboutus/mediacenter/hotandd/c/c_20221105_5711375.shtml.

理，实现可持续发展"。世界银行 2019 年 6 月公布的《"一带一路"经济学：交通走廊的机遇与风险》指出，债务可持续性风险是"一带一路"大型基础设施项目面临的重大风险之一，在具有详细债务数据的 43 个沿线经济体中，有 12 个经济体债务水平已处于高位，其债务可持续性前景可能进一步出现中期恶化。①国家发展改革委、外交部、商务部联合发布的《推动共建丝绸之路经济带和 21 世纪海上丝绸之路的愿景与行动》，明确提出要完善风险应对和危机处置制度安排，构建区域性金融风险预警系统，形成应对跨境风险和危机处置的交流合作机制。

然而，要打通"一带一路"金融大动脉，构建和保持稳定、可持续和风险可控的金融保障体系还面临如下难点："一带一路"国家资金融通涉及沿线诸多国家和地区的协作，一方面，沿线国家多为新兴经济体和发展中国家，其经济发展水平、金融发展程度不仅与发达国家存在较大的差距，彼此之间也存在较大的差异；另一方面，沿线国家在制度环境、历史文化方面都存在差异，这就导致我国在与其进行资金融通的过程中可能会面临金融风险监管体制差异、金融市场运行机制差异、金融基础设施差异、金融技术发展差异等诸多因素引起的风险。因此，在识别和评估"一带一路"金融风险时，不能简单地套用已有的基于发达

① "一带一路"经济学：交通走廊的机遇与风险 . https://www.shihang.org/zh/topic/regional-integration/publication/belt-and-road-economics-opportunities-and-risks-of-transport-corridors.

国家的金融风险和金融监管理论，而是应当结合沿线国家的现实基础，尤其是沿线国家的金融监管制度环境，发展"一带一路"金融风险和金融监管理论，构建"一带一路"金融风险识别和评估体系。从理论上对发展中国家之间的金融风险和监管合作提供新的作用机制理论证据，也从实践意义上帮助加快形成高效、稳定、可持续、风险可控的金融保障体系，充分发挥金融对资源的配置功能，促进资金融通更好地服务于"一带一路"高质量发展。

第二节 研究思路与框架安排

当前各界对于"一带一路"倡议下金融风险及金融监管合作的研究以质性研究为主，通过规范性研究对金融风险的产生来源进行梳理，并据此提出应对策略。但是，少有学者使用量化方法对"一带一路"倡议下的金融风险进行识别和评估，更缺乏一套针对"一带一路"沿线国家及地区金融风险的预警分析框架。鉴于此，本书立足于"一带一路"沿线国家金融监管现状，专注于构建"一带一路"金融风险分析框架和监测预警体系，并在此基础上为未来"一带一路"金融监管合作提供新方向和新思路。本书的总体研究框架如图1-1所示。

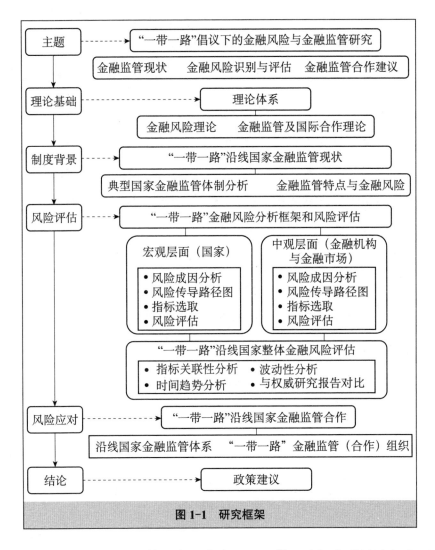

图 1-1 研究框架

结合图 1-1，具体而言，本书以"一带一路"金融风险与金融监管为研究主题，基于金融风险理论和金融监管及国际合作理论，结合沿线国家金融监管现状，从宏观、中观层面对"一带一路"金融风险进行评估。在此基础上，本书进一步从加强"一带一路"沿线国家金融监管合作的角度探讨"一带一路"金融风险应对，最终形成针对"一带一路"金融风险与金融监管合作的政策建议。

根据研究主题和内容的需要，本书采用以下研究方法：

第一，定性分析方法。本书按照定性分析方法，归纳了"一带一路"沿线国家金融监管体制的特征与不足，提炼出典型的"一带一路"沿线国家金融监管模式，并总结了"一带一路"金融监管合作实践与问题，形成了运用定量研究方法的现实基础。

第二，定量研究方法。本书结合金融风险和金融监管理论，以及"一带一路"金融监管实践，立足于沿线国家整体环境和各国金融机构发展特点，分别从国家宏观层面和金融机构与金融市场中观层面对沿线国家的金融风险进行了系统分析，更加科学地对"一带一路"沿线国家金融风险程度和发展趋势进行预测。

本书共分为六章，主要包括以下部分：

第一部分：包括第一章，为导论部分，对"一带一路"资金融通与金融风险的研究进行概括性介绍，主要内容包括本书的研究背景与意义，以及研究框架和研究方法。

第二部分：包括第二章，研究"一带一路"沿线国家的金融监管体制现状。本部分主要介绍了金融发展水平、政治经济环境、法律体系对沿线国家金融监管体制的影响，具体分析了七个典型沿线国家的金融监管体制与金融风险的作用关系，给沿线国家的金融风险管理提供了启示。

第三部分：包括第三章和第四章，研究"一带一路"沿线国家金融风险的识别、传导机制和评估框架。其中，第三章研究了不同层面涵盖的风险成因，包括国家层面的政治、社会、政策、经济和金融影响因素，金融机构层面的币值波动、资产价格波动、地方政府债务和影子银行影响因素，金融市场层面的过度金融创新、金融体系脆弱性、金融市场信息不对称影响因素，构建了"一带一路"金融风险分析框架，为建立"一带一路"金融风险监测预警体系提供了重要的理论依据。第四章量化了金融风险监测指标，建立了"一带一路"金融风险预警系统，为我国企业在沿线国家开展投融资行为提供信息支撑和金融风险预警，将本书研究真正落实到服务"一带一路"建设。

第四部分：包括第五章，研究"一带一路"沿线国家金融监管合作。本部分主要介绍了双边和多边的"一带一路"沿线国家金融监管合作实践，分析了当前实践中存在的问题，并从近期对策和远期目标两方面指明未来推进"一带一路"倡议下的金融监管合作的重点方向。

第五部分：包括第六章，总结了研究结论和研究不足，并提出相应的政策建议。

第三节　研究发现与主要观点

本书各部分的主要观点与研究发现分述如下：

一、"一带一路"沿线国家金融体系结构和金融监管特征方面

第一，沿线国家金融监管和风险防范能力存在较大差异，以新加坡为代表的发达国家拥有完善的金融基础设施和与金融发展相匹配的金融监管体制；以印度、俄罗斯和波兰为代表的新兴经济体的金融市场发展迅速，金融监管体制改革处于研究探索阶段，结构性失衡风险和利率风险较高，兼之金融市场开放程度逐年提高，金融体系受国际金融波动影响较大；而以哈萨克斯坦为代表的中亚国家金融市场规模较小，对外债的依赖程度高，金融"拉美化"[①]风险高，金融监管最为薄弱。

第二，绝大部分"一带一路"沿线国家的金融体系以银行业为主，金融监管十分注重对银行业的监管，但不同国家加强银行

①　所谓金融"拉美化"，主要是指本国金融活动越来越依赖于国际资本，本国金融市场逐步为外资所主导，本国的资产定价、证券服务业、投资收益等大多为国际投资者和外国金融服务机构所控制或支配的一种现象。

业监管的制度安排和工具不尽相同，新加坡、印度和波兰成立了专门的风险控制部门或委员会负责对金融体系的系统性风险进行分析和监测；而俄罗斯、阿联酋和哈萨克斯坦主要通过资本充足率、法定存款准备金率、再贴现率等指标对银行实施监管。上述两点显著增加了"一带一路"资金融通和金融监管协调合作的难度，是打通"一带一路"金融大动脉、构建稳定和可持续的金融保障体系所必须考虑的制度前提。

二、"一带一路"金融风险内容、成因和传导机制方面

基于上述制度前提和金融监管现状，本书从国家和金融机构与金融市场两个层面梳理归纳了金融风险的内容、成因和传导机制。

第一，对于国家层面的风险传导，在国家间的横向传导路径中存在贸易溢出效应、国际负债和产业联动效应三种传导机制；在国家层面向金融机构与金融市场层面的纵向传导路径中，主要存在主权信用和资产负债表效应两种传导机制；在国家层面向企业层面的纵向传导路径中，主要包括主权信用和货币政策两种传导机制。

第二，对于金融机构与金融市场层面的风险传导，在金融机构内部部门间横向传导路径中，信息不对称发挥着重要的风险传导作用；在金融机构间横向传导路径中，由金融机构间债务关系

与信用关系所构成的资金链条对金融风险起到了传导作用；在金融机构与金融市场间横向传导路径中，资产证券化是关键的风险传导机制；在金融市场间的横向传导路径中，心理作用机制发挥着风险传导作用；在金融机构向企业的风险传导路径中，存在资产负债表效应、金融加速器和会计加速器三种传导机制；在金融市场向企业的纵向传导路径中，心理作用机制、金融加速器和托宾 Q 效应则发挥着风险传导作用。

三、"一带一路"金融风险识别和评估方面

剖析风险成因和传导机制为构建"一带一路"金融风险识别和评估体系打下了坚实的基础。本书首先将整体金融风险分为宏观层面的风险和中观层面的风险，在宏观层面围绕政治不确定性、政府政策不确定性、宏观经济不确定性、社会不确定性和自然不确定性五个维度选取 17 个指标，微观层面围绕金融机构与金融市场的深度、可得性和效率三个维度选取 30 个指标，对"一带一路"沿线国家的金融风险进行量化和评估，得到各个沿线国家的金融风险总评分。其次，本书将得到的研究结果与发布全球权威的国家风险指标数据的《国家风险国际指南》、中国社会科学院世界经济与政治研究所国际投资研究室发布的《中国海外投资国家风险评级报告》和中国出口信用保险公司发布的《国家风险分析

报告》三份国内外权威研究报告进行对比，确保研究发现的准确性和严谨性。

四、"一带一路"沿线国家金融监管合作方面

第一，区域多边模式下的金融监管合作以亚洲基础设施投资银行、丝路基金等多边开发金融机构和亚洲金融合作协会、多边开发融资合作中心为主。相关机构除了为"一带一路"基础设施项目提供资金支持和金融合作方案外，还承担推动沿线国家金融监管体制改革与国际接轨、促进区域内金融自愿整合、维护区域金融稳定的职责。在设置机构的基础上，辅以清迈倡议多边化（CMIM）协议、中国－中东欧国家合作纲要等进行局部区域金融监管合作，为特定区域提供资金支持、咨询服务、争端解决等服务。双边金融监管合作则以双边货币互换协议、监管合作谅解备忘录和监管合作协议为主，是双边合作模式开展的有力保障。

第二，"一带一路"沿线地区的合作实践大部分处于起步探索阶段，工作成果主要集中于对区域内货币、信息、危机应对的监管内容进行纲领性约定，并提供资金支持、咨询、争端解决等服务，尚缺乏数字货币、金融科技、跨境征信、货币互换多边化等方面的合作，以及缺乏区域性金融风险预警系统和危机处置制度安排。

第三，为更好地解决当前"一带一路"沿线国家金融监管合

作方面的问题，应对"一带一路"金融风险，应该从近期对策和远期目标两方面进一步加强"一带一路"沿线国家金融监管合作。近期对策方面，主要是通过完善"一带一路"沿线国家政策协调与业务对接、加强对部分沿线国家的金融监管技术援助等措施，持续推进"一带一路"沿线国家金融监管体系框架的构建。远期目标则主要在于建立"一带一路"金融监管（合作）组织，并以此为依托推进落实更加统一的"一带一路"金融监管标准。

五、政策建议方面

基于全部的分析结果，本书从国家主权信用风险、金融风险研究与评估、金融合作、金融资本来源和金融基础设施建设五个维度提出防范和应对"一带一路"金融风险、加强"一带一路"金融监管、促进"一带一路"资金融通的政策建议。包括但不限于：

第一，中亚和南亚地区国家的政府债务率处于国际警戒线水平以上，主权信用风险传导机制下，国家信用评级的下调，易引起国内信贷市场信用风险增加以及国内资本市场的大幅震荡，最终造成金融机构信用风险提高和资产质量下降，诱发系统性金融风险。建议强化长期稳定可持续的投融资安排，防范主权信用风险冲击"一带一路"建设，在满足投资、融资需求和债务可持续性间寻求平衡。

第二，借鉴国际货币基金组织"早期预警演练"的工作机制，在"一带一路"金融监管（合作）组织下设相关部门具体开展相关工作，对沿线国家以及重大投资项目的流动性、信用和汇率风险合理划分风险等级，根据适用的风险分级原则，并参照沿线相关国家的金融风险评级体系，构建同时包含微观审慎指标和宏观审慎指标的金融预警指标体系框架。

第三，鼓励养老基金、保险资金、主权财富基金等长期机构投资者参与"一带一路"建设，在夯实风险识别和评估工作的基础上，创新多种投融资方式和渠道，利用政府与社会资本合作、资产证券化方式盘活基础设施存量资产，持续吸引长期资金。

第四，支持发展沿线国家股权和债券交易市场，尤其是当前资本市场规模较小的国家，可采用双边对话、经验交流等技术援助方式，提升沿线国家资本市场效率，发挥直接融资优势。

第五，建设和完善"一带一路"征信体系，包括建立跨境征信合作机制、统一的信用标准制度体系和征信信息共享平台。

第四节　研究的主要创新点与未来改进方向

"一带一路"金融风险识别和量化评估对于高质量共建"一

带一路"是一个重要而又极具复杂性的研究课题，由于缺乏适用于新兴经济体和发展中国家的金融风险分析框架和金融监管理论，加之部分发展中国家的研究数据严重缺失，构建"一带一路"金融风险识别和评估体系的难度大大增加。为此，本书在借鉴国内外相关文献、权威机构研究报告的基础上，结合"一带一路"沿线国家金融体系结构和金融监管特征，从宏观和中观两个层面探讨"一带一路"资金融通下的风险成因和传导机制，量化金融风险监测指标，构建风险评级体系，再回归到探讨如何加强金融监管合作以更好地应对"一带一路"金融风险。总体而言，本书呈现以下创新点：

第一，在研究框架上，本书坚持脚踏实地，从"一带一路"沿线国家金融监管现状出发，详细、系统地整理汇总了沿线国家金融体系结构和金融监管特征，建立起金融监管现状与金融风险分析框架之间的桥梁，确保对金融风险成因和传导机制的分析不拘泥于以往只针对发达国家的金融风险理论和金融监管理论的分析，形成"一带一路"特色。

第二，在研究构建"一带一路"金融风险分析框架时，采用三分法来分析：（1）国家层面的金融风险涵盖哪些内容？（2）沿线国家金融机构与金融市场层面的金融风险包括哪些内容？（3）金融风险在不同的层面如何传导？由此系统构建了"一带一路"金融风险传导路径图，为深入理解、识别和预测金融风险提供了重要的理论依据，也可以为后续研究"一带一路"资金融通提供可借鉴的分析思路。

第三，构建了一套专门针对金融风险的评级数据，有助于为将来开展"一带一路"资金融通效率和其他有关问题的研究提供可资借鉴的分析数据，同时，也可以为未来风险预警模型的参数调整提供样本数据。

同时，本书也存在一定局限性。各国的货币政策、资本市场、金融监管体制等不断变化和调整，由于缺乏最新的基础指标数据，本书不可避免地存在一些时效性问题，这可能会使得未来一个阶段的金融风险发展趋势与本书推测存在一定差异。但是本书对各国金融监管体系的分析和对过往金融风险的评估仍然可以为未来的风险预警提供可靠的借鉴。

第二章
"一带一路"沿线主要国家的
金融监管体制研究

　　金融监管体制是一个国家金融监管权力分配和层次划分的方式和组织制度，是国家金融监管机关根据相关金融法律法规，对金融行业以及从事或干预金融活动的法人主体所实施的管理和监督。一方面，一个完善、科学、有效的金融监管体系是防范化解金融风险、维护国家金融秩序稳定、保障金融体系安全运行的重要基础。另一方面，金融监管体系的不完善和不一致可能是金融风险的重要来源，并且加剧金融风险在不同层面和不同国家之间的传导。因此，分析"一带一路"沿线国家金融监管体制的特征和问题，是研究"一带一路"金融风险的前提，同时对于构建和完善"一带一路"金融监管体系框架，以及加强"一带一路"金融监管合作具有积极的启示意义。

现阶段，国际上通行的金融监管体制有统一监管、分业监管和不完全监管三种模式。一方面，金融监管体制是各国历史和国情的产物，与国家金融发展水平是相互匹配的关系。另一方面，一国金融监管体制模式的选择还与该国的政治经济环境、法律体系、文化传统等具体国情密切相关。换言之，各国的金融发展水平决定了金融监管体制的纵向发展，具体国情则决定了金融监管体制的横向差异。

基于此，本章首先依据"一带一路"沿线国家的金融发展水平和政治经济环境、法律体系、文化传统等国情特征，梳理和归纳"一带一路"沿线国家的金融监管体制特征，建立有针对性的国别研究体系。随后，选出典型国家，具体地分析"一带一路"典型金融监管体制现状，初步探索不同金融监管体制可能引发的金融风险，为后续章节分析和评价"一带一路"金融风险奠定现实基础。

第一节　金融监管体制建立的基本原则

"一带一路"沿线国家的金融监管模式呈现出多元化的格局，

要准确把握"一带一路"沿线国家金融监管体制发展、演变特征和系统性金融风险的变化规律，必须深入分析各国金融监管模式改革的相关背景，立足于各国的国情。阿尔纳和林（Arner and Lin，2003）提出有效金融监管框架的基本原则是，监管框架应与一国法律框架、金融体系发展状况、法律体系、文化相适应，同时考虑金融监管协作，审慎地进行金融监管框架调整和重建。鉴于此，本节从世界银行数据库、国际货币基金组织数据库、谷歌搜索引擎和百度搜索引擎，获取"一带一路"沿线国家的金融发展水平、政治经济环境、法律体系相关的资料和数据，利用描述性统计方法，分析"一带一路"沿线国家金融监管体制所依赖的国情因素，并依据国情因素的分析结果，对"一带一路"沿线国家的金融监管体制进行分组，有针对性地探讨"一带一路"沿线国家金融监管现状。

一、金融发展水平

国家金融监管体制的选择，受制于一国的金融发展水平。金融监管体制的调整和重塑，又影响金融发展水平，形成内生关系。正如韦伯和阿尔纳（Weber and Arner，2007）认为，金融全球化浪潮下，金融产品界限日益模糊，一定程度导致了 1997 年亚洲金融危机。一些国家通过监管体制变革，向统一监管模式转变，调控金融业态，适应金融全球化，实现推动金融发展、维护金融稳定的目标。

　　一个国家和地区的金融发展水平，受到多种因素的综合作用，形成了一定时期的金融表象，如金融机构和金融市场的深度和宽度（Beck, et al., 2000），银行业、证券业和其他金融业的结构及可获得性。伴随信息技术的飞速发展，金融基础设施和金融科技同样影响着金融业发展和金融监管。统一监管模式虽然适应了混业经营的趋势，提升了金融监管的有效性，但对国家金融发展和监管水平要求较高，如果贸然调整，会增加金融系统性风险。"一带一路"沿线国家金融发展水平不均，除新加坡等少数国家和金融业不发达地区采用以央行为主的统一监管模式，更多的沿线国家采用分业监管模式，或像俄罗斯一样，逐步向统一监管模式转变。沿线国家拥有明显的地域分区特征，为便于比较，以下按照东北亚、东南亚、南亚、西亚北非、中东欧、中亚地区划分，对主要国家进行简述，探寻各国金融发展与金融监管体制的联系。

（一）金融业结构

　　一个国家的金融产业，主要由信贷市场和资本市场组成。巴曙松和沈长征（2013）认为，金融业结构会造成金融风险的结构性差异，导致以控制风险为目标的金融监管机构进行适应性监管措施调整。国家金融监管体制设立和改革过程中，金融业结构成为不得不考虑的因素。

巴曙松和沈长征（2016）提出，可以使用上市公司总市值和银行部门提供的国内信贷比重来衡量国家的金融业结构。因此，本书从世界银行数据库获取了2018年度"一带一路"沿线国家上市公司总市值和银行部门提供的国内信贷比重作为沿线国家证券业和银行业相对规模的代理变量。证券业和银行业的相对规模越接近1，说明沿线国家的证券业和银行业越均衡；比重越接近0，说明沿线国家的银行业占比越大，证券业相对不发达。使用上市公司总市值在国内生产总值中的占比作为证券化率[①]的替代指标，衡量沿线国家的证券业规模，比值越大，说明证券业规模越大。剔除缺失数据后，共计得出23个国家的有效值[②]，具体见图2-1。

图2-1中，沿线国家金融业结构呈现出金融发展规模不等、结构分布不均的特点。东南亚地区，形成新加坡证券市场极度发达，马来西亚、泰国和菲律宾金融业结构相对平衡，越南银行业发达的格局。这和各国金融监管模式相契合，如新加坡采取混业统一监管模式，提升监管效率。南亚地区，印度资本市场发展相

---

　　① 证券化率指的是一国各类证券总市值与该国国内生产总值的比率，可以衡量证券市场发展程度。实际计算中，证券总市值＝股票总市值＋债券总市值＋共同基金。为了方便计算，一些学者经常采用上市公司总市值代替证券总市值。

　　② 黎巴嫩、沙特阿拉伯、巴林三国有上市公司总市值占比数据，但缺少银行部门提供的国内信贷指标。

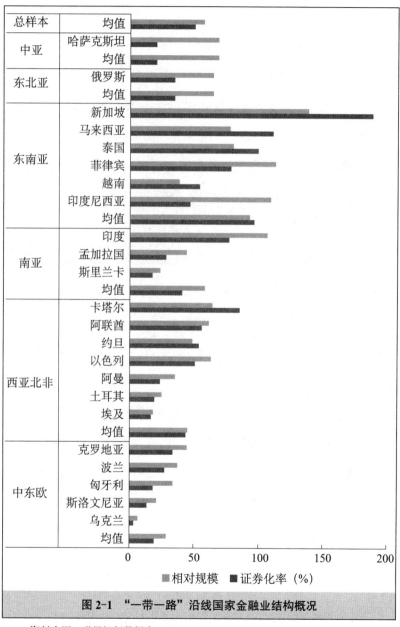

图 2-1 "一带一路"沿线国家金融业结构概况

资料来源：世界银行数据库 . https://data.worldbank.org.cn/indicator/.

对较早，采用分业监管模式；其他国家金融业结构不均衡。西亚北非地区，卡塔尔、阿联酋金融业结构较为均衡，采用统一监管模式，阿曼、土耳其和埃及都以银行业为主。中东欧地区，以银行业为主，证券市场规模相对较小，许多国家如波兰、匈牙利，采用了央行或其他机构统一监管模式。东北亚和中亚地区，俄罗斯和哈萨克斯坦则呈现出银行业和证券业规模都较小的格局。

（二）资本充足率

最低资本充足率一直以来都是巴塞尔银行监管委员会监管的重点，被视为金融业监管的"第一支柱"，《巴塞尔协议Ⅲ》（Basel Ⅲ）保持了最低资本充足率为 8% 的监管要求。一国的资本充足率，反映了金融系统的风险杠杆水平。资本充足率越高，一般意味着流动性风险越小。然而，过高的资本充足率，会降低银行提供信贷的效率，增加实体经济融资成本。[1] 所以，为平衡效率和效果，资本充足率应维持一定的安全区间。有一种观点认为，资本充足率的监管应体现顺周期性，在经济上行时下调监管要求，激励银行信贷供给；在经济下行时收紧，收缩银行资产规模。

"一带一路"沿线国家资本充足率差异颇大。为便于国别比

---

① Financial Stability Forum. Report of the financial stability on addressing procyclicality in the financial system, 2009. https://www.fsb.org/wp-content/uploads/r_0904a.pdf.

较，本节使用世界银行数据库中的"银行资本对资产比率"代表资本充足率，选取 2013—2021 年"一带一路"沿线国家数据，剔除存在缺失数据的国家后，最终共得到 35 个国家的有效数据，具体见图 2-2。

一般情况下，资本充足率越高，说明该国家金融监管越严格，金融系统性风险越小。从图 2-2 可以看出，印度、捷克等少数国家，低于国际通行的 8% 最低资本充足率要求，金融系统性风险较高；马尔代夫、塔吉克斯坦、沙特阿拉伯等国的资本充足率超过 14%，银行风险监管较为严苛；更多国家的资本充足率处于 8%～12%，兼顾银行信贷供给的风险和收益。

（三）金融基础设施

金融基础设施是为金融活动提供基础性公共服务的系统和制度安排，包括金融资产登记托管系统、清算结算系统、交易设施、交易报告库、重要支付系统、基础征信系统。[①] 金融基础设施完善，是金融业发展的前提和金融市场稳健高效运行的基础性保障，也是国家金融监管的重点。2012 年 4 月，国际支付结算体系委员会（Committee on Payment and Settlement Systems，CPSS）[②] 和国

[①] 人民银行、发展改革委等六部门联合印发《统筹监管金融基础设施工作方案》．（2020-03-06）．https://www.gov.cn/xinwen/2020-03/06/content_5487618.htm.

[②] 2014 年 9 月 1 日，国际支付结算体系委员会（CPSS）为使委员会的名称及纲领与其实际活动结合得更加紧密，正式更名为支付与市场基础设施委员会（CPMI）。

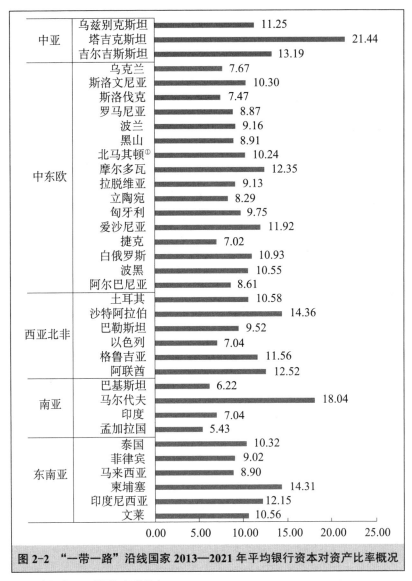

图 2-2　"一带一路"沿线国家 2013—2021 年平均银行资本对资产比率概况

资料来源：世界银行数据库 . https://data.worldbank.org.cn/indicator/.

① 马其顿政府于 2019 年 2 月 12 日宣布更名为"北马其顿共和国"。为统一识别
避免混乱，本书根据外交部官方网站使用的官方名称，在文中统一使用"北马其顿"。

际证监会组织（International Organization of Securities Commission，IOSCO）最早颁布《金融市场基础设施原则》（Principles Financial Market Infrastructure，PFMI），并组织 28 个辖区 [①] 对地区内金融基础设施水平进行评估。PFMI 落实项目分三个阶段 [②]。第一阶段的评估对象为支付系统（payment system，PS）、中央对手方（central counterparties，CCPs）、中央存管机构（central securities depository，CSD）和证券交收系统（securities settlement system，SSS）、交易信息集中报告机构（transaction reporting system，TRs）、金融基础设施监管政策的完整性。评估分数为 1～4："1"代表监管机构草拟了 PFMI 原则政策；"2"代表监管或立法机构颁布草案；"3"代表 PFMI 政策正式颁布；"4"代表 PFMI 政策正式实施；NA 代表没有实施相关监管政策。截至 2020 年 7 月，大部分辖区完成了第一阶段评估工作，少部分辖区完成了第二阶段评估工作。具体地，IOSCO 2018 年 7 月发布第五次第一阶段评估报告，表明共有 21 个辖区落实 PFMI 的相关措施已经到位，其余 7 个辖区的相关工作仍在进行中。这些辖区涵盖了 6 个 "一带

---

① 28 个辖区分别为：阿根廷、澳大利亚、比利时、巴西、加拿大、智利、中国、欧盟、法国、德国、中国香港、印度、印度尼西亚、意大利、日本、韩国、墨西哥、荷兰、俄罗斯、沙特阿拉伯、新加坡、南非、西班牙、瑞典、瑞士、土耳其、英国、美国。

② 第一阶段，各辖区就落实 PFMI 相关法律、监管和政策体系完整性开展自评估；第二阶段，CPMI 和 IOSCO 对各辖区落实 PFMI 措施的完整性和一致性开展评估；第三阶段，CPMI 和 IOSCO 继续评估 PFMI 落实成果的一致性。

一路"沿线国家,表 2-1 列示了 2014 年和 2018 年的评估结果。

表 2-1　2014 年和 2018 年沿线国家 PFMI 监管政策完整性评估对比表

地区	国家	PS		CCPs		CSD 和 SSS		TRs	
		2014 年	2018 年	2014 年	2018 年	2014 年	2018 年	2014 年	2018 年
东南亚	新加坡	4	4	4	4	4	4	4	4
	印度尼西亚	1	4	1	1	1	4/1	NA	NA
南亚	印度	4	4	4	4	4	4	4	4
西亚北非	沙特阿拉伯	4	4	NA	1	1	4	4	4
	土耳其	1	4	1	4	1	4	1	4
东北亚	俄罗斯	3	4	2	4	2	4	1	4

资料来源:中国证券监督管理委员会.http://www.csrc.gov.cn.

从表 2-1 可以看出,2014 年以来,沿线国家逐渐和国际接轨,将金融基础设施纳入了监管评估体系,尤其是对金融基础设施的基本组成部分——支付系统,全部都进行了监管和评测。新加坡和印度,无论是 2014 年还是 2018 年,五项指标评估分数均为 4,说明其构建了较为完善的金融基础设施监管体系;土耳其和俄罗斯,从 2014 年实施多项草案,到 2018 年五项指标评估分数均达到 4;而印度尼西亚在 TRs 和 CCPs 监管方面,仍然停留在未颁布任何措施或仅草案阶段,金融基础设施监管体系有待完善。

（四）金融科技水平

金融科技的飞速发展，要求金融监管部门面对环境变化作出应对，不断寻求与传统监管相适应的监管体制，从而促进金融科技发展和防范金融风险。欧洲最大的金融科技公司——德国银行软件公司 Wirecard 利用灰色地带规避金融监管要求，已于 2020 年 6 月申请破产，为全球金融监管体制敲响警钟（黄世忠，2020）。世界银行、国际货币基金组织、经济合作与发展组织还未颁布金融科技评价指标体系。本节借鉴浙江大学互联网金融研究院（Academy of Internet Finance，AIF）发布的《2022 全球金融科技中心城市报告》（以下简称《2022 金融科技城市报告》），节选部分金融科技城市排名以代表"一带一路"沿线国家的金融科技水平，探究金融科技变化为金融监管体制带来了哪些挑战，以及哪些国家采用了何种方式进行应对。

《2022 金融科技城市报告》构建了金融科技"产业""体验""生态" 3 个一级指标，"新金融业态和政策监管"等 6 个二级指标，选取了"金融科技优秀企业数"等 14 个三级指标，通过计算得出全球 80 多个城市的排名。这些城市涵盖了部分"一带一路"沿线国家城市，其中，东亚地区表现强劲，新加坡、马来西亚、越南、泰国、印度尼西亚都有城市入榜；其他地区中，印度、阿联酋、波兰等国的金融科技同样快速发展。本书截取部分"一带一路"沿线国家城市的金融科技排名在表 2-2 中列示。

表 2-2 2022 年"一带一路"沿线国家金融科技中心城市排名

地区	国家	城市	排名
东南亚	新加坡	新加坡	8
	印度尼西亚	雅加达	33
	马来西亚	吉隆坡	43
	泰国	曼谷	44
	越南	胡志明市	47
南亚	印度	孟买	17
		班加罗尔	25
		新德里	32
西亚北非	以色列	特拉维夫	31
	阿联酋	阿布扎比	46
中东欧	波兰	华沙	45
东北亚	俄罗斯	莫斯科	40

资料来源：浙江数字金融科技联合会.风高浪急.察势应变：《2022 全球金融科技中心城市报告》发布.（2022-11-29）.https://mp.weixin.qq.com/s/5EIu2012YYeoYMA0jwngXA.

注：报告仅列示前 50 名，其他城市尚未列示具体排名。

如表 2-2 所示，部分"一带一路"沿线国家城市金融科技发展水平较高，位列报告统计排名前 50。这在一定程度上得益于一些沿线国家的监管机构积极鼓励金融科技发展，颁布了系列监管体制新政。如新加坡、泰国和印度从 2016 年开始针对金融科技设置"监管沙盒"[①]宽松的监管政策。此外，新加坡未来可能进一步

---

① 监管沙盒（regulatory sandbox）的概念由英国政府于 2015 年 3 月率先提出。按照英国金融行为监管局（Financial Conduct Authority，FCA）的定义，监管沙盒是一个安全空间，在这个空间内，金融科技企业可以测试其创新的金融产品、服务、商业模式和营销方式，而不用在相关活动遇到问题时立即受到监管规则的约束。

向"智能金融监管"（Smart Regulatory）模式转变，这对政府部门的监管能力提出了挑战（Zetzsche，et al.，2018）。2020年11月，中国金融业监管机构颁布《网络小额贷款业务管理暂行办法（征求意见稿）》，使得如何平衡金融监管和金融科技的讨论再次被推向高潮。

综合上述金融业结构、资本充足率、金融基础设施以及金融科技水平四个金融发展水平方面的分析结果来看，东南亚国家的总体发展水平位居前列，新加坡形成了均衡的银行业和证券业结构，银行业市场有效，金融基础设施健全，监管反应灵敏，金融科技水平全球领先，并且采取了监管措施以支持和规范金融创新；马来西亚的金融业结构与新加坡类似，银行业和证券业较为平衡，但整体规模小于新加坡；泰国和菲律宾金融业发展迅猛，金融科技实力不断增强，在1997年亚洲金融危机后进行了有效的金融监管体制改革；越南和印度尼西亚的金融业以银行业为主，越南资本充足率低，银行业风险较大，印度尼西亚的金融基础设施监管能力仍需加强。俄罗斯和哈萨克斯坦作为东北亚和中亚地区的代表，金融业规模小，银行业和证券业规模表现"双低"，但是俄罗斯的金融基础设施监管反应迅速，银行业资本充足率监管严格。南亚地区中，印度金融业发展水平相对较高，在资本市场发达的同时，银行业风险较大，常居于国际资本充足率最低要求8%以下，但是金融基础设施和金融科技能力均表现不俗。中东欧地区，金融业整体规模较小，以银行业为主，央行或金融监管局扮演了重要的监管角色。西亚北非地区，国家数量众多，金融业结构差异大，阿联酋、以色列和卡塔尔金融业结构相对均衡，阿联酋的金融业发展和监管配套措施兼备，约旦、阿曼、土耳其和埃及则表现出以银行业为主的结构。

二、政治经济环境

国别政治经济体制的差异，无疑会显著地影响金融监管体制的选择和改革。金融监管机构和学者一再强调，没有占绝对优势的金融监管模式，需要与本国国情相适应。政权的更迭有时会带来金融监管的改革，如 1997 年英国工党上台后，组建英国金融服务管理局（Financial Service Authority，FSA），开启统一监管模式。"一带一路"沿线国家众多，政治环境差异巨大，相应地，金融监管特征也存在一定差异。

（一）国家结构形式

国家结构形式是国家权力关系在国家组织结构形式和原则上的体现，主要分为单一制和复合制两种（王浦劬，2018）。单一制可分为中央集权型和地方分权型两类，前者如我国，后者如英国；复合制分为联邦、邦联等，前者如俄罗斯、印度、阿联酋，后者如欧盟等。国家结构形式显著影响和制约了金融监管体制的选择（李金龙和李朝辉，2011）。若采用联邦制国家结构形式，中央和州政府都拥有金融监管权力，那么更可能采用二元多头金融监管模式，即多级政府分业监管，俄罗斯在2008年金融危机之前，采用的就是这种监管模式。当然，并不是所有联邦制国家都会选择多头监管模式，由于这种模式具有多级部门博弈和职责不清的弊端，很多国家进行了改革，向一元监管模式转变。俄罗斯在2008年以后，就进行了相应的金融监管体制改革。若采用中央集权单一制国家结构形式，中央政府负责制定监管政策，地方政府主要负责实施监管，则更可能采用一元多头金融监管模式，保证集权程度，泰国等国采用的是这种监管模式。

（二）政治风险

"一带一路"沿线国家大多政治不确定性较强，系统性风险较大。从理论上看，系统性风险增加，原则上国家应采用更加宏观审慎的监管政策，来达到经济和金融稳定（李妍，2009）。然而现实中，一些沿线国家政治风险较大，监管治理能力受到挑战，金融监管政策存在较高的不确定性。

世界银行全球治理指数（Worldwide Governance Indicators，WGI）数据库收录了全球超过200个国家的国家治理指数数据。其中，"政治稳定性和不存在暴力"指标衡量调查对象对政治不稳定以及政治动机暴力可能性的感知，能够较好地反映一国的政治风险水平，本书截取"一带一路"沿线国家 2021 年数据，如表 2-3 所示。

表 2-3 "一带一路"沿线国家 2021 年"政治稳定性和不存在暴力"指标得分

地区	国家	得分	地区	国家	得分
东北亚	蒙古国	0.654 3	西亚北非	土耳其	-1.098 1
	俄罗斯	-0.645 4		黎巴嫩	-1.493 5
东南亚	新加坡	1.493 2		伊朗	-1.621 6
	文莱	1.168 6		伊拉克	-2.397 0
	老挝	0.726 2		也门	-2.588 0
	东帝汶	0.172 2		叙利亚	-2.663 4
	马来西亚	0.138 9		卡塔尔	0.957 9
	越南	-0.114 6		阿联酋	0.649 3
	柬埔寨	-0.132 1		阿曼	0.506 7
	印度尼西亚	-0.506 5		科威特	0.299 0
	泰国	-0.545 8		约旦	-0.275 7
	菲律宾	-0.928 9		格鲁吉亚	-0.423 4
	缅甸	-2.065 8		巴林	-0.505 1
南亚	马尔代夫	0.502 8		沙特阿拉伯	-0.583 9
	尼泊尔	-0.243 0		亚美尼亚	-0.835 6
	斯里兰卡	-0.317 9		阿塞拜疆	-0.853 5
	印度	-0.615 0		埃及	-1.024 2
	孟加拉国	-0.970 2		以色列	-1.061 4
	巴基斯坦	-1.666 8		巴勒斯坦	-1.839 3
中东欧	捷克	0.957 6		塞尔维亚	-0.134 2
	匈牙利	0.861 4		黑山	-0.148 9

续表

地区	国家	得分	地区	国家	得分
	立陶宛	0.815 4		摩尔多瓦	-0.205 5
	斯洛文尼亚	0.760 0		波黑	-0.380 6
	爱沙尼亚	0.755 6		白俄罗斯	-0.736 6
	克罗地亚	0.707 9		乌克兰	-1.098 8
	拉脱维亚	0.687 6		乌兹别克斯坦	-0.239 8
	斯洛伐克	0.559 6		哈萨克斯坦	-0.254 3
	罗马尼亚	0.533 0	中亚	土库曼斯坦	-0.319 0
	波兰	0.512 4		吉尔吉斯斯坦	-0.425 9
	保加利亚	0.458 3		塔吉克斯坦	-0.607 8
	北马其顿	0.124 9		阿富汗	-2.529 9
	阿尔巴尼亚	0.109 4			

资料来源：世界银行数据库 . https://data.worldbank.org.cn/indicator/.

注：本指标得分基于一国在综合指标上的得分标准化，标准化后范围为 -2.5 至 2.5，全球平均得分为 0.00。

结合表 2-3 分析，整体而言，我们获取了 63 个 "一带一路" 沿线国家的政治稳定性有效值。其中，超过半数沿线国家得分低于全球平均水平，说明沿线国家的政治稳定性相对较低。从单个国家或地区来看，新加坡政治稳定性最高，叙利亚政治稳定性最低。中东欧地区整体政治环境较为稳定，暴力事件较少；西亚北非地区，除卡塔尔、阿联酋、阿曼、科威特以外，大部分国家政治稳定性和不存在暴力得分较低，如叙利亚、也门、伊拉克、伊朗、黎巴嫩。当然，政治稳定只是金融监管落实的一个因素，具体到每个国家会有所不同，如泰国虽然政治稳定性和不存在暴力得分相对较低，但是 1997 年亚洲金融危机后进行监管体制改革，建立了相对系统和稳定的金融监管体制。总体上，地区的政治不稳定，对金融监管落实和改革提出了挑战。

（三）经济贸易开放水平

贸易和经济开放，能够有效促进"一带一路"沿线国家经济增长（陈继勇和陈大波，2017）。本书统计了美国传统基金会公布的 1995—2022 年全球经济自由度指数[①]，以分析全球经济贸易开放水平及其变化，具体见图 2-3。

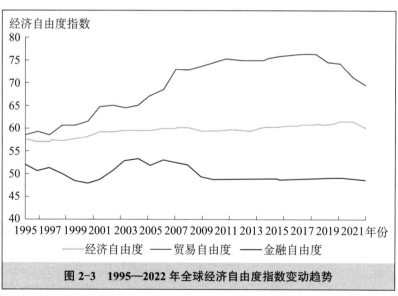

图 2-3　1995—2022 年全球经济自由度指数变动趋势

资料来源：美国传统基金会。

[①] 美国传统基金会从 1995 年开始，对全球 186 个国家的经济贸易开放水平打分排名，并逐步形成了贸易、税收壁垒、金融、财政等 12 个子维度的排名。

由图 2-3 可以看到，自 1995 年开始统计以来，经济贸易开放程度稳步提高，其中贸易自由度指数增幅大，金融自由度指数则在 1997 年和 2008 年有明显的下落，这与两次金融危机下的金融监管改革密不可分。随着经济贸易的开放，一些国家陷入是否提升金融开放水平的困境。一方面，不提升金融开放水平，会使得本国在国际格局中缺少竞争力，造成发展滞后；另一方面，过度提升金融开放水平，会导致外资短期大规模流入，本国企业发展受限，若金融监管体系不健全，会进一步扰动国内金融市场稳定运行，抑制经济良好运行。

金融开放水平提升是相对金融管制而言的（刘毅，2001）。出于保护国内金融市场、维持国内金融系统稳定性的目的，金融监管机构往往采取金融管制措施，包括外资进入限制、利率和汇率管制、资本账户管制等。以我国为例，改革开放初期，金融监管体制不完善，逐步推进金融市场化改革，既符合我国社会主义市场经济的国情，又防止过度提升金融开放水平带来金融风险。为了平衡提升金融开放水平的成本效益，大部分沿线国家倾向于逐步完善金融监管体制。

从沿线国家地理分布区域来看，地区间和地区内也呈现出不同开放水平。本书以美国传统基金会公布的全球经济自由度指数为基础，截取"一带一路"沿线国家 2023 年经济自由度指数进行分析。首先，本书以地区为单位展开分析，如图 2-4 所示。

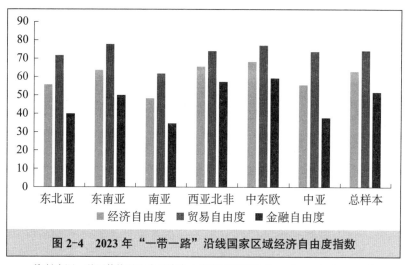

图 2-4 2023 年"一带一路"沿线国家区域经济自由度指数

资料来源：美国传统基金会经济自由度指数数据库 . https://www.heritage.org/index/.

注：缺失伊拉克、叙利亚、也门、乌克兰、阿富汗、巴勒斯坦、缅甸七国数据。

由图 2-4 可以看出，"一带一路"沿线国家区域开放水平存在一定差异，中东欧地区经济自由度指数总体较高，而南亚地区经济自由度指数相对较低，尤其是金融自由度指数相对较低。

本书进一步对 2023 年沿线国家经济贸易开放水平进行具体分析，如表 2-4 所示。

表 2-4 2023 年"一带一路"沿线国家经济贸易开放水平一览表

地区	国家	经济自由度指数	贸易自由度指数	金融自由度指数
东北亚	蒙古国	62.1	74.2	50
	俄罗斯	49.7	69.4	30
东南亚	新加坡	87.5	95.0	80
	印度尼西亚	69.4	78.8	60
	文莱	67.2	84.4	50

续表

地区	国家	经济自由度指数	贸易自由度指数	金融自由度指数
	菲律宾	67.2	74.4	60
	马来西亚	66.5	83.0	50
	泰国	65.4	70.8	60
	越南	64.7	79.4	50
	柬埔寨	58.4	66.8	50
	东帝汶	50.0	79.9	20
	老挝	43.3	66.6	20
南亚	巴基斯坦	52.9	65.8	40
	孟加拉国	51.0	62.0	40
	印度	49.9	59.8	40
	斯里兰卡	48.6	67.2	30
	马尔代夫	44.3	58.6	30
	尼泊尔	43.9	57.8	30
西亚北非	格鲁吉亚	83.0	86.0	80
	巴林	82.1	84.2	80
	以色列	76.3	82.6	70
	亚美尼亚	71.8	73.6	70
	卡塔尔	70.8	81.6	60
	阿联酋	69.0	78.0	60
	阿曼	68.1	76.2	60
	土耳其	67.9	75.8	60
	科威特	67.8	75.6	60
	约旦	65.7	71.4	60
	阿塞拜疆	64.3	68.6	60
	沙特阿拉伯	62.1	74.2	50
	埃及	55.1	60.2	50

续表

地区	国家	经济自由度指数	贸易自由度指数	金融自由度指数
	黎巴嫩	50.7	71.4	30
	伊朗	32.9	55.8	10
中东欧	捷克	79.3	78.6	80
	阿尔巴尼亚	76.4	82.8	70
	爱沙尼亚	74.3	78.6	70
	匈牙利	74.3	78.6	70
	立陶宛	74.3	78.6	70
	波兰	74.3	78.6	70
	斯洛伐克	74.3	78.6	70
	保加利亚	69.3	78.6	60
	克罗地亚	69.3	78.6	60
	拉脱维亚	69.3	78.6	60
	北马其顿	68.9	77.8	60
	黑山	64.6	79.2	50
	罗马尼亚	64.3	78.6	50
	斯洛文尼亚	64.3	78.6	50
	波黑	64.0	68.0	60
	塞尔维亚	63.0	76.0	50
	摩尔多瓦	62.8	75.6	50
	白俄罗斯	45.4	70.8	20
中亚	乌兹别克斯坦	63.0	76.0	50
	哈萨克斯坦	62.4	74.8	50
	吉尔吉斯斯坦	61.0	72.0	50
	塔吉克斯坦	51.1	72.2	30
	土库曼斯坦	42.1	74.2	10

资料来源：美国传统基金会经济自由度指数数据库. https://www.heritage.org/index/.

根据表 2-4 分析发现，东南亚地区、中东欧地区和西亚北非地区整体经济自由度指数相对较高，尤其以新加坡、格鲁吉亚、巴林经济自由度指数最高；同时，地区内差距较大，西亚北非地区，伊朗经济自由度指数水平相对较低，与格鲁吉亚差距很大。中亚及南亚地区各国金融自由度指数水平整体较低，金融管制严格。

以东南亚地区为例，新加坡、泰国、马来西亚、菲律宾以及印度尼西亚等国，从 20 世纪五六十年代开始由政府主导型向市场化金融改革，尽管采取的具体措施千差万别，但都以放松政府管制、开放金融市场和加速金融国际化为典型特征。其提升金融开放水平的改革具体包括如下六个方面：一是逐步放松对利率的控制；二是取消一批金融领域的准入限制，以此强化金融竞争；三是减少政府干预，增加金融机构在经营和资产管理上的自主权；四是促使金融业从传统的分业经营向综合化方向转变；五是放松对外汇的管制；六是提高资本跨国流动开放水平。实践证明，当时提升金融开放水平的改革使得相关国家的金融市场迅速发展。

总体来说，"一带一路"沿线国家政治经济环境的差异，某种程度反映在金融监管体制的选择上。尽管不同沿线国家金融监管体制变迁的适用性有所不同，但国家结构形式、政治稳定性、经济发展阶段、开放水平等多方面都影响着政府监管决策。

三、法律体系

多位学者已通过研究证实法律体系对金融监管体制的作用,拉波尔塔等人(LaPorta,et al.,2008)通过综述总结指出,法律体系对一国法制和监管框架有重要影响,进而影响经济发展;阿尔纳和林(Arner and Lin,2003)也建议金融监管改革应考虑法律环境和法律框架。法律体系也可称为法系,当代理论和实践对于法系的划分,可归为普通法系(英美法系),大陆法系下的法国法系、德国法系、斯堪的纳维亚法系(又名北欧法系),混合法系等(米健,2010)。"一带一路"沿线国家的法律渊源,基本涵盖了所有法律体系。金融监管体制的确立和改革,需要了解不同法律渊源特征,以及探寻已有法律体系如何影响监管体制。

普通法系,又名英美法系,源于英国等资本主义国家,沿线代表国家有新加坡、印度、马来西亚等国。大陆法系,源于欧洲大陆成文法,其中,法国法系源于19世纪初《拿破仑法典》,"一带一路"部分沿线国家受其影响也采用法国法系,包括印度尼西亚、菲律宾、土耳其等国;德国法系源于19世纪末《德国民法典》,沿线代表国家有中东欧国家,包括波兰、匈牙利、拉脱维亚等国。混合法系主要指在两大法系基础上,融合了历史文化传统因素，如阿联酋、伊朗、沙特阿拉伯等国家采用英美法系混合法系，埃及、阿曼和黎巴嫩等国家采用法国法系混合法系。

英美法系国家更加注重规则、立法权平衡、法官判例调整等，具体到金融发展和金融监管方面，拉波尔塔等（LaPorta, et al., 1998）最早通过实证，得出英美法系由于判例和法官调整，适应性强，可更好保护私人投资者，能够比大陆法系国家更有效地促进金融市场发展。两种法律体系并无孰优孰劣之分。虽然英美法系国家金融监管整体较为宽松，促进了金融市场的快速发展，但是其对金融监管能力的要求更高。以 2008 年金融危机为例，许多学者分析认为，英美法系国家过度宽松的金融监管体制，一定程度上导致了金融系统性风险的产生；而大陆法系国家金融监管政策偏紧，金融系统运行相对稳健，许多国家抵御住了这场危机。所以，一些英美法系国家在那之后，也采取了更为严格的金融监管政策，各个国家不断借鉴和融合其他法系国家的有效监管政策，形成所谓金融监管体制的动态变迁。借鉴简科夫等（Djankov, et al., 2007）对全球 127 个国家法律体系来源的划分，根据商务部《对外投资合作国别（地区）指南》（2018、2019 年版）披露的内容，本书截选沿线国家的法律体系数据，如表 2-5 所示。

表 2-5 "一带一路"沿线国家法律体系概况

英美法系		大陆法系（法国法系）		大陆法系（德国法系）		混合法系	
东南亚	新加坡	东南亚	菲律宾	中东欧	波兰	西亚北非	阿联酋
	泰国		柬埔寨		匈牙利		沙特阿拉伯
	马来西亚		老挝		保加利亚		以色列
南亚	巴基斯坦		印度尼西亚		黑山		伊朗
	孟加拉国		越南		捷克		也门
	尼泊尔	中东欧	阿尔巴尼亚		克罗地亚		埃及
	斯里兰卡		立陶宛		拉脱维亚		土耳其
	印度				塞尔维亚		阿曼
					斯洛伐克		科威特
					斯洛文尼亚		约旦
					波黑		黎巴嫩
							叙利亚

资料来源：根据商务部《对外投资合作国别（地区）指南》（2018、2019 年版）整理。

由表 2-5 可以看出，"一带一路"沿线国家中，中东欧地区国家普遍采用大陆法系，金融监管体制相对严格，结合对沿线国家金融发展水平的分析，我们也可以看到这些国家金融市场规模普遍较小，资本充足率较高。西亚北非地区大部分国家金融监管体制较为严格。相比较而言，以新加坡、马来西亚、印度为代表的英美法系国家，金融监管政策较为宽松，维持了较低的资本充足率,需要更加完善的金融监管政策体系支撑金融业稳健发展。

第二节 "一带一路"沿线主要国家 金融监管体制研究

不同金融监管体制模式,会对一国监管机构的设置、监管权力的行使、跨地区金融合作等方面产生直接或间接的影响。此外,一国金融监管体制不是一成不变的,而是随全球环境和本国国情动态调整和改革的。金融危机和互联网技术发展等外生事件冲击常带来金融监管体制变革,如 1997 年亚洲金融危机后,新加坡加强统一监管,金融监管职能集中在金融管理局;2008 年全球金融危机后,俄罗斯变分业多头监管为统一监管。现阶段,"一带一路"沿线国家的金融监管体制模式,基本涵盖了国际上通行的统一监管、分业监管和不完全统一监管三种模式。

一、沿线国家金融监管体制模式概况

本节整理划分了"一带一路"沿线国家金融监管体制模式,如表 2-6 所示。

表 2-6 "一带一路"沿线国家金融监管体制模式概览

模式	形式	监管当局	代表国家
统一监管	不设央行	金融管理局	新加坡、马尔代夫、文莱
	设央行	金融管理局	波兰、罗马尼亚、匈牙利
		央行	2008年后的俄罗斯、捷克、爱沙尼亚、2011—2019年的哈萨克斯坦、斯洛伐克、巴基斯坦、黎巴嫩、科威特、巴林
	平行监管	央行和金融管理局	阿联酋、卡塔尔、马来西亚
分业监管	多元多头	分业机构交叉负责（央行、证券和保险委员会）	2008年前的俄罗斯
	一元多头	多个独立监管机构（央行、财政部、证券和保险委员会）	2008年前的印度、泰国、印度尼西亚、菲律宾、越南、缅甸、沙特阿拉伯、克罗地亚、乌克兰、阿尔巴尼亚、斯里兰卡、孟加拉国、阿塞拜疆、埃及、土耳其、以色列、2011年前的哈萨克斯坦
不完全统一监管	牵头式	牵头协调机构和下设并列机构	2008年后的印度、2019年后的哈萨克斯坦

资料来源：根据商务部《对外投资合作国别（地区）指南》（2018、2019年版）和银监会国际部《"一带一路"金融合作概览》整理。

注：截至本书出版，文莱无证券市场。

结合表2-6具体来看，统一监管模式是指一个监管机构（可以是央行或其他机构）同时监管所有金融行业或功能领域（孔萌萌，2011），有四种形式：一是国家不设央行，由金融管理局履行货币当局和监管当局职能，典型代表国家为新加坡；二是国家设央行，央行履行货币当局职能，国家同时设立金融管理局等统一机构负责金融行业监管，央行和金融管理局独立运作，典型代表国家为波兰、罗马尼亚和匈牙利；三是国家设立央行，由央行统一履行政策制定和监管职能，代表国家为2008年后的俄罗斯、巴基斯坦、捷克等；四是国家设立央行和平行的金融管理局，同时负责不同区域的监管职能，一般适用于设立离岸金融中心的国家，典型代表国家为阿联酋、卡塔尔和马来西亚。

分业监管模式是指由专职的监管机构分别负责银行、证券和保险等业务领域的审慎和业务监管（孔萌萌，2011），有两种形式：一是多元多头分业监管模式，由多个层级或多个并列主管部门交叉负责分业监管，典型代表国家为2008年前的俄罗斯；二是一元多头分业监管模式，由多个独立的政府机构部门分别负责银行、证券和保险业监管，一般由央行行使货币和银行业监管职能，其他机构行使证券及其他金融业监管职能，典型代表国家为泰国、越南、沙特阿拉伯、土耳其等国。

不完全统一监管介于分业监管和统一监管之间，按照功能和机构的设置，又分为"牵头式"和"双峰式"。其中，"牵头式"监管模式，在分业监管的基础上，实行牵头协调的监管，即协调相关监管机构的监管行为，典型代表国家为2008年后的印度；"双峰式"监管模式（王勋，等，2020），将审慎监管和行为监管分离，典型代表国家为英国和澳大利亚，现阶段，采用"双峰式"

监管模式的"一带一路"沿线国家较少。

二、新加坡金融监管体制

新加坡是"一带一路"沿线国家中证券市场最发达的，拥有完善的金融基础设施，并且紧跟最新的金融发展趋势。同时，新加坡的政治稳定，经济自由度指数、金融自由度指数评分居世界前列，这为金融业发展和金融监管提供了良好的环境。总体而言，新加坡的金融监管体制相对健全。2008年全球金融危机对世界各国都造成了严重的冲击，但新加坡能迅速地从危机中调整过来，规避金融危机的不良影响，这与新加坡健全的金融监管体制是分不开的。早在1971年，新加坡就成立了新加坡金融管理局（Monetary Authority of Singapore，MAS），负责金融业的监管工作。此外，新加坡还制定和执行相应的金融监管制度，使金融监管紧跟金融发展的需求。在法律体系和文化传统方面，新加坡是一个融合了多元文化的移民国家，历史上先后受到英国和日本的统治，其法律制度隶属于英美法系，金融监管整体较为宽松，但是对金融监管能力的要求更高。

（一）金融监管框架

作为国际上最早开始进行金融监管的国家之一，新加坡的金融监管体制已经相对完备。其金融监管主体是新加坡金融管理局，拥有极高的独立性和权威性，能够有效地对金融业进行监管。与其他东南亚国家不同，新加坡金融管理局具有双重身份：第一重身份是国家的中央银行，主要职责是进行金融调控，通过利率政策、公开市场业务、存款准备金等手段调节市场，维护金融市场的稳定；第二重身份是金融业监管机构，负责对银行业、保险业、资本市场等所有的金融行业进行监督和管理。在金融监管的层次划分上，新加坡金融管理局采用的是以风险为导向的方法，采取董事会到执行总裁办再到职能部门的治理结构，具体金融监管框架见图 2-5。

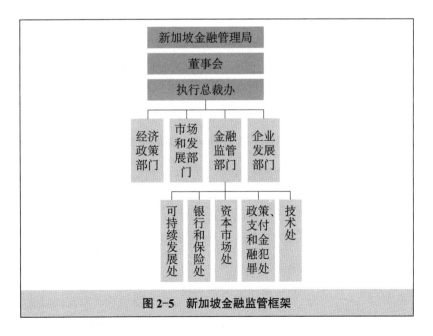

图 2-5 新加坡金融监管框架

结合图 2-5 分析，新加坡金融监管职能由可持续发展处，银行和保险处，资本市场处，政策、支付和金融犯罪处，以及技术处组成。其中银行业、保险业和资本市场是金融监管的核心。政策、支付和金融犯罪处的主要职能在于制定审慎监管政策、监管支付风险和防范金融犯罪。可持续发展处体现了新加坡进行金融监管是为了维护金融系统稳定、健康、可持续发展的理念。技术处则在推进新加坡金融监管机构数字化转型的同时，注重对技术和网络风险的防范和监管。综合上述分析，新加坡金融监管框架体现出了较为成熟和与时俱进的监管方式和监管理念。

（二）金融监管体制的特征

新加坡金融监管的总体目标是确保真实的信息披露，促进整个金融体系的稳定，保证消费者的权益。新加坡的金融监管体制有其独特之处和优势：其一，发达的金融市场可以为"一带一路"沿线国家提供低成本的融资支持。外资企业可向新加坡各类金融机构申请融资业务，并由银行或金融机构审核批准，可申请的贷款和融资类型包括短期贷款、汇款融资、应收账款融资、出口融资、分期付款等，基础贷款利率为5.35%。其二，拥有完善的征信服务体系。征信系统建设是新加坡金融基础设施建设的一个重要部分，主要包括个人征信和企业征信两大板块，大部分由私营机构运营，涵盖中小企业信用评价、信用监测、数据分析服务、公共数据查询等业务领域。同时，政府通过不断完备并更新法律体系来对征信业服务机构进行监管，总体呈现出市场化导向的特点。新加坡长期受高水平开放市场经济思想影响，奉行"风险可控"的原则，完善的征信服务体系为新加坡的金融风险管理提供了及时和准确的信息。其三，注重人才和激励。作为全球重要的金融中心，新加坡吸引集聚全球优秀的金融业人才，注重人才的培养与激励，高素质的金融人才队伍是新加坡不断提高金融资源配置效率和风险管理效率的重要保障。其四，拥有交易透明的金融中介机构。新加坡金融管理局强调金融中介机构的公司治理和内部控制，制定了严格的信息披露机制和金融中介机构准入门槛，以提高金融中介机构的业务透明度和公平度。

（三）"一带一路"金融风险及金融监管

在"一带一路"沿线国家中，新加坡凭借自身在金融、贸易、法务等领域的专业优势，成为"一带一路"倡议辐射东南亚的重要枢纽。从国家层面来看，新加坡政治社会稳定、经济繁荣、法律体系健全，为"一带一路"倡议下的金融合作提供了优越的环境，因此新加坡宏观层面传导的金融风险较低。从中观层面看，新加坡金融业发达，拥有完善的金融基础设施和与金融发展相匹配的金融监管体制，融资渠道多样，融资成本低，能为"一带一路"建设提供高效便捷的资金融通，中观层面传导的金融风险亦较小。此外，新加坡作为全球性国际金融中心，可以为"一带一路"基础设施建设项目提供专项的保险保障。[①]具体来说，以新加坡金融市场为平台，通过推动境内外保险机构合作，设计由多家保险机构共同承担"一带一路"金融风险的"保险池"机制，为大型基础设施建设项目的融资提供保险服务。因此，未来应进一步推动我国与新加坡的金融服务互联互通建设，积极推进我国西部地区与新加坡在金融政策创新、金融资源合作、金融监管协作、金融服务交流等领域深化合作。

三、俄罗斯金融监管体制

俄罗斯银行业发达，但资本市场仍具发展空间，其法律制度隶属于大陆法系下的德国法系。一方面，其金融开放水平整体较低，金融管制严格，市场化程度低，抗风险能力弱，多次遭受国内外金融波动的冲击。但另一方面，俄罗斯的金融基础设施监管反应迅速，银行业资本充足率监管严格，整体融资环境在"一带一路"沿线国家中处于中等水平。2008年金融监管体制改革之后，俄罗斯属于典型的以央行为主的统一监管模式。

---

① 新加坡总理李显龙：支持"一带一路"沿线国家融资需求新加坡可发挥更大作用.（2018-04-13）. fec. mofcom.gov.cn/article/fwydyl/zgzx/201804/20180402731694. shtml.

（一）金融监管框架

2013 年 7 月，俄罗斯正式取消分业监管、交叉管理的模式，建立统一的大金融监管体制，确立中央银行在国家金融体系中的核心地位，同时改国家银行委员会为国家金融委员会。改革后俄罗斯的金融监管框架如图 2-6 所示。

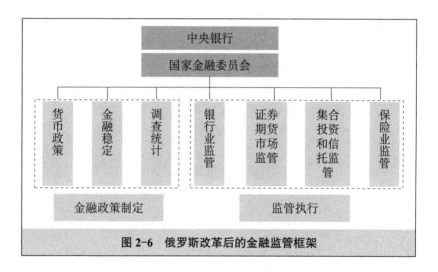

图 2-6　俄罗斯改革后的金融监管框架

结合图 2-6 可以看出俄罗斯改革后的金融监管框架具有以下特征：第一，确立中央银行的统一监管地位。撤销联邦金融市场服务局，将资本市场和保险业的监管职责转移至中央银行，即由中央银行对银行业、资本市场和保险业实行统一监管。第二，统一金融政策的制定和监督权。由中央银行接管原财政部和联邦政府制定金融监管标准的部分权力，配合政府参与起草金融监管相关的法律法规，即中央银行兼顾政策制定和监督执行两项职能。第三，出台配套调整措施。国家金融委员会的主席由中央银行行长担任，成员在中央银行各部门负责人中产生，负责评估金融体系内的系统性风险和监测大型非金融机构的财务稳健性，出具并审议金融稳定报告。第四，加强市场自律组织建设，促进风险管理、公司治理、金融消费者权益保护等方面的标准统一，以进一步优化对各类非银行金融机构的监督。

（二）金融监管体制的特征

新的金融监管体制解决了俄罗斯以往金融监管机构职能重叠的问题，确保金融政策执行和监督执行的统一性，提高了金融监管的稳定性和有效性，也增强了监管当局对金融机构的风险监测能力。第一，俄罗斯中央银行独立地位的确定和二级银行体制的活跃，使得中央银行不再直接通过计划和行政手段分配信贷资源，而是转为引入市场经济国家的政策工具，如法定存款准备金制度、再贴现率等。同时，俄罗斯注重对商业银行资本充足率的监管。2014 年俄罗斯中央银行制定的银行资本充足率计算实施细则开始实施，自 2015 年 1 月 1 日起，规定最低资本充足率为 6%。[①]同时，依据《巴塞尔协议 III》有关宏观审慎监管的要求，俄罗斯中央银

---

① Bank of Russia. Bank of Russia annual report for 2014. www. cbr. ru/collection/collection/file/8316/ar_2014_e. pdf.

行保留了逆周期资本缓冲比率、储备资本比率和对系统重要性金融机构的附加资本比率要求，旨在控制系统性金融风险。第二，2014年受欧美经济制裁不断升级、国际原油价格暴跌等多重因素影响，俄罗斯中央银行宣布卢布汇率由市场因素决定，实行自由浮动的汇率制度，并同时制定部分临时性资本管制和收购金融行业问题资产两项措施，有效稳定卢布汇率。第三，建立危机早期预警机制，强化风险管控能力。俄罗斯通过立法强化中央银行对各类金融机构经营信息的获取权利，并要求中央银行定期对各类风险进行压力测试和情景模拟，出具金融稳定性报告。第四，建立和完善问题金融机构出清机制。俄罗斯在金融危机后，修订了《自然人银行存款保险法》，并出台《支持金融体系补充措施法》，完善了问题金融机构的风险化解及出清机制，并通过强调金融机构的早期资产保全能力来保护存款人和债权人利益。

（三）"一带一路"金融风险及金融监管

就俄罗斯的金融监管体制来看，中资企业在俄罗斯开展"一带一路"投融资活动时，可能面临如下金融风险：第一，俄罗斯由单一银行体制向二级银行体制转换中，全权委托银行制度① 导

---

① 所谓全权委托银行制度，是俄罗斯由单一银行体制向二级银行体制转换中的一种过渡性措施。具体来说，是将传统体制下中央银行作为"国家的银行"的各种职能交给受托商业银行执行，包括为专业的进出口企业提供出口信贷和结汇，进行海关外汇监管和国家外汇管理，为国有企业和国家专项贷款，从事有价证券业务等。

致形成了财阀式的金融垄断资本，难于监督和管理。与此同时，俄罗斯的商业银行大多为中小型银行，由于不具备规模效应，管理水平相对不足，增加了俄罗斯信贷系统的信用风险，构成了银行体系潜在的不稳定因素。第二，从银行资产类型看，在资本账户开放的条件下，大量逐利的外国资本涌向俄罗斯金融市场，金融市场日益活跃的投机活动使得短期贷款的需求量增大，最终使得商业银行资产类型集中于短期贷款，银行体系整体金融风险较高。第三，与其他国家相比，俄罗斯的银行贷款利率仍然偏高，由此造成了我国企业在俄罗斯进行直接投资时融资成本较高的问题。

俄罗斯的金融体系以银行业为主导，因此其参与"一带一路"金融合作的方式以商业银行信贷合作和银行业监管合作为主。从国家层面来看，近年来俄罗斯经济增长呈现出持续下滑的态势，政策方针变动频繁，加之俄乌冲突等不确定因素增多，给"一带一路"金融合作带来了一定的风险冲击。从中观层面来看，俄罗斯银行业监管严格，且中俄金融合作层次逐渐加深，在一定程度上降低了中观层面的金融风险。例如，2016 年 9 月中国人民银行与俄罗斯中央银行签署在俄罗斯建立人民币清算安排的合作备忘录后，中俄本币结算业务规模不断扩大，两国企业在合作中面临的汇率风险得以降低。

四、印度金融监管体制

与俄罗斯类似,自 1969 年实现银行国有化之后,印度逐步形成了以储备银行为中心,商业银行、合作银行以及农业区域性银行为主体,资本市场和保险市场稳步发展的金融格局。银行业对于整体金融稳定性有着至关重要的作用,受到严格的行政监督和管理。印度的金融监管体制深受英国法律体系的影响,但从 20 世纪 90 年代开始,由于经济饱受国内政局不稳定、海湾战争导致石油价格上涨等多重因素的影响,印度的银行业岌岌可危,叠加 1997 年亚洲金融危机的影响,促使印度对金融监管体制进行了系列变革,变革的重心在于提升金融开放水平和放松金融监管,从而在金融体系内全面引入竞争,具体手段包括逐步推进利率自由化、放宽市场准入限制等。在金融监管框架方面,印度修订金融监管的法律体系,改革和完善了监管方式,并及时对金融混业经营制定了监管措施,以维护金融业的稳定。整体而言,印度实行不完全统一监管的牵头式金融监管模式。

(一)金融监管框架

印度财政部负责执行内阁经济事务委员会(Cabinet Committee on Economic Affairs,CCEA)制定的政策,并统领金融业的监管工作,下设印度储备银行(Reserve Bank of India,RBI)、印度证券交易委员会(Securities and Exchange Board of India,SEBI)与印度保险监管和发展局(Insurance Regulatory and Development Authority of India,IRDAI)具体负责不同金融部门的监管工作,如图 2-7 所示。

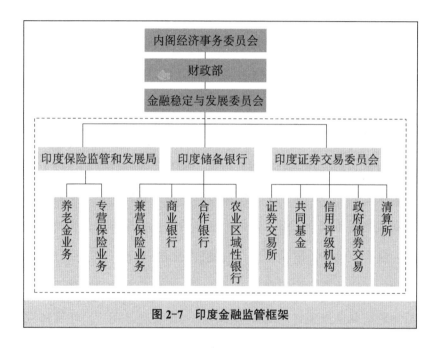

图 2-7　印度金融监管框架

结合图 2-7 具体分析,一方面,印度储备银行作为国家的中央银行,履行货币管理、货币发行、外汇管理、金融监管等职能。另一方面,印度的金融体制介于分业和混业之间,银行业可以兼营保险业务,因此储备银行也对其兼营的保险业务进行监管。而专营保险业务和养老金业务的金融机构则由印度保险监管和发展局进行调控和监管。印度证券交易委员会是证券市场的监管机构，负责对证券交易所、共同基金、信用评级机构、政府债券交易、清算所等的监管。此外，2008 年全球金融危机后，印度政府推行了多项改革措施以防范和应对系统性金融风险，其中最重要的举措是在 2010 年成立了凌驾于三大监管机构之上的金融稳定与发展委员会，由财政部部长任主席，成员包括三大监管机构的主管、秘书长、经济事务部部长、首席经济顾问等，主要负责对经济和金融体系的系统性风险进行分析和监测，适时发出风险预警信号。

（二）金融监管体制的特征

印度拥有较为完善的金融监管体制和金融基础设施，金融监管以加强宏观审慎监管为抓手，强调对系统性风险的监测和预警。第一，将储备银行置于金融监管体制的核心位置，以银行资本充足率、贷款损失准备金、银行管理与内控水平等作为监管的主要指标，努力减小周期性风险，提高信息披露透明度，防范和化解系统性金融风险。印度金融监管和风险评估主要依据《巴塞尔协议Ⅲ》，围绕合规执行情况、信贷业务和操作风险、法律合规风险、资金交易和内部控制、流动性合规管理、反洗钱等方面进行。此外，印度储备银行将不吸收存款的金融机构纳入监管范围，以此防范套利行为，同时实施《巴塞尔协议Ⅲ》[1]，加大对银行类金融机构资本数量和质量的监管力度。第二，印度的资本市场对国外投资者是开放的，境外资金的投资额度、投资时间没有受到限制，但是境外投资者持有上市公司股权的占比有额定的上限。另外，外资可以在印度开设证券公司进行金融业务。第三，保险业实行全面改革。一方面，通过将国有企业改制为民营企业，逐步提升保险市场开放水平，赋予保险企业更高的经营自主权；另一方面，通过扩大保险业对外开放和加强国际合作，促进良性竞争，从而给保险业带来新活力。第四，印度在三大金融监管机构之上设立金融稳定与发展委员会，独立地对金融体系的系统性风险进行监测和预警。第五，通过强化金融监管协调来加大对金融集团的监管。2013 年 3 月，印度储备银行、印度证券交易委员会和印度保险监管和发展局三大金融监管机构签订了《金融集团监管合作谅解备忘录》，加强金融集团的监管和协调。

（三）"一带一路"金融风险及金融监管

银行业是印度金融体系的核心部分，然而近年来，印度银行业危机事件的不断发生引发了国际对印度金融系统稳健性的质疑。2020 年 3 月 13 日，印度第五大私营银行——Yes Bank 被储蓄银

---

[1] 2010 年 9 月 12 日，巴塞尔银行监管委员会管理层会议通过了加强银行体系资本要求的改革方案，主要涉及最低资本要求水平和过渡期安排，包括将普通股最低要求从 2% 提升至 4.5%，建立 2.5% 的资本留存缓冲和 0～2.5% 的逆周期资本缓冲。

行接管，引起印度金融市场的极大恐慌，印度民众甚至在银行各营业网点前排起长队[①]；紧接着，5月9日印度城市合作银行被储蓄银行吊销经营许可证[②]。印度金融体系特别是Yes Bank的贷款增幅高达35%，近似于印度其他银行贷款增幅9%的4倍，引起国际对印度政府和储备银行管理能力的质疑。[③]在证券业方面，与我国相比，印度资本市场开放采取的是不设外资投资额度、没有投资锁定期、资金可自由进出的政策。在大量引进外资进入股市投资的同时，对印度金融监管的能力提出了更高的要求，也增加了股票市场的系统性风险。

"一带一路"倡议提出以来，中印两国间的直接投资与日俱增。然而，中印两国间的资金融通仍处于较低水平。目前中印间的金融合作主要以亚洲基础设施投资银行、金砖国家新开发银行和丝路基金等金融机构为平台。

五、泰国金融监管体制

泰国是东南亚的第二大经济体，是一个新兴工业化国家，其

---

① 印度金融系统不断暴雷．（2020-03-05）．https://www.cnfin.com/fw-xh08/a/20200313/1921990.shtml.

② 印度金融体系再度爆雷 合作银行成为重灾区．（2020-05-13）．jrbxnc.org.cn/show-76970.html.

③ 印度金融系统不断暴雷．（2020-03-05）．https://www.cnfin.com/fw-xh08/a/20200313/1921990.shtml.

金融体系主要由商业银行、国营专业金融机构、非银行金融机构和资本市场四大部分组成。其中，银行业是泰国金融体系的支柱，与俄罗斯和印度不同，泰国即使在 2006—2007 年全球股市暴涨期间，金融部门提供的信贷总额仍然远大于股票交易总额[①]，由此可见银行业在泰国金融体系中的核心地位。与金融体系的发展相对应，泰国的金融监管体制强调对银行的监督。特别是 1997 年亚洲金融危机之后，泰国以处理银行不良资产、增强金融机构的实力为主要任务，对本国的金融体系进行了重组，加大中央银行的金融监管力度，加强了金融监管法律体系的建设，提升了对金融和经济风险的防范意识。总体而言，泰国金融监管体制经历了政府直接干预阶段、提升金融开放水平阶段和 1997 年亚洲金融危机之后的改革阶段，与多数东南亚国家金融监管发展步伐一致。因此，泰国在金融监管和立法方面的经验对东南亚其他新兴经济体具有较强的参照性和借鉴意义。

（一）金融监管框架

泰国采用中央集权单一制国家结构形式，中央政府负责制定监管政策，地方政府主要负责实施监管，因此采用的是一元多头金融监管模式，保证集权程度，如图 2-8 所示。

---

① 世界银行数据库 . https://data.worldbank.org.cn/indicator/.

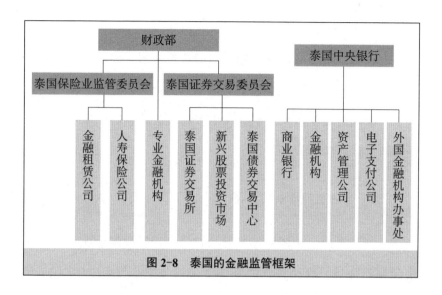

图 2-8 泰国的金融监管框架

结合图 2-8 具体分析，泰国中央银行（Bank of Thailand，BOT）主要负责商业银行、金融机构、资产管理公司、电子支付公司和外国金融机构办事处的监管工作，主要职责包括：（1）制定金融机构监管和金融机构体系工作标准相关的法律、法规；（2）检查、分析和监控金融机构的操作状态和金融风险；（3）控制通货膨胀率和汇率在正常范围内，维持金融稳定。财政部负责专业金融机构的监管，包括政府储蓄银行、农业和农业合作社银行、政府住房银行、泰国进出口银行、泰国中小企业发展银行等支持政府经济政策和向特定群体提供金融支持的专业金融机构。财政部下属的泰国证券交易委员会是泰国资本市场宏观管理的主管机构，负责监督泰国证券交易所（Stock Exchange of Thailand，SET）、新兴股票投资市场（Market for Alternative Investment，MAI）和泰国债券交易中心（Thai Bond Dealing Center，ThaiBDC）等交易场所，以及制定资本市场运作方面的法律法规，确保资本市场的公平发展，提高泰国资本市场的国际竞争力。人寿保险公司、金融租赁公司等非银行金融机构由财政部主管，泰国保险业监管委员会执行具体监管工作。

（二）金融监管体制的特征

当前，泰国金融体系最显著的特征是积极发展金融科技，力争超越新加坡，成为首选的亚洲金融科技中心。泰国于2017年开始发放新型业态许可证营业执照并开始测试"监管沙盒"机制，鼓励更多的金融科技企业和电子商务、电信和零售业等行业领军企业加大进军金融服务市场的力度，与商业银行竞争金融服务的市场份额，使得其金融业发展迅猛，金融科技实力不断增强。而在银行业监管方面，得益于泰国金融监管体制改革，泰国商业银行的资本充足率不断提高。此外，2017年泰国中央银行发布了国内系统重要性银行名单公告，被认为是落实《巴塞尔协议Ⅲ》标准的举措。被指定为国内系统重要性银行的五家大型商业银行的各种事项，尤其是资本金，将受到中央银行更为严格的监管，并需增加额外的资本金。这一举措背后的原因是，国内系统重要性银行与金融机构和金融体系有较高的关联性，所提供的金融产品复杂，而且是泰国主要金融产品提供商和重要基础设施项目的主要服务提供商,更严格的监管措施能够更好地应对可能出现的负面因素的影响,强化金融机构系统的稳定。在外汇管理方面,泰国财政部授权泰国中央银行对外汇买卖和兑换履行监管职责,实行浮动汇率制,汇率由外汇市场供求决定。但是当泰铢波动较大且偏离基本面时,泰国中央银行可进行汇率干预。

(三)"一带一路"金融风险及金融监管

宏观层面,在泰国的金融监管体制下,中央银行不对商业银行的贷款利率作出硬性规定,具体贷款条件由商业银行根据贷款企业或项目的评估结果及风险管控能力而定,并且允许外资企业与当地企业在融资方面享受同等待遇。此外,自 2011 年 1 月起,泰国证券交易委员会批准经营轨道交通、自来水、机场、电信、水利、电力、公路、深水港、可替代能源以及自然灾害防范系统十类基础设施业务的企业成立基础设施基金,这为基础设施业务的经营商提供了新的融资渠道,能够积极地调动私营部门资金参与基础设施建设。上述两项制度安排为中资企业利用泰国金融市场开展"一带一路"建设提供了重要的帮助。但近年来,泰国政治不确定性相对较强,使得"一带一路"金融合作面临较高的政治风险。中观层面,自 2017 年泰国宣布新外汇管制规则,放松外汇管制之后,泰国的市场利率逐渐进入上升通道。此外,美元持续走软也对泰铢汇率造成压力,使泰国金融市场面临较高的汇率风险。

六、波兰金融监管体制

中东欧各国的证券市场规模相对较小，大部分以银行业为主，主要采用统一监管模式。以波兰为例，2020 年波兰股票交易总额占国内生产总值比重仅为 13.9%。[①] 在金融基础设施方面和金融发展环境方面，2019 年，波兰的征信信息深度指数得分为 8，在"一带一路"沿线国家中处于高水平。同时，波兰的经济和金融开放水平在"一带一路"沿线国家中也处于较高水平。在法律制度方面，波兰法律体系隶属法国法系，金融监管政策的松紧程度高于英美法系国家，但低于德国法系国家，处于中等水平。整体而言，波兰金融体系以银行业为主，证券业和保险业等相对较为零散，不适用分业监管模式。自 2006 年开始，波兰通过渐进式的金融监管改革，逐步由不完全监管模式变革为设立央行的统一监管模式。

（一）金融监管框架

波兰的金融监管框架如图 2-9 所示。

---

① 世界银行数据库 . https://data.worldbank.org.cn/indicator/.

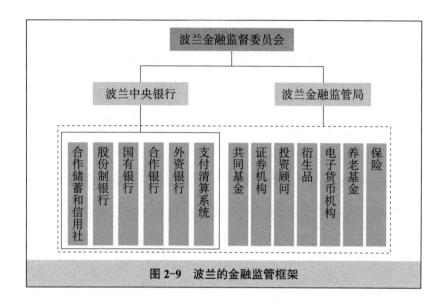

图2-9 波兰的金融监管框架

结合图 2-9 具体而言，波兰金融业的主要监管机构是波兰金融监管局（Polish Financial Supervision Authority，PFSA）和波兰中央银行（National Bank of Poland，NBP），前者负责金融监管工作，后者承担央行职能。波兰金融监管局主要负责：（1）维护金融市场的稳定；（2）发展金融市场、增强竞争力；（3）促进金融市场交易和发布指导信息；（4）参与制定金融法律；（5）调解金融市场个体间纠纷等。波兰中央银行的主要职责是确保银行存款的安全性以及维护银行体系的稳定性，负责：（1）货币发行、货币流通、货币政策等央行职能，同时负责建立维护清算系统，确保银行体系的稳定和安全；（2）代理国库、管理官方外汇储备等。此外，波兰金融监管局和波兰中央银行联合成立了波兰金融监督委员会，主要起协调作用，确保各监管部门之间能就金融政策方面的问题有效沟通及合作，从而促进金融体系稳定并降低金融风险。委员会的职责包括：（1）对银行业、资本市场、保险业、养老保险业、支付机构和电子货币机构进行监督，确保金融市场的正常运行、稳定、安全和透明；（2）监管银行资本充足率、准备金拨备和贷款授信评级等；（3）参与起草金融市场监管立法草案；（4）以友好方式解决金融市场参与者之间的争议，特别是由受委员会监督的实体与这些实体的服务对象之间的合同关系引起的争议等。

（二）金融监管体制的特征

波兰是金融市场最稳定的欧洲国家之一。与俄罗斯、印度和泰国三个同样以银行业为主的国家不同，波兰在其金融监管体制下增加了银行担保基金以及竞争与消费者保护署，其中，银行担保基金通过贷款担保或购买银行债务的方式对制度内的银行进行援助，竞争与消费者保护署负责监控波兰银行业的垄断行为。2018 年 12 月，波兰时任总统杜达（Duda）签署金融监管局改革方案，赋予金融监管局在银行收购中的决定权，未来在银行并购市场中，不仅可以收购陷入财务困境的银行，还可以对金融监管局认为陷入困境的银行实施收购，促使市场尽早发现问题银行机构。可见，波兰的金融监管体制对银行业监管的严格程度较高。在证券业方面，波兰的华沙证券交易所是欧洲十分重要的证券交易所，与欧盟市场紧密联系，《欧盟金融市场工具指导》（MiFID Ⅱ）等欧盟共同体金融监管法律的实施增强了波兰证券市场的透明度和稳定性，提升了波兰证券市场对外国投资者和外国公司的吸引力。此外，经过多次的调整和变革，波兰证券市场越来越重视市场的沟通以及对中小投资者的保护，使波兰成为欧洲领先的证券市场之一。在保险业方面，波兰金融监管局规定，只能以上市公司或互助保险协会的形式从事保险业务，其他具体监管规则与欧盟规定一致。整体而言，波兰的金融体制与国际接轨程度较高，虽然在"一带一路"沿线国家中，波兰金融市场的规模并不是位列前茅，但其金融系统稳定性处于领先水平。

（三）"一带一路"金融风险及金融监管

波兰是"一带一路"倡议融入欧洲市场的重要中转站。一方面，波兰是欧盟成员国，享有欧盟同等条件的开放政策，我国企业、资金、商品可通过进入波兰进而辐射整个欧盟市场；另一方面，波兰安全稳定的银行体系，以及对中小外资企业友好的证券市场，为中资企业提供了有利的融资环境。例如，2014 年 11 月，福建晋江风华鞋材有限公司成功在波兰华沙证券交易所挂牌上市；2016 年 6 月，海通证券旗下海外子公司海通银行与波兰华沙证券交易所就共享机构在资本市场运营中的常规信息签署了合作协议，为两国搭建了有效的金融市场信息共享平台。但是，波兰实行完全自由浮动汇率机制，因此中资企业在波兰可能面临较高的汇率风险。近年来，欧美少数国家对"一带一路"的舆论，无疑增加了中资企业在波兰面临的信息披露成本和融资成本，提升了金融风险。

七、阿联酋金融监管体制

阿联酋金融体系主要由银行、证券公司、财务投资公司、金融咨询公司和其他金融中介组成。与俄罗斯、泰国等国家一样，银行业是阿联酋金融体系的核心和基础，截至 2019 年 8 月，阿联酋银行业总资产价值相当于该国国内生产总值的 200.1%，银行业资产规模排在阿拉伯国家银行业首位。[①]证券市场方面，阿联酋有两家证券交易市场，分别为阿布扎比证券交易所和迪拜金融市场，阿联酋由七个酋长国的酋长组成的联邦最高委员会是最高权力机构。受特殊的政治体制和文化影响，阿联酋在借鉴澳大利亚"双峰式"监管模式的基础上，逐渐发展形成了两套相互平行、互为独立的金融监管体制。

---

① 阿联酋银行业资产相当于 GDP 的 200%.（2019-10-21）. ae.mofcom.gov.cn/article/jmxw/201910/20191002906207.shtml.

（一）金融监管框架

阿联酋金融监管框架如图 2-10 所示。

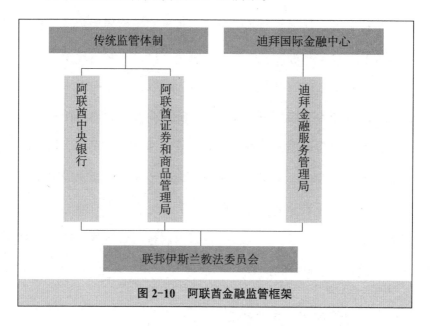

图 2-10　阿联酋金融监管框架

结合图 2-10 分析，阿联酋采用的相互平行的金融监管体制分别指代传统监管体制和迪拜国际金融中心。其中，传统监管体制由阿联酋中央银行与阿联酋证券和商品管理局组成，阿联酋中央银行的总部位于阿布扎比，在阿联酋的其他五个城市设分支机构，监督委员会由七名董事会成员组成，每个成员由阿联酋部长理事会批准后任命。中央银行的主要职责是：（1）发行和管理货币，并确保货币汇率稳定及自由兑换；（2）制定和实施信贷政策，确保国家经济稳定发展；（3）开发和监督阿联酋银行系统；（4）管理阿联酋黄金和外汇储备等；（5）管理和监督除迪拜国际金融中心外区域内的其他金融机构等，属于审慎监管者。阿联酋证券和商品管理局主要负责审查阿联酋的公司上市和股票经纪业务。另一套平行系统迪拜国际金融中心的下属机构是迪拜金融服务管理局，负责迪拜金融机构市场准入及监管工作，主要职责是监管投资银行、金融机构和保险公司。迪拜金融服务管理局按照金融机构业务范围分为五级牌照，分别是存贷款业务、作为委托人从事投资交易、作为代理人从事投资交易或管理资产、安排信贷或投资交易及托管业务。在监管评级中，迪拜金融服务管理局主要关注五方面：公司治理和业务发展策略、信用和操作风险、法律合规风险、反洗钱、金融机构在自贸区内的系统重要性。迪拜金融服务管理局属于业务监管者。

（二）金融监管体制的特征

整体而言，阿联酋金融业发展水平较高，金融服务业发达，金融监管相对缜密，处罚严格。具体而言，第一，银行系统稳定性好。阿联酋中央银行的监管政策战略目标是建设良好和繁荣的金融机构体系，自2015年1月开始实施《巴塞尔协议Ⅲ》，要求本地银行的资本充足率在2018年底达到最低12.375%，2019年底达到最低13%（肖奎，等，2019）。严格的监管下，阿联酋银行弹性较好，存贷款业务发展较快，根据阿联酋中央银行发布的

《2021 年金融稳定报告》，受到疫情冲击前，阿联酋银行的资本充足率和盈利能力均呈现稳步上升趋势，近年来虽在一定程度上受到疫情影响，但资本充足率保持稳定，盈利能力已逐步回升至疫情前，银行业发展总体向好。第二，强化对金融领域不法行为的监管，保持阿联酋在伊斯兰资本市场的竞争力。迪拜金融服务管理局自 2014 年起开始大力打击金融市场不规范行为，进一步强化反洗钱相关规定和政策，加强对金融机构投资政策的管控，尤其是外国基金投资政策。此外，2016 年 4 月阿联酋政府批准成立迪拜经济安全中心，专门负责打击和遏制诈骗、贿赂、洗钱及资助恐怖主义等经济金融领域的不法行为。

（三）"一带一路"金融风险及金融监管

阿联酋位于阿拉伯半岛东部，其在金融、经济、贸易等方面具备的优势使得阿联酋成为"一带一路"倡议在中东地区的"桥头堡"。一方面，阿联酋发展迅速的金融市场为"一带一路"资金融通提供帮助，比如，可以利用迪拜国际金融中心在发行国际债券方面的经验和优势，发展"一带一路"专项国际债券。中资企业在迪拜国际金融中心发行的首只人民币债券，是 2014 年 9 月中国农业银行迪拜分行发行的 10 亿元人民币"酋长债"，该债券期限 3 年，票面利率 3.5%，低于市场平均水平。[①] 但另一方面，宏

---

① 农行在迪拜成功发行首笔人民币债.（2014-09-04）. https://news.cnstock.com/news,bwkx-201409-3167949.htm.

观层面，中东地区局势复杂化，石油价格下跌，阿联酋周边中东地区国家风险较大，加之东西方文化差异，给阿联酋"一带一路"资金融通带来了较大的金融风险。中观层面，阿联酋没有独立的货币政策，实行紧盯美元的汇率机制，使得其利率基本跟随美国调整。近年来美元波动频繁，由此带来了较高的汇率风险。

与此同时，我国与阿联酋两国间不断深化的金融合作为降低"一带一路"资金融通风险提供助益。两国已经签署了双边货币互换协议，2016年阿布扎比国际金融中心金融服务监管局与中国银监会签署了谅解备忘录。我国中农工建四大国有银行均已经在阿联酋设立分行或分支机构，国家开发银行和中国出口信用保险公司等政策性银行也在阿联酋设立了工作组，阿联酋联合国民银行在上海设立了代表处，两国用实际行动实现了金融机构互联互通。

八、哈萨克斯坦金融监管体制

中亚五国的金融产业规模较小，金融开放水平整体较低，金融管制严格。金融体系方面，中亚五国均以银行业为主，大部分国家实行二级银行体制，即以中央银行为领导，商业银行为主体，其他性质的银行并存的分工协作的银行体系。金融监管体制方面，中亚五国均实行高度集中的金融监管体制，由中央银行独立对银行、证券、保险及其他金融中介机构实施监管。以下以哈萨克斯坦为例介绍中亚国家的金融监管体制。

（一）金融监管框架

哈萨克斯坦的金融监管体制在 2010—2020 年期间经历了两次重大变革。2011 年 4 月，哈萨克斯坦政府决定撤销 2004 年成立的金融市场和金融机构监管局，将其职能统一移交给作为中央银行的哈萨克斯坦国家银行，这一举措使得哈萨克斯坦的金融监管职能高度集中于中央银行，由中央银行扮演超级监管者的角色。然而，中央银行兼具货币政策制定和市场监管两项交叉职能，导致中央银行内部负责制定货币信贷政策和负责市场监管的部门利益相互冲突。为此，2019 年 5 月，哈萨克斯坦决定对中央银行进行改组，将中央银行监管职能移交给重新组建的金融市场监管和发展署，自 2020 年起开始运行。此次改革，使得哈萨克斯坦的中央银行专注于货币信贷政策及通货膨胀调控措施的实施，分拆金融市场调节、控制和监管职能，控制消费信贷风险。改革后具体的金融监管框架如图 2-11 所示。

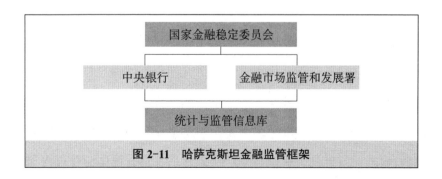

图 2-11 哈萨克斯坦金融监管框架

结合图 2-11 具体分析，中央银行负责制定和实施国家货币政策，确保支付系统的运作，以及实施外汇监管和外汇管制。金融市场监管和发展署承担市场监管职能，两个机构将在国家金融稳定委员会下开展相互协作，同时，为防止职能交叉重叠，还设立了独立的统计与监管信息库，负责金融发展和金融监管信息的汇总与报告。

（二）金融监管体制的特征

哈萨克斯坦银行业和证券业规模都比较小，金融基础设施建设的完善程度较低，金融体系高度脆弱。哈萨克斯坦国家银行对境内的国有银行和外资银行进行统一监管，重点关注银行资本充足率、流动负债率、银行基本存贷款数额、银行会计报表及披露质量等。但从现行的金融结构看，哈萨克斯坦现有的商业银行大部分为中小型银行，且短期贷款比重大于长期贷款比重，投机性投资高于生产性投资。同时，哈萨克斯坦的金融市场起步相对较晚，仍有待进一步发展。目前哈萨克斯坦国内的融资来源有限，仍然高度依赖外债，对国际金融体系的依赖程度较高，容易受到国际金融危机的影响。2019 年，哈萨克斯坦大刀阔斧开展银行业兼并重组和金融监管体制改革，希望能改善银行业的现状，提升金融市场的稳定性。改革措施中，国家银行转向采取风险导向型监管模式，并开展二级银行资产质量评估，旨在帮助监管机构和市场对银行业经营状况作出准确判断，从而为采取措施提高银行业稳定性提供可能。

（三）"一带一路"金融风险及金融监管

以哈萨克斯坦为代表的中亚国家是共建"一带一路"的重要伙伴。目前，中方与哈萨克斯坦已经围绕"一带一路"建设开展了多项合作，正朝着共同打造中哈利益共同体和命运共同体的目标迈进。在这一进程中，哈萨克斯坦的"一带一路"资金融通风险需要引起高度关注。一方面，哈萨克斯坦等国家长期依赖石油市场，政权交接风险长期存在，一定程度上导致宏观层面传导的金融风险长期存在；另一方面，在中观层面，哈萨克斯坦金融体系不稳定性给经济持续增长带来风险，截至 2020 年，银行不良贷款率约为 6.85%，虽相较于 2013 年的 19.47% 有所下降，但仍处于较高水平，中观层面的金融风险亦不容忽视。[①]

第三节 "一带一路"沿线主要国家金融监管特点及国际比较

一国金融监管的有效性是金融安全和金融稳定的基础保障。

---

① 世界银行数据库 . https://data.worldbank.org.cn/indicator.

本节将通过归纳和比较"一带一路"沿线典型国家的金融监管体制，分析不同的金融监管体制下可能存在的"一带一路"金融风险，并对"一带一路"沿线典型国家的金融监管框架进行国际比较，提出完善"一带一路"沿线各国金融监管体制和构建"一带一路"金融监管合作框架的思路。

一、"一带一路"沿线国家金融监管特点

"一带一路"沿线国家的金融监管体制涵盖了国际上广泛采用的统一监管、分业监管和不完全统一监管三种金融监管模式。且不论采用不同的金融监管模式，即便都采用统一监管模式，不同国家在监管框架、中央银行职能设置、金融监管能力、金融监管理念等方面也会有一定的差异。而且，"一带一路"沿线国家大多为新兴经济体和发展中国家，金融体系以银行业为主，金融监管十分注重对银行业的监管，不同国家加强银行业监管的制度安排和工具也不尽相同。因此，认识"一带一路"沿线国家的金融监管体制是研究"一带一路"金融风险和金融监管合作的基础。

（一）监管架构、央行角色与监管重心

上面分析的七个"一带一路"沿线典型国家，在金融监管架构、央行角色与监管重心方面存在异同，如表 2-7 所示。

表 2-7 "一带一路"沿线典型国家金融监管体制比较

国家	所属地区	金融结构	统一监管	金融监管	央行角色	风险管控	监管重心
新加坡	东南亚	三高	是	宽松	不设央行，新加坡金融管理局兼任中央银行和金融业监管机构双重角色	是	防范影响金融稳定与广大投资者利益的重大风险，更注重事中事后监管而非事前监管
俄罗斯	东北亚	银行业为主	是	严格	同时承担政策制定和监督执行两项职能	是	维护卢布稳定，促进银行体系发展，注重对商业银行资本充足率的监管
印度	南亚	银行业为主	否	宽松	货币管理、金融体系监管、外汇管理、货币发行、促进发展、关联职能六个方面	是	提升银行竞争力，完善金融市场功能，增强货币政策有效性
泰国	东南亚	银行业为主	否	宽松	政策制定、保持货币、金融体系和支付体系的稳定	否	以处理银行不良资产、增强金融机构的实力为重心，强调对商业银行的监督
波兰	中东欧	银行业为主	是	中等	确保银行存款的安全性以及维护银行体系的稳定性	否	确保金融市场的正常运作，稳定性、安全性和透明度，保护金融市场参与者利益
阿联酋	西亚北非	银行业为主	是	严格	制定信贷政策和监管银行体系	是	基于风险和关注结果的监管理念来提高金融机构的竞争力、活力和金融市场效率
哈萨克斯坦	中亚	双低	否	严格	货币信贷政策及通货膨胀调控措施的实施	否	维护金融体系定性

由表 2-7 可以看出，除新加坡的金融发展水平呈现银行业、证券业和保险业三高，哈萨克斯坦的证券业和银行业发展水平双低之外，其他五个国家的金融体系以银行业为主，金融监管体制侧重对银行业的监管，但不同国家的金融监管框架存在较大的差异。

首先，从金融监管模式来看，七个国家中有四个国家采取了统一监管模式，分别是新加坡、俄罗斯、波兰、阿联酋。新加坡不设立中央银行，由金融管理局兼任国家中央银行和金融业监管机构双重角色，其金融监管体制与国际接轨程度最高。俄罗斯、波兰、阿联酋三个国家均设立中央银行，但俄罗斯的中央银行同时承担政策制定和监督执行两项职能，并在中央银行下设国家金融委员会，负责评估金融体系内的系统性风险和监测金融基础设施。而波兰和阿联酋的中央银行主要负责制定信贷政策和监管银行体系，波兰的金融监管工作由金融监管局负责，阿联酋的金融监管按区域分布由中央银行和迪拜金融服务管理局负责。印度和哈萨克斯坦采用的是不完全监管模式，金融监管框架较为相近。印度由财政部负责执行内阁经济事务委员会制定的政策，并统领金融业的监管工作，下设印度储备银行、证券交易委员会、保险监管和发展局分别负责银行业、证券业和保险业的监督工作。而哈萨克斯坦的证券业和保险业规模较小，统一由金融市场监管和发展署执行监管工作，中央银行主要负责货币信贷政策及通货膨胀调控措施的实施。泰国采用分业监管模式,中央银行主要负责商业银行、金融机构、资产管理公司、电子支付公司和外国金融机构办事处的监管工作,财政部下属的证券交易委员会和保险业监管委员会分别负责执行证券业和保险业的具体监管工作。

其次,从金融监管体制的风险防控措施来看,2008 年金融危机后,大部分沿线国家强化了风险管控能力。新加坡奉行"风险可控"的原则,在金融管理局下设独立的风险部门以有效地进行风险调控。俄罗斯中央银行下设国家金融委员会,负责评估金融体系内的系统性风险,并建立了危机早期预警系统,要求中央银行定期对各类金融风险进行压力测试和情景模拟。印度在 2010 年成立了凌驾于三大监管机构之上的金融稳定与发展委员会,主要负责对经济和金融体系的系统性风险进行分析和监测,适时发出风险预警信号。阿联酋的迪拜金融服务管理局自 2014 年起开始大力打击金融市场不规范行为,进一步强化反洗钱相关规定和政策。

最后,从金融监管重心来看,七个国家的金融监管均以维护金融市场稳定为首要目标,但仍存在差异。新加坡和波兰注重保护金融市场参与者利益;俄罗斯、印度和泰国强调对银行体系的监督;阿联酋的监管目标是基于风险和关注结果的监管理念,提高金融机构的竞争力、活力和金融市场效率。

总体而言,以新加坡和泰国为代表的东南亚国家的金融发展

水平不一，金融监管框架和金融监管重心不尽相同，但金融开放
程度较高，金融科技发展迅速，金融监管体制较为健全，金融监
管有效性程度较高。以哈萨克斯坦为代表的中亚国家金融市场规
模较小，均实行高度集中的金融监管体制，金融监管最为薄弱。
东北亚的俄罗斯虽然金融市场发展起步较晚，但金融发展迅速，
金融基础设施和金融监管体制较为完善，金融监管体制有效性在
沿线国家中处于中等水平。以印度为代表的南亚国家和以波兰为
代表的中东欧国家的金融体系以银行业为主，金融开放程度较低，
主要采用统一监管模式，且中央银行的职能设置也较为相似，金
融监管有效性处于中等水平。以阿联酋为代表的西亚北非国家实
行相对严格的金融管制，金融监管有效性处于中低水平。

（二）银行业监管特点

七个"一带一路"沿线典型国家在银行业监管上存在异同之
处，如表 2-8 所示。

表 2-8 "一带一路"沿线典型国家银行业监管比较

国家	所属地区	监管机构	巴塞尔银行监管委员会成员	资本充足率	银行业集中度	风险管控
新加坡	东南亚	金融管理局	是	10%	低	独立的风险控制部门和完善的征信服务体系

续表

国家	所属地区	监管机构	巴塞尔银行监管委员会成员	资本充足率	银行业集中度	风险管控
俄罗斯	东北亚	央行	是	8%	高	央行不再直接通过计划和行政手段分配信贷资源，转为引入市场经济国家的政策工具，如法定存款准备金制度、再贴现率等
印度	南亚	央行	是	9%	高	成立了凌驾于央行的金融稳定与发展委员会，负责对经济和金融体系的系统性风险进行分析和监测
泰国	东南亚	央行	否	8%	高	指定国内系统重要性银行
波兰	中东欧	央行	否	9%	低	设立银行担保基金和竞争与消费者保护署
阿联酋	西亚北非	央行	否	13%	高	自2015年1月开始实施《巴塞尔协议Ⅲ》，要求本地银行的资本充足率在2018年底达到最低12.38%，2019年底达到最低13%
哈萨克斯坦	中亚	央行	否	7.5%	高	重点关注资本充足率、流动负债率、银行基本存贷款数额、银行会计报表及披露质量等

由表2-8可以看出，除新加坡以外，其他六个国家均由中央

银行负责银行体系的监管工作，新加坡、俄罗斯和印度三个国家为巴塞尔银行监管委员会成员。首先，在资本充足率监管方面，除哈萨克斯坦中央银行要求的最低资本充足率为7.5%[①]，低于《巴塞尔协议Ⅲ》中8%的最低要求之外，其他六个国家的最低资本充足率要求达到或高于8%，其中，阿联酋的资本充足率要求最高，为13%（肖奎，等，2019）。其次，从银行业集中度来看，俄罗斯、印度、泰国、阿联酋和哈萨克斯坦五个国家的银行业集中度水平均较高。江春和许立成（2005）研究发现，国家银行业集中度高会阻碍金融发展，因为集中度上升将使得信贷资源集中于少数银行，增加利益集团对国家金融监管的影响力，并容易引发"大而不能倒"的风险，降低金融体系的效率。同时，银行业集中度过高会抑制产业结构优化，无法更好地满足不同层面企业的信贷融资需求。最后，从金融监管体制对银行业风险控制措施来看，新加坡、印度和波兰成立了专门的风险控制部门或委员会负责对金融体系的系统性风险进行分析和监测，此外，新加坡还拥有完善的征信服务体系；而泰国中央银行针对银行业高度集中问题，发布了国内系统重要性银行名单公告，被指定为国内系统重要性银行的五家大型商业银行的各种事项尤其是资本金将受到中央银行更为严格的监管，并需增加额外的资本金；俄罗斯、阿联酋和

[①] 哈萨克斯坦银行资产质量评估结果正式公布.（2020-03-01）. kz.mofcom.gov.cn/article/jmxw/202003/20200302940556.shtml.

哈萨克斯坦主要通过资本充足率、法定存款准备金率、再贴现率
等指标对银行实施监管。

（三）"一带一路"沿线典型国家的金融风险分析

综合对七个"一带一路"沿线典型国家金融监管特点的分析，
本部分从金融体系稳定性、结构失衡风险、汇率风险、利率风险
和"拉美化"风险五个方面初步评估七个"一带一路"沿线典型
国家的金融风险水平，如表 2-9 所示。

表 2-9 "一带一路"沿线典型国家金融风险水平

国家	所属地区	金融体系稳定性	结构失衡风险	汇率风险	利率风险	"拉美化"风险
新加坡	东南亚	高	低	低	低	低
俄罗斯	东北亚	中等	高	高	高	高
印度	南亚	中等	中等	高	高	高
泰国	东南亚	中等	高	高	高	高
波兰	中东欧	高	低	高	低	低
阿联酋	西亚北非	中等	中等	高	高	高
哈萨克斯坦	中亚	低	高	高	高	高

由表 2-9 可以看出，新加坡金融业发达，拥有完善的金融基
础设施和与金融发展相匹配的金融监管体制，融资渠道多样，融

资成本低,"一带一路"融资风险最低。波兰金融监管体制中,银行担保基金以及竞争与消费者保护署两个机构的监督有利于确保银行体系的安全和稳定性,且波兰的证券市场与欧盟市场紧密联系,欧盟共同体法律的实施增强了波兰证券市场的透明度和稳定性,因此,波兰的金融体系稳定性较高,结构失衡风险、利率风险、"拉美化"风险都比较低。但是波兰的法定货币兹罗提与人民币尚未签订互换协议,且波兰实行完全自由浮动汇率机制,汇率风险较高。整体来说,波兰的"一带一路"金融安全性仅次于新加坡,金融风险较低。而哈萨克斯坦的金融体系稳定性较低,同时存在结构失衡风险、汇率风险、利率风险等多种风险,且哈萨克斯坦外债规模持续扩大,问题贷款规模更是居高不下,"拉美化"风险高,"一带一路"金融风险最高。其他国家方面,俄罗斯和泰国对银行业的依赖程度高,且呈现出银行资本向金融集团集中的趋势,银行业集中度高,监管难度大,结构失衡风险和利率风险较高。同时,俄罗斯与泰国在资本账户开放的条件下大量涌入逐利的外国资本,增加了金融体系的不稳定性,亦提高了"拉美化"风险。但俄罗斯和泰国金融发展迅速,金融基础设施较为完善,金融监管体制的有效性较高,金融体系的稳定性处于中等水平。印度和阿联酋的金融监管体制均受历史文化的影响,金融监管较为严格,但印度和阿联酋的金融市场开放程度高,金融体系受国际金融波动影响较大。同时,近年来,印度银行业危机事件的不断发生也引发了国际对印度金融系统稳健性的质疑，其金融体系的稳定性也属于中等水平。

二、"一带一路"沿线国家金融监管与国际比较

2008 年全球金融危机后，包括美国、英国在内的发达国家以及众多新兴经济体、发展中国家都进行了相应的金融监管体制改革，掀起了关于是否应该采用统一监管模式与系统性风险的治理和宏观审慎监管的探讨与实践。与此同时，在金融稳定委员会（FSB）[①]和巴塞尔银行监管委员会的主导下，国际监管改革推进迅速，其趋势之一是更加强调各国实施国际标准的一致性。从七个"一带一路"沿线典型国家金融监管体制的分析结果来看，自2008 年全球金融危机以来，大部分沿线国家已经针对其金融体系暴露出的风险点，推进了相应的金融监管体制改革，主动参与国际监管改革的探讨与实践，其中不乏成功的、值得进一步推广借鉴的改革经验。当然，"一带一路"沿线国家的金融发展水平普遍较低，金融监管经验不足，在很多方面需要进一步探索与实践。

（一）是否应该采用统一监管模式

统一的监管机构在监控金融风险在不同金融机构之间的传递

---

① 金融稳定委员会的前身为金融稳定论坛，是七国集团为促进金融体系稳定而成立的合作组织。

方面更有效，能够及时对可能影响金融稳定性的现实问题和潜在威胁作出更快速的反应，而且统一的监管体制避免了各国监管机构之间相互推诿，也有助于更有效地监管金融集团。而分业监管模式能够保证监管的专业性，专业的监管机构比统一的监管机构更了解各种金融中介机构的特点，从而能够采取更有针对性的措施，并且统一的监管机构失去制衡，容易形成垄断的官僚机构，降低监管的有效性。近年来，特别是全球金融危机以来，越来越多国家开始转向统一监管模式。例如，2008 年 2 月，《德拉鲁西埃报告》①提出了欧盟未来的金融监管模式应当由分业监管转向统一监管。部分"一带一路"沿线国家也逐渐向统一监管迈进，波兰自 2006 年起通过渐进式的金融监管改革，逐步由不完全监管模式变革为设立中央银行的统一监管模式；俄罗斯 2013 年正式取消分业监管模式，转向建立统一的大金融监管体制，确立中央银行在国家金融体系中的核心地位。

但是，并没有明确的经验证据表明统一监管模式绝对优于分业监管模式。相反，采用统一监管模式对国家的金融业结构、金融监管基础设施和金融监管能力都提出了更高的要求。而"一带一路"沿线国家的国情迥异，无法借鉴欧盟的经验全部转向统一监管模式。实际上，金融监管体制、金融体系结构以及金融机构

---

① 2008 年 2 月，受欧盟委员会委托，以国际货币基金前总裁雅克·德拉鲁西埃（J. de Larosiere）为首的金融监管评估小组提交了一份关于全面改革金融监管体制的报告，即《德拉鲁西埃报告》。

特点三者之间密切相关，一个有效的金融监管体制应该是与一国的金融体系结构、金融机构特点、金融基础设施和金融监管能力相匹配的。"一带一路"沿线国家应该充分考虑本国金融市场规模、结构、发展阶段，选择最适合其金融市场的监管体制。

（二）系统性风险的治理和宏观审慎监管

宏观审慎监管针对的是系统性金融风险，是全球金融危机之后，金融监管改革中讨论得最多的问题之一。当前，全球大部分国家都在其金融监管体制中设立了一个独立于监管机构的委员会，以此强化对系统性金融风险的防范功能，如美国设立了金融稳定监督委员会（Financial Stability Oversight Council，FSOC），负责识别和防范系统性风险；英国设立了审慎监管委员会（Prudential Regulation Committee，PRC），强化中央银行审慎监管职能。而"一带一路"沿线典型国家中，俄罗斯、印度、波兰等国家也进行了相应的调整，俄罗斯中央银行下设国家金融委员会，负责评估金融体系内的系统性风险；印度成立了凌驾于三大监管机构之上的金融稳定与发展委员会，负责对经济和金融体系的系统性风险进行分析和监测；波兰金融监管局和波兰中央银行联合成立了波兰金融监督委员会，以维护金融市场的稳定性和安全性。此外，宏观审慎监管还强调对具有系统重要性的金融机构要给予更严格的监管，并确保其在出问题后有序退出（綦相，2015）。如泰国中

央银行 2016 年发布了国内系统重要性银行名单公告，这一项改革
能够更好地应对可能发生的负面因素的影响，强化金融机构系统
的稳定性。

（三）监管标准的统一

一般地，金融监管标准统一具有两层含义：第一，一国内部对
银行业、证券业和保险业金融监管标准的统一；第二，一国金融监
管标准与国际金融监管标准的统一。而在"一带一路"金融风险
与金融监管合作的研究背景下，探讨第二层含义的金融监管标准
统一具有重要的意义，即"一带一路"沿线国家金融监管标准的
统一。基于上述分析，七个典型国家对最低资本充足率的监管要
求不一，这增加了"一带一路"金融监管的协调难度。未来，"一
带一路"沿线国家可以从单个监管指标开始，逐步实现监管标准
的统一，加强"一带一路"金融监管合作。

第三章
"一带一路"沿线主要国家的金融风险研究

金融风险是与金融活动相关的风险，是经济主体在参与金融活动过程中遭受损失的不确定性（菲利普·乔瑞，2010）。在开放经济环境下，某国产生的金融风险不仅会在该国内部传导，引起该国国内市场环境恶化；还会蔓延至其他国家，显著增加全球性的金融风险，甚至造成金融危机。金融危机的爆发会进一步引起众多国家及国际金融市场的震动，严重阻碍全球经济的发展。因此在"一带一路"倡议实施过程中要高度警惕和防范金融风险。

宏观层面，"一带一路"沿线国家大多处于经济发展上升阶段，发展中国家和新兴经济体在沿线国家中占较大比例。如前所述，这些国家法律和制度环境各异，金融监管体制有待进一步完善，市场机制有待进一步健全，政治和社会面临诸多不确定性，因此存在较高的金融风险。随着国家间资金融通以及贸易往来的日益密切，不同的法律和制度环境以及金融监管体制特征可能加剧金融风险的传导。在此背景下，研究"一带一路"沿线国家间的风险传导机制对于进一步推动"一带一路"建设有效持续进行，促进沿线国家之间的金融监管深度合作具有重要的战略意义。中观层面，各国金融系统在金融脆弱性、金融创新程度等方面存在的较大差异，直接造成了各国金融风险水平的不同，容易导致金融风险在中观层面相互传导。通过分析"一带一路"沿线国家金融机构与金融市场的金融风险，构建一套全面、系统、客观的指标体系，并照此进行评估，可以在企业作出对沿线国家的融资、投资、并购等重大决策时提供帮助和指引，因此金融风险在中观层面的传导也不可忽视。

综上所述，本章将在第二章的基础上，对"一带一路"沿线国家整体环境和各国金融机构与金融市场发展特点进行更深入具体的分析，从国家和金融机构与金融市场两个层面梳理和归纳金融风险所涵盖的风险内容、风险成因和传导机制，最终回答以下问题：（1）"一带一路"沿线国家在国家层面的金融风险涵盖哪些内容，风险成因有哪些？（2）"一带一路"沿线国家在金融机构与金融市场层面的金融风险涵盖哪些内容，风险成因有哪些？（3）金融风险在不同层面如何传导？

第一节　国家层面金融风险研究

随着"一带一路"建设的不断深入，我国与"一带一路"沿线国家的资金融通也日益密切。但由于"一带一路"沿线各国的基本国情以及经济发展水平均存在较大差异，在不同国家或地区进行投融资等金融活动会面临不同的金融风险。具体来说，国家内部政局状况、与其他国家之间的双边关系等政治不确定性，将影响企业在东道国进行金融活动所面临的宏观政治背景和市场环境；各国政府经济政策以及金融监管模式等的差异也势必会对外资企业在东道国的金融活动产生影响；国家经济发展水平和经济稳定程度也直接关系到该国金融市场的稳定性和成长性；另外，东道国社会稳定程度以及当地自然灾害和气候等不确定性也会对国家政治稳定和经济环境造成一定的影响，从而间接加剧企业在东道国所面临的金融风险。因此，金融风险与政治不确定性、政府政策不确定性、宏观经济不确定性、社会不确定性和自然不确定性等宏观层面的风险有着不可分割的联系。鉴于金融风险的重要性，本节将主要从国家层面金融风险内容和风险成因两方面进行具体分析。

一、风险内容

从宏观角度来看，一国的金融风险包括东道国政局状况、宏观经济环境、社会稳定程度等诸多内容，这些因素都会对国家间的投融资等金融活动造成一定的影响。根据米勒（Miller，1992）所提出的国际商务综合风险管理框架，在国际商业活动中，宏观环境的不确定性包括政治不确定性、政府政策不确定性、宏观经济不确定性、社会不确定性和自然不确定性。因此本节将结合"一带一路"倡议的特点和发展趋势，主要从上述五方面来分析国家层面的金融风险，分析框架见图 3-1。

（一）政治不确定性

政治不确定性指的是企业在东道国进行运作时由政治层面因素产生的风险（李猛，2018）。在政治不确定性较高的国家，政治事件的发生、战乱频繁、政权交替等宏观层面的因素，会使企业的正常运作陷入危机，导致企业利益受到损害（孙焱林和覃飞，2018），不利于跨国企业跨国融资等活动的开展。根据米勒（Miller，1992）的研究，政治不确定性包括政治变革和政治制度改革、外部冲突以及双边关系等内容，本节将从以下三方面，结合"一带一路"沿线国家的具体情境进行分析。

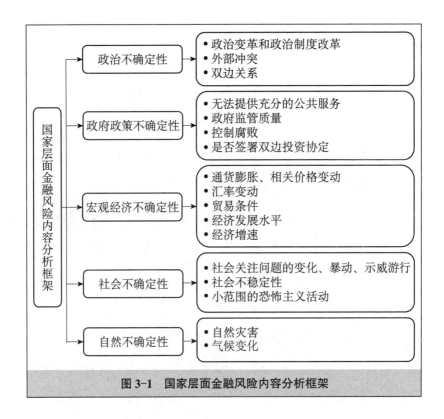

图 3-1　国家层面金融风险内容分析框架

1. 政治变革和政治制度改革

东道国自身政局不稳定、政权交替和政治制度改革频繁等是影响政治不确定性的重要因素（Miller，1992）。东道国政局不稳意味着存在领导人更迭频繁、军事政变常发以及党派斗争等情况，通常容易引起社会不安定、犯罪率高等其他间接问题，给企业的运作带来多重考验。一方面，政局不稳可能导致政府或金融机构在进行决策时更多地从领导者个人利益出发，而不是依据是否符合本国政府或者人民群众的根本利益，可能使决策出现失误。另一方面，政局不稳也会导致政府及相关部门责权不清，运行效率低下，影响企业相关文件和材料的审批，这些情况都将直接关系到企业正常生产经营和投融资等活动能否顺利进行。例如，政权交替频繁的国家必然将制约既有政策的持续实施，很可能导致跨国企业因为政策突变而陷入僵局。霍尔本和泽尔纳（Holburn and Zelner，2010）认为，在政局不稳的国家，政府不但不会对跨国企业进行产权保护，甚至会存在机会主义式的违约以及非法侵占、抢夺和转移跨国企业资产与收益的情况。除此之外，政局不稳还意味着政府无法为国家安全和社会安定提供保证，极易引起其他风险，如黑社会组织势力猖獗、恐怖主义等。

"一带一路"沿线某些国家政治环境不确定性较强，无法为跨国企业提供稳定的市场环境，导致政治不确定性相对较高。如中亚地区的塔吉克斯坦曾爆发过内战，国家内部政治集团间的冲突问题仍然存在；西亚地区的叙利亚派别矛盾交织，政权不稳；泰国、埃及和缅甸则长期面临军方干政，政权稳定程度低。东道国面临的政局不稳问题和风险因素在严重时很可能外溢至周边国家，甚至发展成地区性问题，加剧政治不确定性。

2. 外部冲突

外部冲突主要指"一带一路"沿线各国间的政治关系以及他国行为对本国政治局势的影响，包括外交压力、贸易限制、领土纠纷等（李原和汪红驹，2018）。"一带一路"沿线横跨陆地和海洋，连接欧亚非三个大陆，沿途涉及众多国家，各国之间的政治关系和相互往来所具有的影响也不容忽视。外部冲突严重的国家将影响其内部政局稳定和社会安全，阻碍企业活动的顺利进行（Caldara and Iacoviello，2022）。不少"一带一路"沿线国家与其周边国家存在复杂的冲突问题，如老挝和柬埔寨之间的边境对峙和印巴冲突等。其中，印巴冲突及当地连绵不断的战乱严重拖累了两国和南亚地区的一体化进程，影响到整个南亚地区的发展局势及走向，也对海上丝绸之路和"两个走廊"的建设造成了威胁。①

"一带一路"途经地区各种文明相互交融，自古以来便是大国利益交汇之地（王秋彬，2016），在这些地区进行的博弈也势必将给"一带一路"倡议的推动和实施带来难以预测的风险。虽然"一带一路"参与国都有改善国内发展现状、促进繁荣发展的共同目标，但并不排除参与国与其他利益集团之间也存在难以割舍的利益诉求（包括政治、军事、经济等各方面），很可能为该地区带来风险和不确定性（张丽平，2017）。② 一些国家和地区可能因利益驱使或其他目的而改变本国政策（郑雪峰和刘立峰，2018），从而对跨国企业融资活动的正常进行造成限制。

---

① 印巴冲突让南亚合作困难重重 . (2017-10-31) . www.xinhuanet.com/world/2017-10/31/c_129729411.htm.

② 张丽平：四方面对策有效提升"一带一路"基建投融资效率 . (2017-05-03) . https://www.yidaiyilu.gov.cn/ghsl/gnzjgd/12213.htm.

3. 双边关系

国家间的双边关系也会对各国之间的资金融通和贸易往来产生重要影响。国家间的良好双边关系能够弥补跨国企业因母国与东道国制度差异带来的外来者劣势（汪涛，等，2020），帮助企业更好地克服东道国的制度问题，保护跨国企业在东道国市场的利益（Li，et al.，2018）。相反，当东道国与母国之间发生政治矛盾或冲突时，东道国政府很可能将与母国之间的冲突和消极态度转移至境内的母国投资企业，如通过更严格的管制、提高税收、严苛的市场进入与签证程序，或者选择性的法律、限制投资等对其进行经济制裁，进而导致母国投资企业的融资等活动无法正常进行，甚至难以为继（Büthe and Milner，2008）。因此，本节也将国家之间的双边关系纳入政治不确定性的考虑范围，分析国家间的双边政治关系以及国家间的沟通往来对一国政治环境所造成的不确定性和风险。随着我国对外开放与合作的不断深入，双边关系对跨国企业的影响也越来越深入。在双边政治关系较好的东道国，政治不确定性对我国企业并不产生明显的负面作用；而在双边政治关系较差的东道国，我国企业表现出较为明显的风险规避倾向（孟醒和董有德，2015）。

目前，我国与世界上大部分国家正式建立了外交关系，并与许多国家保持着良好的外交往来。虽然当今世界各国普遍对跨国企业持欢迎态度，但不可否认，为了维护经济安全和本土企业利益，各国依然存在不少对跨国企业直接或间接的限制（潘镇和金中坤，2015）。在双边政治关系较好的国家，东道国将更注重两国关系，且通常将给予跨国企业更多的支持和认可（姜建刚和张建红，2020）。除此之外，东道国国内的利益相关者通常会将他国政府与他国企业结合看待，对政府的好恶将会直接影响到他们对企业的看法（Nigh，1985）。因此，东道国国内的利益相关者通常会对来自双边关系较好国家的企业持有和善、友好的态度，这种态度能在一定程度上降低跨国企业在东道国进行跨国金融活动所面临的风险和不确定性。

（二）政府政策不确定性

政府政策不确定性包括政府落实政策方面的不确定性、政府采取一种完全不同立场的可能性以及政府政策变化所导致的不确定性三方面（陈胤默，等，2019）。不少文献将政府政策不确定性放在政治不确定性部分，进行综合测度。然而，政治环境的变化并不一定会使影响商业活动的政府政策发生变化（Brewer，1983），政治环境的稳定也不排除政府政策变化的可能性，因此本节对政治不确定性和政府政策不确定性进行了区分。当东道国出于维护自身利益或不信任跨国企业等原因而改变既有的制度规定时，很可能会通过提高企业进入市场的标准、增加额外投融资条件等来限制跨国企业在东道国进行正常经营活动。米勒（Miller，1992）认为，政府政策不确定性侧重于政府环境所带来的不确定性和风险，与财政和货币政策改革、价格控制、贸易限制、国有化的威胁、政府监管以及无法提供充分的公共服务等内容密切相关。本节根据米勒等人的研究以及当前"一带一路"的特点，主要从以下四部分对政府政策不确定性进行分析。

1. 无法提供充分的公共服务

东道国政府效率越高，其所提供的公共产品和服务质量就越好，能够使跨国企业与本土企业享受同等的公共产品和服务，从而为企业提供透明、廉洁和较为高效的营商环境（蒋冠宏，2015）。因此，对于米勒框架中的"无法提供充分的公共服务"，本节主要将其用于分析政府有效性。政府有效性，通常指一国政府履行公共服务职责的有效性、制定和实施政策的质量、政府对政策承诺的可信度、行政部门提供服务的质量和效率以及政府能否在社会压力下做到独立行政（王永钦，等，2014；Buchanan，et al.，2012）。通常情况下，政府有效性越高，对企业的投融资等活动各项手续的审批效率就越高，且所需的手续也会越少。由于"一带一路"沿线各国的政治环境不同，政府效率和执政情况自然也有所不同。较高的政府效率能够在一定程度上为企业营造良好的环境，有利于跨国企业的进入，能保障企业的合法权益，并使跨国企业能够在东道国顺利开展经营、投融资等活动。

2. 政府监管质量

政府监管质量指的是政府为构建良好营商环境而提供政策支持与执行政策的能力（黄新飞和林志帆，2020），这直接关系到东道国市场经济及金融活动的有序和高效进行。健全的监管体系和良好的监管质量能够降低信息不对称性，保障东道国市场环境的稳定，规范经济和社会主体的行为（Slangen and Tulder，2009），从而降低跨国企业所面临的经营风险和金融风险，使企业更加顺利、高效地在东道国进行活动。此外，监管质量较高的国家通常会要求企业披露较为详细和规范的会计信息，保持较高的透明度，能够在一定程度上降低企业面临的不确定性。"一带一路"沿线各国在发展阶段、政治制度、法律体系等方面各有不同，导致不同国家所选择的监管模式和制度、各国政府的政策透明度和信息披露程度也有所不同，对国家金融风险的影响和控制也将有所差异。

3. 控制腐败

控制腐败通常指的是一国政府对本国腐败的控制能力，如该国政府在公共资金免遭挪用与公共权力不用于腐败寻租方面的努力（Buchanan，et al.，2012）。政府腐败不仅会增加企业运营的不确定性，提高交易成本，还会降低企业的运行效率，阻碍公平、高效市场的形成。政府腐败程度较为严重的国家通常会存在各种限制跨国企业进入本国以及干预其经营活动的政策，不利于企业投融资活动的顺利进行。另外，政府机构办事效率低下，国家法律制度不健全通常会使企业面临较为复杂的经营环境，很难通过正常途径进行跨国融资活动。

根据透明国际（Transparency International）2022 年发布的全球腐败感知指数[1]，180 个国家和地区的清廉指数的平均值为 43 分（满分 100 分，评分越高，腐败程度越低），而"一带一路"沿线国家清廉指数较低，平均值仅为 39.8 分，平均排名 94.3[2]。其中新加坡是得分最高的国家，其次是爱沙尼亚；而叙利亚、也门、土库曼斯坦、伊拉克、缅甸、阿塞拜疆等国家得分排名在末端，腐败程度较高。这种情况将在一定程度上影响跨国企业在东道国所面临的风险水平。

4. 是否签署双边投资协定

双边投资协定（bilateral investment treaty，BIT）指的是两个国家之间签订的一种旨在保护对方投资者在本土投资安全的协定。"一带一路"背景下，各国之间签订的贸易协定以及合作协议等将影响国家之间的资金融通和贸易往来。例如签署双边投资协定能够在一定程度上创造和谐、良好的合作经营环境，保护跨国企业的财产安全，降低企业投融资的风险和成本（Mina，2015）。德博尔德和维卡尔（Desbordes and Vicard，2009）研究发现，双边投资协定会对制度环境产生互补效应，但并不能替代制度环境。

---

[1] 透明国际. https://www.transparency.am/en/cpi.
[2] 缺失巴勒斯坦和文莱的数据。

宗芳宇等（2012）认为，双边投资协定能够弥补东道国制度环境的不足，且对制度环境较差的国家有更为明显的促进作用。

"一带一路"沿线不少国家经济较为落后，政治局面并不稳定，因此，如何保护跨国企业在东道国的合法权益和利益十分重要。根据联合国贸易和发展会议①统计数据，我国与"一带一路"沿线 56 个国家签订了 BIT，其中已签订但尚未生效的国家为文莱和约旦。在已生效的 54 份协定中，大部分签订于 2000 年前，除了罗马尼亚、斯洛伐克以及乌兹别克斯坦与我国签订的 BIT 曾有过更新外，其余国家的 BIT 全部是沿用 20 世纪八九十年的老版本（卢进勇，等，2018）。从协议所包含的条款来看，各国之间签订协议的具体内容并不相同，导致我国跨国企业在不同国家进行投融资活动时所面临的政策环境和风险状况都不尽相同。

（三）宏观经济不确定性

宏观经济不确定性是指企业在东道国进行经济活动时，东道国宏观经济波动、经济政策调整等因素导致企业未来收益变动的风险和不确定性（Kirikkaleli and Onyibor，2020）。宏观经济实力是一国经济体系创造新增价值和抵抗风险能力的重要体现，也是国民经济稳定和市场环境良好的基础保障。企业只有全面了解不

---

① 联合国贸易和发展会议. https://investmentpolicy. unctad. org/international-investment-agreements.

同国家的经济发展水平和发展潜力，才能更好地适应东道国的市场环境，促进企业相关活动的顺利进行。米勒（Miller，1992）认为，宏观经济不确定性包括通货膨胀、相关价格变动、汇率变动以及贸易条件等。基于此，本部分主要从以下五方面对宏观经济不确定性进行分析。

1. 通货膨胀、相关价格变动

通货膨胀指的是致使一国货币贬值的物价上涨。通货膨胀和相关价格变动在本节中主要是代表一国的价格波动情况和经济稳定程度。从宏观层面来看，一国的经济稳定程度决定了该国是否具有较为稳定的经济环境和经济政策，能否为企业提供一个相对良好的市场环境（Jay and Anil，2008）。国家经济大幅波动，甚至出现经济危机，会严重影响国内市场环境和国家对外贸易与资金融通状况。因此，价格变动情况和经济稳定程度是金融风险的内容之一。本部分根据世界银行公布的世界各个国家和地区 2021 年的通货膨胀率①，截取统计了"一带一路"沿线国家的通货膨胀率，如表 3-1 所示。

表 3-1 "一带一路" 沿线国家 2021 年通货膨胀率

国家	通货膨胀率（%）	国家	通货膨胀率（%）
阿富汗	0.52	拉脱维亚	6.79
约旦	1.28	亚美尼亚	6.87

---

① 此处使用的通货膨胀率为国内生产总值平减指数。

续表

国家	通货膨胀率（%）	国家	通货膨胀率（%）
柬埔寨	1.29	匈牙利	6.87
马尔代夫	1.74	保加利亚	7.13
泰国	1.90	塔吉克斯坦	7.88
克罗地亚	2.03	斯里兰卡	8.06
菲律宾	2.29	巴勒斯坦	8.48
斯洛伐克	2.38	巴林	9.50
斯洛文尼亚	2.55	印度	9.97
以色列	2.60	巴基斯坦	10.21
越南	2.78	格鲁吉亚	10.25
摩尔多瓦	3.33	阿曼	12.70
北马其顿	3.54	白俄罗斯	13.05
老挝	3.71	乌兹别克斯坦	13.56
捷克	4.01	哈萨克斯坦	13.93
新加坡	4.03	阿联酋	14.28
孟加拉国	4.12	蒙古国	14.42
缅甸	4.80	沙特阿拉伯	14.79
埃及	4.81	文莱	15.47
波黑	4.88	吉尔吉斯斯坦	15.97
波兰	5.05	俄罗斯	16.47
黑山	5.29	阿塞拜疆	21.16
罗马尼亚	5.42	卡塔尔	22.47
爱沙尼亚	5.45	乌克兰	25.06
尼泊尔	5.51	土耳其	28.95
马来西亚	5.71	伊拉克	33.45
塞尔维亚	5.91	伊朗	56.32

续表

国家	通货膨胀率（%）	国家	通货膨胀率（%）
阿尔巴尼亚	5.93	东帝汶	59.34
印度尼西亚	6.02	黎巴嫩	150.00
立陶宛	6.54		

资料来源：世界银行数据库 . https://data.worldbank.org.cn/indicator.

注：此处共统计"一带一路"59 个沿线国家通货膨胀数据，缺失叙利亚、也门、科威特、土库曼斯坦数据。

由表 3-1 可以看出，"一带一路"沿线国家中，黎巴嫩、伊朗、伊拉克、土耳其、乌克兰、卡塔尔、阿塞拜疆等通货膨胀率超过 20%，过高的通货膨胀率将不利于国家经济的稳定发展；约 34% 的沿线国家通货膨胀率在 0～5%，表示其宏观经济状况较为稳定。吴舒钰（2017）研究发现，沿线各个国家的通货膨胀率体现出明显的地区和国家差异，如中高收入和高收入国家的平均通货膨胀率显著低于中低收入及低收入国家，经济状况更加平稳；资源丰富、政局不稳定地区的平均通货膨胀率显著高于资源相对稀缺、经济相对平稳的地区。因此，在沿线各国进行投融资活动将面临不同的经济稳定状况和风险。

2. 汇率变动

在"一带一路"建设过程中，汇率变动带来的风险不可小觑。汇率变动带来的风险是指在跨国交易活动中汇率波动给以外币计价的资产、负债和盈利的经济主体所带来的不确定性以及突发性的经济损失。由于交易双方国家经济发展水平存在差异，加上国际经济发展形势、本国政治、军事、文化等因素的影响，货币可能出现贬值或增值，进而对国家的汇率水平产生一定影响（Liu, et al., 2018）。"一带一路"沿线国家以新兴和发展中国家为主，国家间发展水平迥异，有 50 多种货币，且不少国家的货币交易量偏小，在国际上流通性比较差，汇率波动较为剧烈，导致在沿线国家开展经济活动会面临较大的汇率风险。虽然人民币已加入特别提款权，但沿线国家大多使用美元作为贸易结算的计价单位。尽管我国与沿线不少国家签订了货币互换协议，但人民币的实际使用情况并不理想，仍存在人民币与沿线国家货币的直接兑换办理程序复杂等问题（肖刚，2019）。一些沿线国家的货币在国际市场上的接受程度较低，兑换过程较为烦琐，很可能在与人民币的汇兑过程中由于汇率波动产生较大风险（王灿，2018）。此外，汇率水平的波动还会影响企业与境外子公司的会计结算过程，进而影响企业整体收益。这些由汇率波动导致的预期收益不确定可能使企业面临风险甚至遭受损失。汇率水平的剧烈波动除了会加大本国经济的不确定性和金融风险外，还会产生明显的外部效应，给整个区域经济带来负面冲击。

3. 贸易条件

贸易条件主要指沿线各国的贸易开放程度，即东道国与其他国家进行贸易往来的积极性和参与程度，与国家对外贸易和"一带一路"倡议的实施密切相关（Gnangnon, 2018）。从整体来看，

"一带一路"沿线国家的贸易开放程度较高，尤其是新加坡、阿联酋、越南、斯洛伐克等国。陈继勇和陈大波（2017）通过对沿线国家的比较分析，认为沿线国家多数属于中等开放程度国家。孟加拉国、印度尼西亚等国家开放程度较低，与其进行双边贸易往来的难度也相对较大。在经济全球化的今天，贸易开放程度越高，贸易投资便利程度越高，跨国企业进入东道国市场的门槛就会越低，限制就会越少，越有利于企业的进入和运行，这对于构建良好的合作与贸易环境有着重要意义（Montalbano，2011）。但同时，这也意味着当世界经济有所波动时，一国的经济形势必然受到影响，且贸易开放程度越高，该国受影响程度越高。当一国产生金融风险时，贸易开放程度高的其他国家将因其在世界范围内的暴露而面临更大的冲击和影响。

4. 经济发展水平

经济发展水平是指一个国家经济发展的规模和所达到的水平。经济发展水平越高，市场规模越大，通常情况下意味着企业的发展机会越多，投融资机会也相应越多。企业选择更大市场规模的国家和地区进行投资，有利于其形成更有效的规模经济，从而有利于资源利用和产出效益最大化。不同的经济发展水平使得不同国家产生的金融风险也有所不同。经济欠发达的国家通常无法为企业提供稳定和良好的市场环境，企业在市场环境不稳定的地区通常难以正常运营，投融资活动将受到限制，跨国投融资与运营失败的可能性较高。因此,经济发展水平也是影响宏观经济不确定性和金融风险的重要因素之一。

"一带一路"沿线国家众多,根据世界银行 2021 年按照收入水平对国家的分类,沿线 63 个国家中有 19 个国家属于高收入国家,20 个国家属于中高收入国家,21 个国家属于中低收入国家,3 个国家属于低收入国家。[①] 从具体地区来看,中东欧地区沿线国家大多是高收入或中高收入国家,西亚北非的经济吸引力也较高;东南亚、中亚地区的经济发展相对滞后,收入水平较低;在阿富汗、叙利亚等政治不确定性较高的国家,经济发展水平则更为落后。

5. 经济增速

经济增速是指一个国家的经济发展速度,是衡量一个国家总体经济实力增长速度的指标。经济发展速度较快的国家可能有更为旺盛的金融市场需求和更多就业机会,能够为跨国企业提供有利的投融资环境,对其有更大的吸引力。"一带一路"沿线国家大多为发展中国家,经济发展水平各不相同,但绝大多数国家处于低速增长阶段(吴舒钰,2017)。研究发现,沿线国家经济增长具有很强的地域特征:处于高速和中速增长阶段的国家大多在东南亚、南亚和中亚地区,而低速增长的国家除了新加坡、泰国、阿富汗等国家之外,大多处于中东欧地区和西亚北非地区。

---

① https://datahelpdesk.worldbank.org/knowledgebase/articles/906519.

（四）社会不确定性

社会不确定性指的是影响企业在东道国活动的社会风险因素，反映一国社会的稳定程度。社会不确定性较为严重的国家无法提供较为稳定的社会环境，通常将阻碍国家经济的正常发展和运行，这会对金融市场的稳定运行造成影响，而金融市场非平稳运行将对企业造成重要影响。一方面，企业在不稳定的金融市场内很难通过正常的融资活动获取充足的资金；另一方面，企业也很难确保自身投资经营活动的安全性。因此由社会不确定性造成的金融市场不稳定会使企业面临更多来自国家宏观层面的金融风险。

米勒（Miller，1992）认为，社会不确定性源于政府政策和商业实践之外的信仰、价值观和态度。社会不确定性发生在以社会不稳定、骚乱不断、示威游行频繁为特征的环境中。因此社会不确定性的内容主要包括社会关注问题的变化、暴动、示威游行，社会不稳定性，小范围的恐怖主义活动等。本部分主要从以下三方面进行分析。

1. 社会关注问题的变化、暴动、示威游行

国家内部矛盾、冲突是影响社会不确定性的主要因素之一，内部矛盾与冲突较为剧烈的国家将无法为企业提供较为稳定的社会环境和市场环境（Kirikkaleli and Onyibor，2020）。因此，社会关注问题的变化、暴动、示威游行在本部分主要是指国家内部社会、种族、文化矛盾等各种冲突的严重性。"一带一路"沿线国家由于历史沿革和文化渊源不同，价值观念、社会文化也各不相同。在一些多民族的沿线国家内部，不同民族之间也存在难以避免的文化差异和风俗习惯差异，这些非经济因素将直接影响东道国的社会稳定性。

文化本身并不会产生风险，但文化分歧可能引起冲突和矛盾。文化因素既可以作为各国之间友好相处、交流往来的推动力，也可能成为引起各国冲突的潜在因子。各种文化之间的矛盾以及不同民族与种族之间的冲突，都呈现出易突发、多样性、复杂化和长期化的特点。这些矛盾冲突将直接对东道国社会稳定性产生影响，进而不可避免地对国家的经济活动和金融市场的参与者造成影响，从而间接影响企业在金融市场上的融资活动，加剧金融风险，甚至可能会影响跨国企业在这些国家或地区进行融资活动的意愿。

2. 社会不稳定性

社会不稳定性指的是东道国的社会稳定程度和社会治安情况。良好的社会运行秩序能够有效降低跨国企业在东道国所面临的社会风险，而社会稳定程度较差的国家不仅会阻碍跨国企业的正常运作，还会影响国家经济的有序发展。通常情况下，社会稳定程度越高，社会治安状况越好，企业面临的社会环境也会越好，风险和不确定性也会越低。当东道国社会不安定因素较多、不公平现象严重、矛盾较为激化时，社会性群体事件可能频繁发生，影响企业的跨国金融活动和融资活动。"一带一路"沿线各国国情差异巨大，社会状况也各不相同。在跨国企业境外融资过程中，东道国社会不稳定性可能对我国企业和公民的生命财产安全造成危害，东道国国内治安形势恶化也会严重威胁跨国企业的员工安全与各项经营、投融资活动的顺利进行。[①]这种社会环境的不稳定性和危机是国家经济正常运行的隐患，也是影响金融市场稳定和金融风险的因素之一。

3. 小范围的恐怖主义活动

恐怖主义通常通过战争或者局部武装暴动的方式来破坏东道国社会稳定和市场环境，影响企业的正常经营活动及融资活动，增大企业经营成本，阻碍企业发展（Agliardi, et al., 2012）。根据经济与和平研究所（Institute for Economics and Peace, IEP）发布的数据，全球恐怖主义事件数量在 2015 年达到历史最高峰，近年来虽呈现逐渐下降趋势，但恐怖主义活动依然十分猖獗，甚至在某些地区还出现了恶化。根据 IEP 发布的《全球恐怖主义指数 2022》，2021 年全球有 44 个国家的恐怖活动致死人数至少为 1 人，与 2020 年的 43 个国家相比略有增加；全球恐怖主义袭击次数增加了 17%，达到 5 226 起。本部分截取了 2021 年"一带一路"沿

---

① 曲鹏飞：建立沟通协作机制应对"一带一路"建设面临的挑战 .（2019-07-21）. https://www.yidaiyilu.gov.cn/ghsl/gnzjgd/97479.htm.

线国家恐怖主义指数排名及得分，如表 3-2 所示。

表 3-2 2021 年"一带一路"沿线国家恐怖主义指数排名及得分

国家	排名	得分	国家	排名	得分
阿富汗	1	9.109	乌克兰	93	0.000
伊拉克	2	8.511	马来西亚	94	0.000
叙利亚	5	8.250	巴林	95	0.000
缅甸	9	7.830	罗马尼亚	96	0.000
巴基斯坦	10	7.825	立陶宛	99	0.000
印度	12	7.432	越南	101	0.000
埃及	15	6.932	捷克	93	0.000
菲律宾	16	6.790	阿尔巴尼亚	93	0.000
也门	21	5.870	亚美尼亚	94	0.000
泰国	22	5.723	阿塞拜疆	95	0.000
土耳其	23	5.651	白俄罗斯	96	0.000
印度尼西亚	24	5.500	波黑	99	0.000
斯里兰卡	25	5.445	保加利亚	101	0.000
伊朗	27	5.015	柬埔寨	102	0.000
以色列	30	4.778	克罗地亚	105	0.000
巴勒斯坦	32	4.736	爱沙尼亚	112	0.000
尼泊尔	34	4.693	格鲁吉亚	113	0.000
孟加拉国	40	4.411	匈牙利	121	0.000
俄罗斯	44	4.219	哈萨克斯坦	124	0.000
塔吉克斯坦	47	3.988	科威特	125	0.000
黎巴嫩	51	3.566	吉尔吉斯斯坦	126	0.000
沙特阿拉伯	54	3.110	老挝	127	0.000
约旦	58	2.594	拉脱维亚	128	0.000

续表

国家	排名	得分	国家	排名	得分
摩尔多瓦	135	0.000	新加坡	150	0.000
蒙古国	136	0.000	斯洛伐克	151	0.000
黑山	137	0.000	斯洛文尼亚	152	0.000
阿曼	141	0.000	东帝汶	157	0.000
波兰	144	0.000	土库曼斯坦	159	0.000
卡塔尔	146	0.000	阿联酋	160	0.000
塞尔维亚	148	0.000	乌兹别克斯坦	161	0.000

资料来源：https://www.visionofhumanity.org/maps/global-terrorism-index/#/.

注：缺失文莱、马尔代夫和北马其顿的数据。

由表 3-2 可知，全球恐怖主义指数排名前 30 的国家中包含 15 个"一带一路"沿线国家，"一带一路"沿线国家恐怖主义指数平均排名为 82.7 名，其中，受恐怖主义影响最严重的五个国家分别是阿富汗、伊拉克、叙利亚、缅甸和巴基斯坦，这意味着在相应国家进行融资活动将面临额外的恐怖主义活动威胁。这些国家恐怖主义的存在不仅会削弱东道国参与建设的积极性，还会影响周边地区的稳定，严重阻碍"一带一路"倡议的顺利实施。

（五）自然不确定性

自然不确定性是指企业无法预测且难以规避的自然现象的影响，包括降雨不确定性、飓风、地震以及其他自然灾害等（Miller，1992）。通常情况下，自然环境对农业部门的影响最为明显，但自然灾害（例如飓风、地震等）的发生也势必会损害企业的正常运作，降低受影响区域内企业的生产能力，严重时还会影响社会稳定和国家经济发展。

1. 自然灾害

地震等自然灾害的发生将严重威胁当地民众的生存环境，造成大量居民失业、贫困等后果，损害国家的经济发展能力和社会安全，同时会造成企业巨额财产损失，影响企业的正常经营（Lee and Chen，2019）。丝绸之路经济带恰恰与欧亚地震带相重叠，21世纪海上丝绸之路沿线也有不少国家处于环太平洋地震带上，这使得部分"一带一路"沿线国家极易受到地震、火山爆发、海啸等灾害的威胁。根据紧急灾害数据库（EM-DAT）数据统计，2013—2022年间，"一带一路"沿线国家地震等自然灾害[①]共发生274次，导致2.5万人死亡，造成超过2 800万美元经济损失。从空间分布来看，东亚最主要的自然灾害分别是地震、风暴和洪水；南亚和东南亚地区易受地震、洪水、海啸等袭击；而西亚北非和中亚地区则以干旱为主。此外，"一带一路"沿线多数国家经济欠发达，抗灾能力较弱，应对自然灾害的物资储备和应急救援能力有限，对灾情的预警和处理措施也存在差异，经济发展难以规避自然灾害的负面影响。因此自然灾害给企业带来的风险和不确定性不容忽视。

2. 气候变化

气候变化不仅会造成飓风、干旱、洪水、荒漠化、海平面上

---

① 包括地震、火山、滑坡、泥石流、虫害、疫情、冰湖溃决、动物灾害等。

升等自然生态的变化，还会带来潜在的社会政治影响，导致民众生存不安全、贫困状况加重、社会压力增大、可用水减少等，直接影响到国家的社会安定和经济发展（Huang，et al.，2018）。"一带一路"沿线地理环境复杂，气象灾害频发。根据 EM-DAT 数据统计，2013—2022 年间，"一带一路"沿线国家洪涝、暴风雨、极端气温和干旱共发生 1 077 次，导致超过 5.4 万人死亡，造成超过 1.9 亿美元经济损失。东南亚地区受各种气候影响，出现了海平面上升和沿海土地减少等问题。东北亚地区干旱严重，导致粮食产量下降（王志芳，2015）。中亚、南亚以及东南亚地区则是气象、水旱灾害的多发、高发、重发区。中亚和欧亚大陆不仅会受到暴雨及其引发的洪水、泥石流的影响，还会遭受高温、干旱、暴风雪、严寒和低温等气象灾害（孔锋，等，2017）。如 2010 年巴基斯坦遭受了近 81 年来最严重的暴雨洪涝灾害，超过 1/4 的国土受灾，共造成 2 000 多万人受灾，导致近 1 800 人死亡。2009—2010 年夏季，干旱导致世界主要的稻米生产国泰国和越南水稻产量锐减，老挝、柬埔寨则出现了工农业和生活用水短缺、船只停航等情况。①中国社会科学院－中国气象局气候变化经济学模拟联合实验室等单位发布的《应对气候变化报告（2017）：坚定推动落实〈巴黎协定〉》中指出，"一带一路"沿线主要国家的气候风

---

① 气象部门公布 2010 年国外十大天气气候备选事件 .（2010-12-01）. http://finance.sina.com.cn/roll/20101201/11249038302.shtml.

险水平普遍偏高，南亚和东南亚地区尤为突出，将对沿线国家的人民生命财产安全、基础设施建设和生态环境等产生深远影响。

二、风险成因

分析国家层面金融风险产生的主要原因，对于有效防范和化解金融风险、促进金融市场的持续发展和跨国企业的正常经营具有重要意义。现有文献主要从过度金融创新、外部监管体制放松、国家经济结构特点、宽松的货币政策、外部冲击以及金融机构自身的脆弱性和复杂性等方面分析金融风险的成因（卓娜和昌忠泽，2015；江红莉，等，2018；谢圣远和谢俊明，2019；Minsky，2008；Upper，2011）。本节主要在现有文献研究成果的基础上，结合"一带一路"沿线国家的发展特点，从国家层面出发，从政治及社会因素、政策因素、经济因素和金融因素四部分来具体分析金融风险成因。

（一）政治及社会因素

稳定的政治环境和社会环境是经济发展的前提和基础。东道国政局不稳、政权更替频繁将恶化国家的市场环境，严重影响国家经济的稳定发展和各项政治、经济、外交政策的连续性（Henisz，et al.，2010）。首先，企业在"一带一路"沿线国家的跨国金融活动极易受到经济政策以及相关政策调整和改变的影响，使得资金在国家之间的往来存在较大的不确定性，从而产生较大的金融风险。其次，"一带一路"沿线国家众多，各国之间的政治倾向和结盟情况复杂多样，使得矛盾、冲突以及分歧的存在成为必然，进一步加大了建设项目谈判的难度和风险（翁东玲，2016）。最后，"一带一路"沿线区域易受到地缘政治因素影响，这将加剧国家之间金融合作和资金融通的不稳定性，甚至会引起国家金融市场的不稳定（马翔和李雪艳，2016）。

东道国社会不稳定和动乱频发等社会层面的因素也将对国家市场环境产生影响。"一带一路"沿线国家的历史背景和文化传统各不相同，导致各国的社会习俗和社会文化也有所差异，而这些差异很可能成为矛盾和冲突发生的诱因，产生风险。在文化矛盾尖锐、恐怖活动和局部武装冲突频发的国家，社会环境的不稳定势必会阻碍国家经济以及金融市场的运行和发展，加剧企业在东道国进行金融活动所面临的金融风险。

（二）政策因素

国家新的宏观经济政策出台以及产业政策调整通常会对经济运行全局产生影响。政策干预导致金融风险产生的原理是：宏观经济有自我运行的内在规律，政策干预可以在短期内平稳经济的周期性波动，但从长期看却干扰了经济的自发调节机制，反而可能积累更大的系统性风险（陶玲和朱迎，2016）。金融大幅波动的根源在于货币政策失误。货币政策的失误引发了金融风险的产生和积聚，最终使得小范围内的金融问题演变为剧烈的金融灾难（张晓朴，2010）。如金融当局实施宽松的货币政策，增加货币供应量或者降低利率水平，将使得融资成本降低，刺激个人和企业的债务融资需求，引起银行信贷规模不断膨胀，进一步推动资产价格的上涨，从而加大潜在的金融风险（杨海珍，等，2020）。莱因哈特和罗格夫（Reinhart and Rogoff，2009）及艾泽曼（Aizenman，2010）等国外学者通过研究，均认为欧元区国家统一货币政策和分散财政政策之间的矛盾最终导致了国家金融危机的产生。

以1997年亚洲金融危机为例，该危机的爆发可以归咎于一系列国家政策的失误（张培和叶永刚，2011）。首先是利用外资政策的失误，东南亚国家的外债水平普遍偏高，达到了外汇储备规模的2~5倍，其中占较大规模的短期外汇进一步加大了偿债风险；其次是金融开放政策的失误，东南亚国家在国内各项制度不健全的情况下过早地开放了资本账户；最后是财政政策的失误，东南亚国家政府以财政赤字进行融资，实施了大量投资，导致这些国家的预算无法平衡，为投机性冲击埋下了隐患。以泰勒（Taylor）为首的一些学者将2008年美国次贷危机归咎于美联储过于宽松的货币政策和干预行动，这是因为2002年互联网泡沫破灭后，为了拉动美国经济增长，美联储曾多次下调联邦基金利率，使利率降低到 1% 且维持了长达一年的时间。宽松的货币政策推动了房地产行业的发展，美国的房贷需求激增，房价大幅上涨。金融机构在利益的驱使之下降低信用标准，导致次级贷款规模持续扩大，房地产行业持续升温。但是当利率上涨或者房价下跌时，还贷负担加重，使得大多数借款人违约。违约风险的四处蔓延严重影响了美国房地产市场、信贷市场和资本市场等，甚至危及实体经济，美国次贷危机由此产生（林朝颖，等，2014）。以上实例都表明，国家的宏观政策调整或干预会对国内货币市场、资本市场以及实体经济等产生影响。当政策与国情或本国经济条件不符时，很可能导致金融风险的产生和蔓延。

（三）经济因素

1. 国家自身经济结构

一个国家的经济结构如果脆弱，会更容易受到外部环境的冲击，且在经济和贸易结构不合理的情况下更容易发生债务危机（谢世清，2011）。通过对比拉美主权债务危机、阿根廷债务危机、迪拜债务危机和希腊债务危机这四次主权债务危机的成因，可以发现这些国家支柱性产业过于单一，以农业和旅游业居多（李东荣，2010；Gianviti, et al., 2010）。收入结构的单一导致了国家经济对外依赖性强，容易受到国际经济环境的影响；对外出口产品以传统农产品和初级工业产品为主，导致经济发展缓慢，出口创汇能力不足。因此国际经济大环境发生波动，会导致其经济受到严重冲击，引发金融危机（Gianviti，et al.，2010）。"一带一路"沿线部分国家也存在经济发展模式较为单一的问题。有不少经济发展水平较高的国家主要以能源储备作为经济增长的驱动力，如卡塔尔、科威特以及阿联酋等国家依靠其丰富的石油和天然气等资源跻身高收入国家行列。然而，这种依赖能源出口的经济模式易受到国际石油价格和原材料价格波动的影响，严重时甚至会造成国内金融市场和实体经济的波动（吴舒钰，2017）。

2. 宏观经济周期波动

尽管宏观经济的周期性调整是经济发展的基本规律，但经济周期大幅波动可能会引发系统性金融风险（葛志强，等，2011）。宏观经济周期的影响表现为两个方面：一方面，当国家经济恶化时，金融机构的不良贷款规模和资产质量会因企业和个人的财务状况恶化而分别增加和下降，影响存款人和投资者等社会公众对金融体系的信心，严重时会引发银行挤兑或大规模资产抛售。在金融系统内部相互关联和影响的作用下，风险会快速在金融机构间蔓延和传播，最终导致整个金融体系出现系统性危机。另一方面，金融体系对实体经济的信贷供给具有明显的顺周期性，即在经济上行时增加信贷供给，在经济下行时减少信贷供给，放大了经济的短期波动，也提高了金融体系积聚金融风险的可能性（谢平和邹传伟，2010）。

3. 国家债务因素

资金是国家、金融机构以及企业等经济主体发展的基本保证和前提条件，然而当债务作为资金的主要来源渠道之一时，资金的使用也将伴随潜在的风险。过度负债会使经济主体面临较大的偿债压力，甚至面临严重后果（Reinhart and Rogoff，2009）。国家以自己的主权为担保向外举债，所形成的即为主权债务，主要包括向国际货币基金组织、世界银行及其他国家借来的债务。主权债务在解决东道国资金需求的同时，也会随着外债规模的增大和宏观经济条件的恶化而引发债务风险。当国家债务总量超出其实际偿付能力时，会由于债务无法按时偿还而引发违约风险，严重时还将演变成国家债务危机。如拉美主权债务危机、阿根廷债务危机、迪拜债务危机和希腊债务危机等金融危机的爆发，就是起源于各国政府为发展进口替代产业、弥补财政赤字、进行大规模建设项目或维持公共福利等目的而进行的大规模借债，最终造成政府负担巨额债务而无力偿还。在这种情况下，国际评级机构通常会下调一国的主权信用评级，而信用评级的下调会进一步导致该国难以在国际市场上借入新的资金，造成国家资金链断裂，不得不宣布主权违约（刘志强和张健，2011）。另外，由于国际贸易赤字要靠外汇储备来弥补，当缺口过大、外汇储备不足以弥补赤字时，同样也会产生短期的债务危机（周稳海和赵桂玲，2010）。

　　"一带一路"沿线国家众多，很多国家存在政府债务问题。本节依据徐忠（2018）的做法，使用政府债务与 GDP 的比率来衡量政府债务水平。在 CEIC 数据库中，总共包括 190 个国家和地区的政府债务与 GDP 的数据。其中，2020 年共包含 61 个"一带一路"沿线国家数据，如表 3-3 所示。

表 3-3　"一带一路"沿线国家政府债务与 GDP 的比率

国家	政府债务与 GDP 的比率（%）	国家	政府债务与 GDP 的比率（%）
阿尔巴尼亚	75.93	马尔代夫	154.39
阿富汗	7.40	马来西亚	67.72
阿联酋	39.67	蒙古国	97.37
阿曼	69.68	孟加拉国	34.18
阿塞拜疆	21.33	缅甸	39.28
埃及	85.31	摩尔多瓦	36.63
爱沙尼亚	18.56	尼泊尔	42.44
巴基斯坦	79.56	塞尔维亚	58.71
巴林	129.73	沙特阿拉伯	32.40
白俄罗斯	47.49	斯里兰卡	95.70
保加利亚	23.30	斯洛伐克	59.74
北马其顿	51.88	斯洛文尼亚	79.59
波黑	36.53	塔吉克斯坦	50.43
波兰	57.14	泰国	49.47
东帝汶	13.68	土耳其	39.65
俄罗斯	19.20	土库曼斯坦	13.12
菲律宾	51.64	文莱	2.86

续表

国家	政府债务与 GDP 的比率（%）	国家	政府债务与 GDP 的比率（%）
格鲁吉亚	60.19	乌克兰	60.56
哈萨克斯坦	26.36	乌兹别克斯坦	37.62
黑山	107.35	新加坡	151.95
吉尔吉斯斯坦	67.65	匈牙利	79.56
柬埔寨	35.16	亚美尼亚	63.48
捷克	37.65	也门	83.96
卡塔尔	72.61	伊拉克	84.23
科威特	11.71	伊朗	44.08
克罗地亚	87.34	以色列	70.65
拉脱维亚	43.28	印度	89.18
老挝	82.75	印度尼西亚	39.76
黎巴嫩	150.58	约旦	87.98
立陶宛	46.58	越南	41.67
罗马尼亚	49.64		

资料来源：CEIC 数据库. ceicdata.com/zh-hans/indicator/ government-debt--of-nominal-gdp.

注：缺失巴勒斯坦、叙利亚的数据。

通过计算发现，190 个国家的政府债务与 GDP 的比率的平均值为 69.4%，结合表 3-3 分析，61 个"一带一路"沿线国家中，政府负债比率高于 69.4% 的国家有 21 个。其中，政府负债比率最高的三个国家为马尔代夫、新加坡和黎巴嫩，均已超过 150%。由此可见，政府债务问题已经成为"一带一路"沿线国家的重要问题。一旦政府债务发生大面积违约，财政风险就可能通过金融机构转化为金融风险（马树才，等，2020）。

（四）金融因素

1. 金融监管不到位

在各个国家金融合作日趋密切、相互之间资金流动愈加频繁的当下，对巨额国际资本流动的监管问题逐渐引起了各国的重视。国家金融监管水平如何，各国能否实现金融监管合作，直接关系到金融风险的产生以及在国家之间的传导（Swamy，2014）。合理到位的金融监管能够在一定程度上保障金融体系的稳定，营造良好的市场环境，促进经济的健康发展。相反，金融监管不到位将阻碍金融业的顺利发展，加剧金融风险在不同主体之间的传导，严重时甚至可能演变为金融危机，影响国家经济发展和社会稳定。1999 年，美国通过《格雷姆－里奇－比利雷法案》（亦称《金融服务现代化法案》），打破了以往金融分业经营的格局，实行混业经营，允许商业银行从事全能银行的业务，而且在银行业、证券业和保险业三大行业之间不设防火墙。金融监管部门极力鼓吹提升金融开放水平，放弃了对金融衍生品交易的监管，最终导致金融衍生工具泛滥等一系列问题，使得金融体系市场被动地陷入危机（Swamy，2014）。"一带一路"沿线各国金融监管模式并不统一，金融监管水平参差不齐，这使得不同国家对金融风险的防范和控制能力存在差异，极易出现由于监管不力造成的金融风险。

2. 国际金融风险冲击

国际金融风险冲击指的是来自国际范围内的其他国家或地区的金融风险对本国所产生的冲击和影响，将给国内金融稳定带来偶发性和不确定性，是不可控制的外生变量（李愚泰和史番，2019）。在金融全球化背景下，各个国家之间金融风险传导存在贸易溢出效应、产业联动效应、国际负债等多种传导机制，同时各国金融机构之间也表现出日益增强的联动性（Schmukler, et al., 2005），这使得金融风险在国家之间的传导和扩散速度不可小觑。如在 1992 年欧洲爆发的金融危机中，芬兰的马克率先贬值，由于国与国之间的联动效应，里拉、英镑、比塞塔等多国货币相继贬值以维持出口贸易，从而引起了这些国家经济的大幅波动（Schmukler, et al., 2005）。由此可见，一国货币的贬值会引起其他有关联的国家货币相应贬值并诱发金融危机。例如，亚洲金融危机起源于泰国宣布放弃固定汇率制，实行浮动汇率制，这引起了周边国家和主要贸易伙伴国货币的急剧贬值，最终引发了一场遍及东南亚的金融风暴。

"一带一路"沿线国家众多，开放和多元的特征促进了区域经济一体化的进程，区域金融合作在为各国带来巨大便利的同时，也可能引起更大范围的金融风险。由于区域金融合作进一步深化了各国之间的金融合作和资金融通，加强了各国金融市场的联动效应，因此当某个国家或地区的资金难以为继时，可能会牵连众多相关国家，造成巨大的经济损失，影响国际金融市场的稳定和有序运行。例如 20 世纪末期，区域经济一体化进程发展迅速，拉美地区经济与美国经济形成了较高的关联度，这使得拉美地区经济对美国经济发展的"蝴蝶效应"比其他国家更为强烈（杨公齐，2008）。

第二节　金融机构与金融市场层面金融风险分析

金融机构与金融市场所构成的中观层面在国家宏观层面与企业微观层面中间发挥着关键的中介作用，是国家宏观经济政策落实到企业微观行为的重要机制（Canh and Dinh，2020；姜国华和饶品贵，2011）。随着"一带一路"建设进程的不断推进与加深，金融机构与金融市场在有效落实"一带一路"宏观经济政策与提供充分有效资金支持两者之间的"桥梁"作用越来越重要。因此，充分发挥金融机构与金融市场的中介作用，对于当前推进"一带一路"高质量发展具有重要意义。

发展的进程中往往伴随着风险。适当的风险有利于促进发展水平的提高，过高的风险则会阻碍发展的进程（Botev，et al.，2019），因此如何对风险进行有效控制是发展进程当中的关键问题。在"一带一路"建设进程当中，金融机构与金融市场对于如何进行资金配置，以及如何通过资金配置将宏观层面与微观层面相连接，具有关键作用。然而在资金配置过程中，金融风险始终伴随着资金运动而存在。一方面，适当的金融风险有利于金融机构与金融市场更好地发挥资金配置作用；另一方面，过高的金融风险会使资金配置失灵，令金融机构与金融市场无法将宏观层面与微观层面相连接。因此，如何有效控制与分散金融机构与金融市场层面所具有的的金融风险是进行金融风险分析的核心（刘锡良和董青马，2013）。基于此，本节将以金融机构与金融市场层面如何有效控制和分散金融风险为核心，对金融机构与金融市场层面所具有的的金融风险进行风险内容与风险成因分析。

一、风险内容

传统上对于金融机构与金融市场层面的金融风险涵盖内容分析，往往会根据不同风险成因将金融风险分为市场利率风险、市场汇率风险、信用风险、操作风险、流动性风险等。但考虑到金融风险是伴随着"一带一路"建设进程而发生的，因此应基于发展视角对金融的内容进行动态分析，而不是按照不同风险成因对金融风险进行静态割裂（欧阳艳艳，等，2020）。

在"一带一路"建设进程当中，资金配置的有效性起到了重要作用。金融机构与金融市场发展水平高低（即金融发展）对于资金配置有效性具有关键作用（欧阳艳艳，等，2020）。金融发展一方面能够更有效地促进经济水平的提高，另一方面有助于金融风险的有效控制（Maskus，et al.，2012）。因此基于金融发展视角所进行的金融风险内容分析更符合"一带一路"建设的动态发展要求，更有利于实现金融风险的科学有效防控。

对于金融系统的构成，国际货币基金组织与世界银行在各自的金融发展相关报告中均进行了划分，即金融系统是由金融机构与金融市场构成的（Svirydzenka，2016；Canh and Nguyen，2020）。具体来说，金融机构是中观层面的基本单元，发挥最基本的资金配置作用。一旦金融机构金融风险过高，会直接导致该金融机构的资金配置效率与效果下降。金融市场则将各个金融机构、宏观经济主体以及微观经济主体联系起来，在中观层面发挥媒介作用，为资金配置提供流动的渠道。当金融市场的金融风险过高时，金融风险会由金融市场向与之相连接的不同经济主体传导，造成系统性风险的增加。因此对于金融风险的内容分析，应在区分金融机构与金融市场的基础上进行。

对于金融发展所具有的维度，齐哈克等（Čihák，et al.，2012）、斯维里岑卡（Svirydzenka，2016）及卡恩和阮（Canh and Nguyen，2020）将金融发展定义为金融深度、金融可得性和金融效率的组合。他们将金融深度定义为金融市场或金融机构具有的规模与流动性;将金融可得性定义为个人或企业获取金融服务的能力;将金融效率定义为金融机构获取稳定收入并提供低成本金融服务的能力和金融市场的活跃程度。因此,参考他们所提供的金融发展分析框架,针对金融发展视角下的金融风险内容分析,也应在金融深度、金融可得性、金融效率三个维度的基础上进行。

具体来看,金融深度主要是指金融资产数量的增加,是金融发展的一个升级过程(李猛,2008;耿颢,2009)。这种金融发展升级的过程会表现出金融工具在不同社会层次(尤其是居民层面)得到广泛应用,使金融发展形成一种纵向的渗透(Canh and Dinh,2020)。金融风险的深度维度与金融发展的深度维度类似,伴随着金融工具在社会尤其是居民层面的广泛应用,金融风险能够在不断纵向深化的过程中实现风险分散与分担,使得金融风险更加不容易形成溢出效应,更有利于对金融风险形成有效控制。金融可得性(也称为金融宽度)主要包括两方面含义,一方面是指获取金融服务的难易程度(李猛,2008),另一方面是指金融产品的多样化程度以及金融工具的创新程度(耿颢,2009),反映的是金融机构与金融市场的横向发展范围(Canh and Dinh,2020)。随着新的金融产品与金融工具的不断产生,金融机构与金融市场在实现横向发展的同时,也使金融风险在横向范围内实现分散与分担。因此,金融可得性越高,反映出金融风险在横向范围越分散,越不容易形成溢出效应,即高金融可得性更有利于对金融风险形成有效控制。金融效率是指在金融市场规则下，金融机构或金融市场对金融资源进行充分配置从而达到帕累托最优状态，即金融效率越高，越容易达成资金最优配置状态。由于金融效率反映的是投入与产出的关系，所以金融机构或金融市场在提高金融效率的同时，必然会更加注重金融风险的管控。这种风险管控会表现为金融机构更加充分考虑资金的安全性，金融市场向相对更加安全的方向配置资金，最终使资金配置向风险与收益配比均衡的方向发展。因此金融效率越高，越能反映出金融机构或金融市场对金融风险的管控能力。

综上，金融风险的风险内容应在金融发展的视角下进行动态分析。通过区分金融机构风险与金融市场风险两种金融风险，并利用金融深度、金融可得性和金融效率分别对每种金融风险进行考察，可以实现对金融风险的综合分析。具体的金融风险内容分析框架见图 3-2。

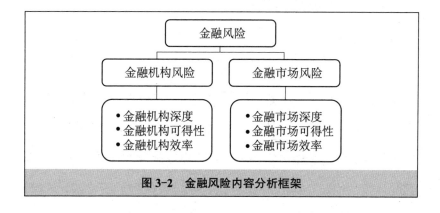

图 3-2　金融风险内容分析框架

（一）金融机构风险

金融机构是金融系统层面的基本单元，在国家宏观层面与企业微观层面之间发挥中介作用（Canh and Dinh，2020；姜国华和饶品贵，2011），金融机构风险除了会对自身造成影响之外，还会因为"金融加速器"对其他层面造成重要影响（Bernanke，et al.，1999）。金融机构在"一带一路"建设进程中对资金配置发挥着重要作用，因此金融机构的风险水平对于"一带一路"建设进程中的资金配置效率与效果具有重要影响。

结合齐哈克（Čihák，ct al.，2012）、斯维里岑卡（Svirydzenka，2016）提出的金融发展分析框架来看，金融机构发展需要从金融机构深度、金融机构可得性和金融机构效率三方面进行考察。由于金融风险分散是金融发展的重要内容（Levine，2005），因此金融机构风险分析也需要通过金融机构深度、金融机构可得性和金融机构效率三个维度进行综合考察。

1. 金融机构深度

金融机构深度反映的是金融机构的纵向发展情况。金融机构深度一方面反映了金融机构的规模程度，另一方面反映了金融机构在不同社会经济层面的渗透程度。通过对金融机构深度进行考察，可以反映出金融风险在金融机构纵向延伸过程中实现的分散程度。

现有针对金融机构深度的考察，呈现出不断细化金融机构具体种类的特点。拉詹和津格勒斯（Rajan and Zingales，1998）曾通过考察私营部门的规模情况来反映金融机构深度水平。贝克（Beck，et al.，2000）则进一步将金融机构按照不同层次分为中央银行、存款银行和其他金融机构三种，国际货币基金组织在其观点基础上对金融机构的构成作出了更加具体的划分，分出不同层次的金融机构，体现了金融机构在不同社会层次的渗透程度。随着某种具体金融机构规模水平的提高，金融风险会进一步分散，从而更有利于对金融风险形成有效控制。因此，在金融机构深度维度下，对金融机构风险进行的内容分析应在区分不同层次金融机构的基础上进行。

具体来说，首先，考察广义货币的规模状况，能够反映金融机构整体规模状况，体现金融机构整体面临的金融风险程度。其次，对不同层次的金融机构进行划分，区分出中央银行、存款银行、私营部门，并分别考察不同层次金融机构对应的规模情况。在"一带一路"建设进程中，沿线国家会针对"一带一路"建设制定相关的宏观经济政策，中央银行则起到了将宏观政策落实到下层金融机构的关键作用。中央银行通过推行相关的货币与财政政策可以对宏观经济形成干预和影响（Acharya，et al.，2020；姜国华和饶品贵，2011），对资金进行调度与配置，因此中央银行的资金调度与配置能力会对"一带一路"相关政策的落实形成重要影响。存款银行的存款量与资产规模是实现金融发展的重要因素（Levine，2005），因此存款银行的存款量与资产规模对于可调度与配置的资金规模具有重要影响（Bcrdiev and Saunoris，2016）。若存款银行存款量或资产规模不足，则其无法对"一带一路"建设提供充足的资金支持。私营部门的信贷规模反映了私营部门信贷业务的活力程度（沈军和白钦先，2013），私营部门的信贷业务越活跃、规模越大，私营部门与投资者的联系程度就越高，越能反映出金融机构的纵向发展程度，即金融深度越高。最后，进一步考察基金与保险等金融机构的规模情况，从而反映金融机构对于社会居民层面的影响程度。

综上，通过分别考察不同层次金融机构的规模情况，反映金融风险在不同层次的影响程度，体现了金融风险在纵向渗透过程中的分散程度。金融风险在纵向越分散，越有利于对金融风险形成有效控制。

2. 金融机构可得性

金融可得性即个人或企业获取金融服务的能力。在此基础上，个人或企业通过金融机构获取金融服务的难易程度即为金融机构可得性。当金融可得性水平较高时，资金配置的范围就会得到有效扩大，金融风险则会随着资金配置范围的扩大而得到横向分散。

国际货币基金组织重点从银行分支机构、自动取款机和拥有商业银行存款人群三个方面，来考察金融机构可得性。上述三方面的密集程度反映了金融机构在社会中为居民提供金融服务的范围大小，体现了居民通过金融机构获取金融服务的难易程度。居民金融服务获取难度越低，越有利于金融机构获取存款、提高存款规模。而居民进行存款的具体途径主要是商业银行的下属支行和自动存款机等。金融机构可得性越高，金融机构的覆盖范围就会越大，也相对越容易吸收存款，金融风险也会越分散（Berdiev and Saunoris，2016）。

另外，由于金融机构提供的金融服务并不仅仅是存款服务，还包括与投资活动相关的金融服务，因此也需要对投资活动相关的金融服务进行考察。刘亦文等（2019）利用上市公司密集程度来反映金融服务的供给性。随着上市公司分布密度的提高，资金会通过金融机构所提供的金融服务更加向上市公司汇聚，从而更有利于上市公司获取资金支持，使企业层面的金融风险不会因上市公司融资不足而凸显。由于企业是推进"一带一路"建设的基本单元，企业获取金融机构的资金支持会更有利于"一带一路"建设的不断推进，因此考察上市公司的密集程度有利于反映资金通过金融机构在上市公司的配置情况。资金配置越合理（即金融机构可得性越高），越有利于金融风险的横向分散，越不容易因金融机构的金融风险过高而引发企业自身的金融风险凸显，从而越有利于"一带一路"建设的不断推进。

3. 金融机构效率

齐哈克等（Čihák, et al., 2012）、艾泽曼等（Aizenman, et al., 2015）都认为，即便金融机构具有较大的规模和广泛的影响，较低的金融效率仍会限制其自身发展。金融效率强调的是金融机构在低成本条件下提供更高质量金融服务的能力（Svirydzenka, 2016），即提高金融资源配置效率的能力，因此金融机构效率维度需要重点关注金融机构对自身金融资源的配置能力。金融机构效率提高，一方面有利于金融机构对自身金融资源进行合理配置，另一方面也使金融机构的资金向更安全的方向流动。最终随着金融机构效率的提高，金融机构的风险和收益配比会更加均衡，金融风险会更容易得到有效控制。

对于金融机构效率的考察，国际货币基金组织具体划分为三方面：将存款转化为投资的效率、经营效率和盈利效率（Asongu and Odhiambo, 2020）。对于将存款转化为投资的效率，国际货币基金组织重点关注金融机构生息资产的生息能力以及金融机构的净利息差。若以银行为代表的金融机构能够利用自身生息资产获取更高的净利息收入，并且能够在把存款转化为贷款时获取更高净利息，则金融机构能够以较低成本将存款转化为投资，并获取较高收益。这体现了以银行为代表的金融机构在将存款转化为投资方面具有较高的金融效率。对于经营效率，国际货币基金组织认为应当重点关注金融机构的收入构成和管理费用的占比。金融机构的收入构成反映了金融机构主要经营活动的效率和效果，若金融机构的收入当中包含比例较高的非利息收入，则金融机构的经营效率较低、效果较差。管理费用的占比则反映了金融机构的管理能力，通过将管理费用与金融机构资产相对应，可以体现出金融机构为经营活动所付出的相关费用是否具有效率。考察金融机构的管理费用状况体现了金融效率的要求，即在低成本条件下提供更高质量金融服务的能力，因此贝克等（Beck，et al.，2000）认为管理费用也可以反映金融机构的存款投资转化能力。对于盈利效率，国际货币基金组织认为，由于金融机构仍然以企业的形式参与经济活动，因此可以采用与考察企业盈利能力类似的方式对金融机构的盈利效率进行考察。金融机构的盈利能力越强，则金融机构利用自身金融资源获取收益的效率越高、效果越好，即盈利效率越高。

金融机构效率反映了金融机构自身综合能力的高低。金融机构效率越高，其对自身金融资源的管控能力越强，对金融风险的管控水平越高。因此通过将金融机构效率细分成三方面来进行考察，有利于全面充分地了解金融机构的效率水平，也有助于反映金融机构对金融风险的管控能力。随着"一带一路"建设的不断推进，金融机构在对"一带一路"建设提供资金支持的过程中会面临更多变的外部环境，金融风险也会增加并更多元化，因此金融机构需要通过提高自身金融效率来提高自身管控风险的能力。

金融机构只有具备更强的金融风险管控能力，才能在"一带一路"建设进程中更好地提供资金支持。

（二）金融市场风险

金融市场是将不同经济主体相连接并进行金融活动的媒介，金融市场风险水平的高低，会对市场中参与金融活动的经济主体造成直接影响。同时，金融市场存在过高的金融风险会使系统性风险过高，容易引发金融危机（陈华和赵俊燕，2009）。因此对于金融市场的风险水平也需要重点关注。

对于金融市场风险水平的考察，也应当划分出金融深度、金融可得性和金融效率三个维度。金融市场深度能够反映金融市场的规模与流动性情况，金融市场可得性能反映金融市场的分散程度，金融市场效率能反映金融市场的活力程度。利用这三个维度，能够对金融市场进行系统的考察，从而体现出金融风险在金融市场中的分散程度。金融风险在金融市场中被分散得越充分，金融市场就越不容易形成溢出效应（徐放达和王增涛，2020），金融风险也越容易受到有效控制。

1. 金融市场深度

对于金融市场深度维度，需要重点考察具体金融市场，尤其是资本市场和信贷市场的规模与流动性状况（Kim, et al., 2005）。1987 年股灾、日本泡沫经济破灭、1997 年亚洲金融危机、美国次贷危机的实例已经表明，金融危机往往都是因为信贷市场或资本市场（尤其是股票市场）当中存在的金融风险过高而最终蔓延到全球。因此在当前为防止金融危机对"一带一路"建设造成严重破坏，需要对资本市场与信贷市场的风险状况分别进行考察。

对于资本市场，国际货币基金组织 2016 年发布的工作报告《引入一种更全面的金融发展指数》（Introducing a New Broad-based Index of Financial Development）中着重考察了股票市场和债券市场的状况，尤其重点关注股票市场。对于股票市场，国际货币基金组织通过考察股票市值和股票市场交易总值的具体情况来分别反映股票市场的规模和流动性情况。股票市值越大，当前股票市场的规模就越大。股票市场交易总值越高，当前股票市场的交易活动就越频繁，当前市场流动性越强。根据有效市场假说（Fama，1970），股票市场规模越大，流动性越强，股票市场越接近强式有效市场，通过股票市场进行的资金配置也会越有效。此时金融风险会得到有效分散，风险与收益是均衡的。对于债券市场，国际货币基金组织则通过考察未偿国际债务证券的状况来反映债券市场的规模与活跃程度。与股票市场类似，债券市场的规模与活跃程度的提高也有利于提高资金配置效率，分散金融风险。对于信贷市场，陈小荣等（2020）、林炳华和赵鸿程（2019）、汪中华和赵葆奇（2019）均认为应当通过考察银行业的存款余额状况来反映信贷市场的规模情况。由于存款规模对于信贷市场具有关键的资金支持作用，银行存款余额状况一方面直接反映了银行业当前的存款规模水平，另一方面可以反映信贷市场的规模情况。银行业存款规模相对较大，信贷市场中的资金支持规模就会较大，信贷市场在较大的资金支持规模下会具有更广阔的发展，金融风险也会随着信贷市场的发展得到相应的分散。

2. 金融市场可得性

金融市场可得性主要是指企业通过金融市场获取金融服务的难易程度（Čihák, et al, 2012）。卡恩和丁（Canh and Dinh, 2020）认为，在集中度较高的金融市场中，大型企业或经济代理人相比于规模较小的企业或经济代理人，更容易通过金融市场获取金融服务。因此，金融风险的金融市场可得性维度需要重点关注金融市场的分散程度。随着金融市场的不断分散，金融风险也会实现有效分散，从而有利于对金融风险进行管控。"一带一路"沿线各国的金融市场分散程度会对"一带一路"建设的推进产生重要影响。结合有效市场假说（Fama, 1970）的观点，东道国的金融市场分散程度越高，金融工具会越多元化，金融市场也会越有效，从而越有利于"一带一路"在该国的建设和发展。

对于金融市场可得性的考察，国际货币基金组织和世界银行均对上市公司市值的集中程度进行关注。市值的集中程度越高，市值较高的企业在市场中的影响力就越强，资金就会越集中于市值高的企业。因此市值的集中程度反映了金融市场中资金的分散程度，也反映了金融风险在市场当中的分散程度（Canh and Dinh，2020）。

此外，由于金融市场可得性需要重点关注金融市场的分散程度，因此叶永刚和张培（2009）认为应当对金融业的集中度进行重点考察。当金融市场的集中度过高时，金融风险就会得不到有效的分散（Canh and Dinh，2020），因此对金融业集中度的考察可以很好地反映金融风险在市场中的分散程度。

3. 金融市场效率

金融市场效率维度需要重点关注金融市场的活力程度，活力程度越高的金融市场，所具有的"强式效应"就会越明显，对资金的配置就会越有效，金融风险也会越容易受到控制。在金融市场效率高的情况下，市场中的资金会向相对安全的方向流动，使金融资源的配置更均衡，风险与收益的配比更合理。对于"一带一路"建设来说，沿线各国金融市场的效率水平对"一带一路"的资金配置具有重要影响。在沿线国家中，经济发展水平较低、政局不稳定、战乱冲突较多的东道国往往具有活力不高的金融市场，"弱式效应"较为明显，资金很可能得不到有效的配置，风险与收益会出现不均衡的现象，使金融风险得不到有效控制，不利于"一带一路"建设的推进与发展。此外，随着"一带一路"建设的不断推进，进行有效的资金配置越来越需要开放包容的金融市场环境，同时也越来越需要沿线各国不断提高金融开放水平。因此，对于金融市场效率的考察应在确定沿线各国金融开放水平的基础上进行。

对于金融开放水平的考察，卡恩和阮（Canh and Nguyen，2020）、林炳华和赵鸿程（2019）均对对外直接投资（foreign direct investment，FDI）总额的情况进行了重点关注。他们均认为，某国的对外直接投资总额在该国国民经济中的占比越高，该国金融市场的开放程度就越高。对于金融市场效率的考察，应从资本市场效率与信贷市场效率两个方面着手。资本市场效率方面，国际货币基金组织和世界银行均认为应重点关注股票市场的效率情况。在 1987 年股灾、美国次贷危机等数次金融危机当中，金融危机都先表现为股票市场的大幅震荡，因此股票市场往往被认为是国民经济的"晴雨表"。对于股票市场效率，世界银行在《全球金融发展报告 2019/2020：全球金融危机十年后的银行监管》①中对股票市场的周转状况进行了重点关注。一方面，股市周转速度越快代表交易价值占比越大，股票市场的活动性和流动性就越强；另一方面，较快的周转速度也体现了较快的交易频率，反映了股票市场的活跃程度。信贷市场效率方面，阿松古和奥迪安博（Asongu and Odhiambo，2020）、李和陈（Lee and Chen，2019）对银行体系将存款转化为贷款的能力进行了重点考察。由于在信贷

_____

① 世界银行 . https://www.worldbank.org/en/publication/gfdr.

市场当中，银行体系是主要进行信贷业务的信贷部门，因此银行体系的信贷效率高低能够反映信贷市场的效率状况。银行体系转化存款的能力，直接反映了银行体系将吸收的存款向贷款转化的效率。银行体系将存款转化为贷款的效率越高，信贷市场中资金通过信贷业务实现有效配置的效率也会越高。当信贷市场效率提高时，风险与收益的配比也会更加均衡，金融风险的可控程度也会因此而相应提高。

二、风险成因

本节基于"一带一路"沿线国家的实际情况，从金融深度、金融可得性和金融效率三个维度分别分析了金融机构和金融市场存在的金融风险。事实上，金融风险是一把"双刃剑"，过低的金融风险会导致企业盈利能力下降，过高的金融风险可能导致全球经济波动。因此，为有效管控企业在"一带一路"沿线国家进行投融资活动所面临的金融风险，分析和研究金融风险的成因便尤为重要。本部分主要从金融机构和金融市场两方面论述金融风险成因。在金融机构方面，主要从币值波动、资产价格波动、地方政府债务以及影子银行四方面论述金融风险成因；在金融市场方面，主要从过度金融创新、金融体系脆弱性和金融市场信息不对称三方面论述金融风险成因。

（一）金融机构风险成因

1. 币值波动

货币价值的本质是货币的购买力（路德维希·冯·米塞斯，2015）。因此，货币价值波动就是货币购买力的不稳定。谢圣远和谢俊明（2019）认为币值波动会诱发金融机构流动性紧缺和信用风险增加，造成金融机构金融风险的提高。因此，本部分主要从金融机构的流动性风险和信用风险两个方面论述币值波动对金融风险的影响。

币值波动会减少金融机构的流动性。从流动性供给方面看，币值下跌会导致金融机构自身金融资产的变现能力减弱，从而导致金融机构流动性供给不足；从流动性需求方面看，币值下跌会导致通货膨胀，当通货膨胀率远高于存款利率时，货币的持有成本将增加。金融机构的储蓄用户会将自己的存款从金融机构取出，用来购买商品或投入股市，以实现资产保值，而储蓄用户大量提现会导致金融机构的流动性需求增加。此外，企业的实际融资成本降低会促使企业从金融机构增加贷款金额，以进行大规模扩张，从而进一步增加金融机构的流动性需求。因此，币值波动会使金融机构的流动性需求增加且流动性供给减少，易使金融机构出现流动性紧缺，诱发金融风险。

币值波动会增加金融机构的信用风险。首先，货币购买能力下降会导致物价水平上升，消费者需求减少。企业生产的商品积压，资金无法及时回流，使企业现金流紧张而无法及时偿还金融机构的借款，使金融机构的信用风险显著提高。其次，金融机构为降低信贷风险常采用抵押贷款方式进行贷款业务，借款人的可贷款金额取决于抵押物的资产价值。当抵押物的资产价值上升时，企业会尽可能多地贷款。一旦资产价值下跌，可能导致抵押物的资产价值低于所贷金额，促使企业选择违约，导致金融机构面临巨大信用风险。因此，币值波动会导致金融机构信用风险增加。

本部分参照谢圣远和谢俊明（2019）的做法，使用某一个国家第 i 期的国内生产总值（GDP）与广义货币供应量（M2）的比值来衡量该国家第 i 期的币值，使用 n 期内币值的标准差来衡量币值波动率。根据世界银行完整披露 2007—2020 年数据的 167 个国家计算，世界平均币值波动率约为 0.309%。在世界银行数据库中搜寻了 63 个"一带一路"沿线国家在 2007 年及以后的 GDP 和 M2 的数据。剔除存在数据缺失的沿线国家后，共有 44 个国家数据相对完整。因此，本部分以这 44 个沿线国家 2007—2020 年的相关数据为依据，对"一带一路"沿线国家的币值波动性情况进行分析，结果如表 3-4 所示。

表 3-4 "一带一路"沿线国家币值波动性情况

排名	国家	币值波动率（%）	排名	国家	币值波动率（%）
1	缅甸	1.244	23	波兰	0.221
2	亚美尼亚	0.931	24	尼泊尔	0.210
3	塔吉克斯坦	0.926	25	菲律宾	0.208
4	柬埔寨	0.838	26	土耳其	0.200
5	格鲁吉亚	0.818	27	摩尔多瓦	0.191
6	阿塞拜疆	0.744	28	黑山	0.168
7	伊拉克	0.644	29	越南	0.160
8	白俄罗斯	0.482	30	保加利亚	0.159
9	吉尔吉斯斯坦	0.444	31	北马其顿	0.146
10	卡塔尔	0.410	32	捷克	0.138
11	阿富汗	0.384	33	印度尼西亚	0.127
12	乌克兰	0.347	34	孟加拉国	0.127
13	塞尔维亚	0.330	35	埃及	0.117
14	蒙古国	0.316	36	以色列	0.110
15	科威特	0.306	37	克罗地亚	0.093
16	哈萨克斯坦	0.291	38	匈牙利	0.086
17	俄罗斯	0.290	39	巴基斯坦	0.083
18	文莱	0.271	40	约旦	0.072
19	阿联酋	0.253	41	阿尔巴尼亚	0.061
20	马尔代夫	0.252	42	印度	0.055
21	波黑	0.246	43	新加坡	0.052
22	罗马尼亚	0.221	44	马来西亚	0.039

资料来源：世界银行数据库 . https://data.worldbank.org.cn/.

结合表 3-4 分析，44 个沿线国家币值波动率均值约为 0.314%，高于世界平均水平，其中前三名为缅甸、亚美尼亚和塔吉克斯坦。由此可见，"一带一路"沿线部分国家存在一定程度的币值波动现象，这将导致金融风险积聚。

2. 资产价格波动

1929 年美国经济大萧条、20 世纪 80 年代日本泡沫经济破灭以及 2008 年美国次贷危机等事件都是伴随金融资产价格大幅度波动而发生的。由此可见，资产价格波动与金融危机之间存在一定的内在联系（马亚明和邵士妍，2012）。哈基奥特和基顿（Hakkiot and Keeton，2009）认为资产价格波动是系统性金融风险的特征之一。吴成颂和王琪（2019）将股票价格和房地产价格作为资产价格的代表进行研究，发现资产价格下跌有可能增加银行业的系统性风险。邹静等（2015）通过整理文献发现资产价格波动主要会通过信用贷款进一步影响金融风险的积聚。马亚明和邵士妍（2012）指出资产价值波动将影响信贷规模和信贷质量，进而影响金融风险的积聚。因此，以下将从信贷规模和信贷质量两方面论述资产价格波动对金融风险的影响。

从信贷规模方面看，金融资产价格波动会影响信贷规模的扩张和紧缩，增加金融市场的信息不对称性，进而导致金融风险积聚。在金融资产价格上升时，企业抵押给金融机构的资产便会升值，金融机构所承受的信贷风险将会下降。信贷风险降低会使金融机构以更加积极的态度进行信用贷款，促使金融机构信贷规模增大。当金融资产价格下跌时，企业抵押给金融机构的资产会贬值。此时，金融机构的信贷风险将会上升，促使金融机构收缩信贷规模。可以看出，资产价格波动对银行信贷规模的扩张和收缩都产生了影响。信贷规模的收缩和扩张会加剧金融市场信息透明度下降，导致金融市场各主体之间相互猜疑，使金融机构的信用风险和流动性风险增加。当逆向选择和道德风险达到一定程度后，资本市场便无法高效地将资本投放到实体企业，由此，产生金融风险的可能性将会上升（马亚明和邵士妍，2012）。

从信贷质量方面看，当金融资产价格下跌时，抵押资产价格下跌。一旦抵押资产价格下跌至小于贷款金额时，贷款者将会大规模违约。不良信贷的增加会使金融机构收紧信贷，企业信用水平下降会进一步降低金融资产价格，如此反复，最终增加了金融危机爆发的可能性（王劲松，等，2016）。例如，在2008年美国次贷危机中，美国房价大幅度下跌，金融机构面临大规模违约，最终形成连锁反应，导致全球性金融危机爆发。

3. 地方政府债务

地方政府债务是指地方政府为了发展地方经济而向金融市场参与者筹集资金，是以地方政府信用为背书进行大规模筹资。各地方政府多以土地为担保进行融资，这种融资模式比较容易受到国内外经济形势变化的影响（何杨和满燕云，2012），尤其是受到国家经济增长速度的影响（庞晓波和李丹，2015）。同时，地方政府过度使用杠杆和商业银行大量认购地方政府债券增加了银行体系的流动性，降低了地方政府债务的可持续性，增加了地方政府财政风险传导至银行部门的可能性，不利于金融稳定（吴盼文，等，2013）。实证研究也发现，过快增长的地方政府债务规模对经济波动产生了重大影响（项后军，等，2017）。因此，以下将以我国为例，从地方政府债务规模方面论述地方政府债务对金融风险的影响。

我国地方政府债务扩张源于 1994 年分税制改革。在分税制改革前，政府财政体系偏向于地方政府，地方财政占据国家财政的一半以上（刘忠和汪仁洁，2014）。分税制改革后，更多的财政收入划分给中央政府，地方政府财政收入减少。2008 年美国次贷危机发生，全球经济衰退，我国政府为了保证经济稳定发展，实施了进一步扩大内需、促进经济增长的十项措施。地方政府为了尽快筹集配套资金，成立了众多以融资为目的的地方融资平台，这在一定程度上增加了地方政府的债务规模。值得关注的是，地方政府债务的大部分资金来自银行类金融机构，一旦地方政府出现较大的偿还压力，便可能使金融机构（尤其是银行）的信用风险和流动性风险凸显，令金融风险积聚（曹红辉，2010）。根据国家统计局官方相关数据，2022 年全国 GDP 共计 121.02 万亿元[①]；

---

① https://data.stats.gov.cn/easyquery.htm?cn=C01.

根据财政部官方相关数据，截至 2022 年 12 月末，全国地方政府债务余额 35.06 万亿元[①]，约占 GDP 的 28.97%，可见地方政府债务规模之大。地方政府大多依靠项目收益和土地增值来偿还贷款。从项目收益看，政府经营的项目多为基础设施建设项目，这些公共项目通常资本回收周期较长，且利润增长较慢（马树才，等，2020）。从土地增值来看，国家调控房地产市场的一揽子政策遏制了房地产价格的几何式增长，房价相对下降已成为必然趋势（刘忠和汪仁洁，2014）。因此，项目收益和土地增值都难以保证地方政府的偿债能力。同时，从地方政府的债务结构方面看，虽然其融资渠道表现出多样化的态势，但来源相对单一，几乎都来自银行，这使得地方政府的财政风险容易通过银行传导至金融体系，进而加剧金融风险（刘忠和汪仁洁，2014）。

4. 影子银行

金融稳定委员会（FSB）认为影子银行是指常规银行体系之外的信用中介机构和信用中介活动，包括证券公司、保险公司和信托公司等，其最大特点是与银行业务类似但是缺少有效监管（Claessens and Ratnovski，2014）。影子银行的运营流程主要分为三个环节：首先，影子银行通过销售资管产品和进行同业借贷等方式向居民和商业银行筹集资金；其次，将筹集的资金投向作为

---

① 2022 年 12 月地方政府债券发行和债务余额情况 .（2023-01-29）. yss.mof. gov.cn/zhuantilanmu/dfzgl/sjtj/202301/t20230128_3864087.htm.

通道机构的信托、券商等非金融机构；最后，通道机构通过委托贷款和信托贷款等方式将资金投向最终的实际资金需求方（廖儒凯和任啸辰，2019）。影子银行体系的迅速发展虽然助推了经济发展，但其高杠杆操作及其内在脆弱性增加了流动性和信用风险，加剧了金融体系的脆弱性（廖儒凯和任啸辰，2019），成为影响全球金融风险的重要因素（杜亚斌和顾海宁，2010）。本部分将从高杠杆运营、信用风险和流动性风险三方面论述影子银行对金融风险的影响。

传统银行通过使用杠杆来追求资本利润的最大化，导致金融风险增加。因此，监管部门设置了资本充足率、杠杆率等指标来限制传统银行过多使用杠杆，使其风险保持在可控范围内（杜亚斌和顾海宁，2010）。但影子银行的最大特点便是不在金融监管范围之内，这导致影子银行可以肆无忌惮地使用更高的杠杆率来实现利润最大化，增加了金融体系脆弱性（崔宇清，2017）。巴曙松（2009）也指出，金融监管失位使得高杠杆运营的影子银行成为金融风险的助推器。

传统银行在进行信用贷款时往往有比较严格的审批流程和贷后资金管理流程，因此传统银行面对的信用风险总体可控。但是影子银行在投资过程中具有较多的黑箱操作，信息缺乏透明度，往往多次使用通道机构进行嵌套，导致资金最终流向难以确定，从而加剧了影子银行的信用风险（廖儒凯和任啸辰，2019）。

传统银行主要的资金来源是相对稳定的居民储蓄，同时传统银行在吸收存款后会向中央银行缴纳存款准备金，一旦出现流动性问题，中央银行会向传统银行拨付资金以渡难关。但是影子银行不同，其游离于金融监管体系之外，既无法通过吸收存款来保证资金来源，也没有留存准备金，这使得影子银行遭遇流动性风险时便只能"硬着陆"（肖崎，2010）。此外，杜亚斌和顾海宁（2010）认为，高度期限错配使影子银行具有更高的流动性风险。从负债方面看，影子银行获取资金的途径主要有两个：其一是向居民销售资管产品，其二是向银行进行同业借贷。值得注意的是资管产品和同业借贷都属于短期资金，一般不会超过一年，有时甚至只有几天。从资产方面看，影子银行最终主要把资金投向非标资产或标债资产。非标资产主要涵盖房地产、地方政府融资平台或者"两高一剩"等限制性行业。标债资产主要包括债券和股票。非标资产和标债资产的共同点便是属于长期资产，期限长达三年或以上（廖儒凯和任啸辰，2019）。这种借短还长的资产负债表结构加剧了影子银行体系的脆弱性。一旦受到外部事件的冲击，居民和银行为了保存自身资产便会疯狂挤兑影子银行，导致其信用链条崩塌，无法再持续借短还长的模式。同时，影子银行的流动性风险会通过同业借贷等业务传递到银行体系，当大部分金融机构普遍受到影响时，金融风险便会积聚（肖崎，2010）。

（二）金融市场风险成因

1. 过度金融创新

伴随着互联网、移动互联网终端的快速发展，金融科技得到了充分发展，金融创新更是如火如荼。金融创新加速了金融资源配置，为实体经济提供了更加快捷的金融服务，同时也加深了金融深度。但是，过度金融创新也成为金融市场风险积聚的重要原因（江红莉，等，2018），尤其对于新兴市场经济国家，金融创新产品对金融稳定有重要影响（Korinek，2009）。厄珀（Upper，2011）认为过度金融创新导致了定价透明度下降、传染性增强和损失变大等问题，加剧了金融系统的不稳定性。真纳约利等（Gennaioli，et al.，2010）指出过度金融创新加剧了信息不对称和信息隐藏行为，使金融风险积累、爆发和传导机制出现了新特点，增加了防控金融风险的难度。

一方面，过度金融创新不会分散金融市场风险（范小云，等，2011）。金融机构通过创新金融产品和使用衍生金融工具来分散金融机构风险，但是并不能创造出任何新的经济价值，只是一种风险的零和博弈。无论金融机构如何通过金融创新来分摊自身金融风险，整个金融市场的金融风险都不会减少，只是在金融机构之间进行了转移或者重新分配（岳娟丽，等，2018）。另一方面，过度金融创新会导致金融市场监管难度增加（何靖和邓可斌，

2019）。近年来，科技金融的快速发展促进了金融产品的创新，催生了一系列的交叉性金融工具，比如各种资产管理计划、资产证券化等，加深了金融机构之间的业务融合程度，也加剧了金融风险的隐蔽性和传染性。此外，经金融科技包装后的金融产品，其复杂性成倍增加，金融监管机构很难识别其金融业务的本质核心，即便危机爆发也无法准确识别最终责任人（张斯琪，2020）。综上，金融创新增加了金融监管的难度，使金融监管机构难以准确识别和预防金融风险，从而增加了金融风险。

2. 金融体系脆弱性

以明斯基（Minsky，1992）为代表的学者认为金融风险源于金融体系自身的脆弱性。在此基础上，岳娟丽等（2018）从实体经济债务膨胀、金融机构风险、金融市场风险、国际贸易和跨国冲击、国际经济波动五个方面分析了金融体系脆弱性的起源，并且指出实体经济债务膨胀但未来现金回流存在不确定性是金融体系脆弱的核心根源。本部分立足实体经济债务膨胀但未来现金回流存在不确定性这一观点，论述金融体系脆弱性对金融风险的影响。

实体经济为追求利润最大化需要不断扩大生产经营规模，因此需要向银行申请信用贷款以获取资金支持。实体经济的未来现金回流可以分为以下两种情况：其一，未来现金回流大于预期，实体经济会将一部分资金归还金融机构。同时，为了进一步扩大经营规模，赚取更多利润，实体经济会再次向金融机构申请更多的信用贷款，如此反复，便会导致实体经济债务膨胀。其二，未来现金回流小于预期，实体经济将面临巨大还债压力，甚至有可能面临破产。此时，为实体经济提供信用贷款的金融机构将面临巨大的信用风险，导致不良贷款增加。当这一情况普遍发生时，金融市场系统性金融风险就会凸显。此外，结合黄益平（2017）的观点来看，经济增长率的下降会引起实体经济未来现金回流小于预期，因此某经济主体经济增长率的变化可以反映出该经济主体实体经济未来现金回流是否有可能小于预期，从而进一步反映该经济主体的金融体系脆弱性。

结合"一带一路"沿线国家近两年 GDP 增长率来看，根据世界银行的数据，2020 年，59 个沿线国家 GDP 增长率下滑，50 个沿线国家 GDP 甚至呈现负增长。受到当前国际经济环境中存在的贸易保护主义、贸易摩擦、重大突发公共卫生事件等的不利影响，不少主要沿线国家 GDP 增速放缓表明这些国家很可能存在实体经济未来现金回流小于预期的情况，很可能增加这些国家金融体系的金融脆弱性，易使金融风险凸显。

3. 金融市场信息不对称

信息不对称通过逆向选择和道德风险等途径带来金融风险，是金融风险形成的重要原因（黄佳军和蒋海，2010），也是金融风险相互传染的重要诱因（Allen, et al., 2012）。

"一带一路"沿线各国提高金融开放程度已经成为当前重要的发展趋势。而在这种趋势下,由沿线各国参与者构成的金融市场的复杂程度不可避免地会相应提高,从而相对增强金融市场信息不对称,使金融风险更容易积累(黄佳军和蒋海,2010)。这种信息不对称不仅会存在于各国金融监管体系之间和各国金融机构之间,还会存在于金融机构与各国客户、投资人之间。

具体来说,各国不尽相同的监管模式使金融监管领域形成了重叠与真空地带,降低了金融监管效率,增加了金融机构间的信息不对称(黄佳军和蒋海,2010)。而金融机构与各国客户、投资人之间的信息不对称,主要包括存款人与金融机构,以及贷款人与金融机构间的信息不对称。从存款人的角度来看,在"一带一路"背景下,各国存款人与金融机构间的联系得到加强,但由于地理位置、非东道国经济、政治环境等因素,存款人很可能无法及时获取非东道国金融机构的相关信息,致使信息不对称程度增加。一旦金融市场出现与非东道国金融机构相关的不利消息,存款人由于无法迅速获取准确信息,容易在心理因素的作用下形成"羊群效应",挤兑非东道国金融机构,引起金融风险增加。从贷款人的角度来看,在"一带一路"背景下,贷款人会利用贷款进行更多的跨国投资经营,但由于跨国投资经营会使贷款人面临更多不确定性,因此金融机构无论如何要求贷款人提供更多的投资经营项目相关信息,其所面临的信息不对称都会因贷款人面临的更多投资经营不确定性而加强。正是由于与贷款人之间的信息不对称程度提高,金融机构可能面临相对更高的违约风险(尚晓,等,2017),进而增加金融风险。

第三节 金融风险传导机制

金融风险具有普遍性、隐蔽性和传导性的特点,会通过金融关系网络进行传导(张原和朱梦昕,2015)。当关系网络中的某个结点呈现出较高的金融风险时,金融风险就会沿网络结构迅速传导到整个金融关系网络体系当中,甚至演变成金融危机。金融风险不仅会在某一国家内部、某一市场或某一区域进行传导,还会通过金融关系网络迅速蔓延到全球,严重威胁世界经济的发展和运行。

随着"一带一路"建设的不断推进,各国的开放程度持续扩大,世界金融环境呈现出日益开放的趋势,由国家、市场、金融机构和企业所构成的金融关系网络也随着经济体之间联系的增强而不断扩大和深化,这为高质量共建"一带一路"带来更多发展机遇的同时也带来了更大的挑战。不断扩大与深化的金融关系网络进一步加强了金融风险普遍性、隐蔽性和传导性的特点。而通过这种更广泛、更具深度的金融关系网络,由金融风险过高演变而成的金融危机会更具破坏性（徐放达和王增涛，2020），会对"一带一路"建设的平稳推进与发展构成严重威胁。因此，为了科学有效地防范与化解金融风险，需要在国家、市场、金融机构和企业所构成的金融关系网络的基础上对金融风险传导进行系统分析，这对于平稳推进"一带一路"建设具有重要意义。本节第一部分对"一带一路"背景下国家层面、金融机构与金融市场层面和企业层面存在的风险传导进行总述，并在第二部分和第三部分分别对不同层面所具有的金融风险传导路径与机制进行具体分析。

一、"一带一路"金融风险传导总述

金融风险的传导是依托金融关系网络进行的（徐放达和王增涛，2020），国家、市场、金融机构和企业共同构成了金融关系网络体系。现有研究表明，金融关系网络具有不同的层次、方向以及连接路径，金融风险正是通过金融关系网络中的各种路径进行传导，同时每种路径中都存在风险传导机制。因此，针对"一带一路"背景下的金融风险传导所进行的分析也应当是在区分不同层次的基础上，按照不同传导方向区分具体路径，并找到每种路径中的传导机制。

从宏观到微观的视角来看，国家、金融机构与金融市场和企业分别构成了金融关系网络中风险传导的三种不同的层面。国家层面通过实施宏观经济政策对国民经济形成控制；企业层面则是宏观经济政策落实的目标层面（姜国华和饶品贵，2011）；金融机构与金融市场层面处于国家层面与企业层面之间，需要将宏观经济政策细化和分解成具体的金融政策（饶品贵，2014），以便于该层面与企业层面进行对接时落实宏观经济政策，因此金融机构与金融市场层面发挥着将国家层面和企业层面连接起来的中介作用。在每种层面中以及不同层面之间，不同经济主体通过具体市场相互联系和相互影响，例如金融机构层面与企业层面的经济主体可以通过信贷市场相互联系和影响。因此市场发挥着重要的媒介作用，将整个金融关系网络中的不同经济主体连接起来，最终构成一个完整的金融关系网络体系。类似地，"一带一路"背景下的金融风险传导也包括国家层面、金融机构与金融市场层面和企业层面三个层次。

从传导方向上来看，金融风险可以沿横向与纵向分别进行传导。金融风险的横向传导，主要是指金融风险在某一层面中的传导，包括国家层面中的横向传导和金融机构与金融市场层面中的横向传导。金融风险的纵向传导，主要是指金融风险在不同层面间的传导，包括国家层面向金融机构与金融市场层面的纵向传导、国家层面向企业层面的纵向传导和金融机构与金融市场层面向企业层面的纵向传导。"一带一路"金融风险传导的路径也包括上述几个方向的传导。而对于每条风险传导路径中的传导机制，需要结合"一带一路"的特点进行分析。

在区分出风险传导的具体路径后,不同传导路径中会存在不同传导机制,具体如图 3-3 所示。

结合图 3-3,首先来看国家层面的风险传导。国家间的横向传导路径中存在三种传导机制,即贸易溢出效应传导机制 (Gerlach and Smets,1995;Fidrmuc and Korhonen,2010)、国际负债效应传导机制(夏彩云和贺瑞,2015;Calvo and Reinhart,2002)和产业联动效应传导机制(范爱军,2001)。国家层面向金融机构层面的纵向传导路径中,主要存在主权信用(张可心,2019;Arghyrou and Tsoukalas,2011;Gerlach,et al.,2010)和资产负债表效应(陶玲和朱迎,2016)两种传导机制。国家层面向企业层面纵向传导路径中,主要包括两种传导机制,即主权信用传导机制(李明明和秦凤鸣,2016;Almeida,et al.,2017)和货币政策传导机制(周英章和蒋振声,2002;饶品贵和姜国华,2013;Gertler and Gilchrist,1994)。

再来看金融机构层面的风险传导,存在四种传导路径,即金融机构内部部门间横向传导(张志英,2008;张原和朱梦昕,2015)、金融机构间横向传导、金融机构与金融市场间横向传导和金融市场间横向传导(Abdelsalam,et al.,2022),每种传导路径中都至少存在一种传导机制。在金融机构内部部门间横向传导路径中,信息不对称发挥重要的风险传导作用(黄佳军和蒋海,

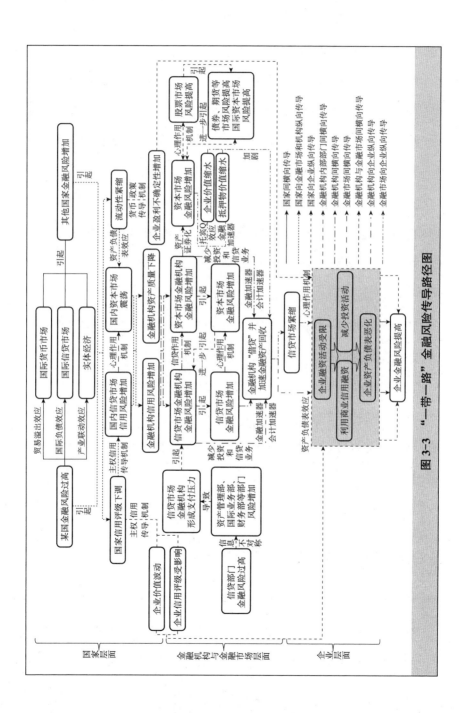

图 3-3 "一带一路"金融风险传导路径图

2010；Allen，2012；尚晓，等，2017）。在金融机构间横向传导路径中，由金融机构间债务关系与信用关系所构成的资金链条对金融风险起到了传导作用，即信贷作用机制（姜国华和饶品贵，2011；Acharya，et al.，2020）。在金融机构与金融市场间的横向传导路径中，资产证券化是关键的风险传导机制（Abdelsalam，et al.，2022；Mian and Sufi，2009）。在金融市场间的横向传导路径中，心理作用机制（石俊志，2007）发挥风险传导作用。而在金融机构向企业的风险传导路径中，存在资产负债表效应（Acharya，et al.，2020）、金融加速器（Bernanke，et al.，1996）和会计加速器（Boyer，2007）三种传导机制。在金融市场向企业的纵向传导路径中，心理作用机制（石俊志，2007）、金融加速器（Bernanke，et al.，1996）和托宾 Q 效应（陈华和赵俊燕，2009）发挥风险传导的作用机制。

本节将针对每个层面所具有的金融风险传导路径与机制进行具体分析。

二、金融风险在国家层面的传导

金融风险在国家层面的传导路径如图 3-4 所示。根据上文所总结的内容，"一带一路"背景下国家层面的风险传导包括国家间的传导、国家向金融机构与金融市场的传导和国家向企业的传导三条传导路径。鉴于投资和贸易合作是企业参与"一带一路"的主要方式，以及部分沿线国家有比较严重的政府债务问题，因此，在"一带一路"倡议下，国家之间的金融风险传导机制主要包括贸易溢出效应传导机制、国际负债效应传导机制和产业联动效应传导机制三种。主权信用传导机制和资产负债表效应是国家对金融机构与金融市场的主要传导机制，国家对企业的传导主要包括主权信用和货币政策两种传导机制。下面将分别对这些机制进行详述。

（一）金融风险在国家层面的横向传导

随着经济全球化和经济一体化趋势的不断加强，各国金融风险呈现出难以忽视的溢出效应，金融风险不仅在国家内部进行传导，也在国家之间不断传导和积累，这将对全球经济和国际金融市场带来持续、全面和深远的影响。由于各个国家与其他国家之间经济贸易联系的密切程度不同，各个国家产生的金融风险也存在较大的传导能力差异。国家金融体系结构也会影响金融风险的跨国传导能力，一般来说，债务和货币所产生的金融风险跨国传导能力最强，而银行业产生的金融风险跨国传导能力较弱（陈华和赵俊燕，2009）。此外，金融风险在国家之间的传导能力还与受影响国家或地区的经济系统和金融体系的稳定性、外汇储备水平、对外开放程度、国际收支情况等因素有关。本部分结合"一带一路"的发展特点，针对金融风险在国家间横向传导路径中

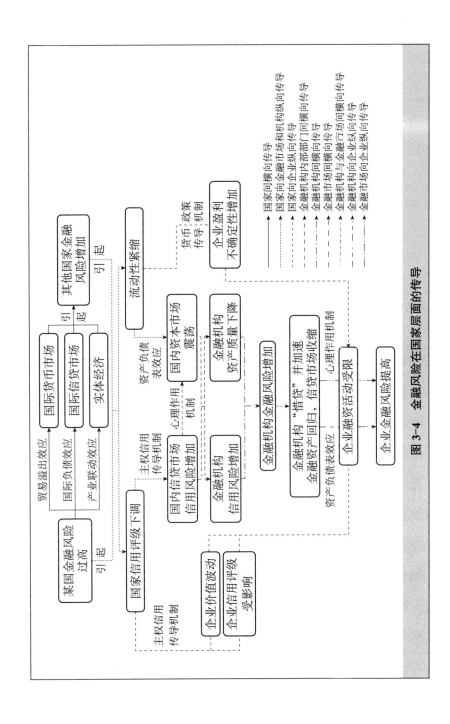

图 3-4　金融风险在国家层面的传导

存在的主要传导机制进行具体分析。

1. 贸易溢出效应传导机制

贸易溢出效应传导机制是指一个国家的金融风险及危机对另一个与其贸易关系密切的国家的经济造成了不利影响，最终导致风险和危机的产生（曾忠东，等，2012）。艾肯格林和罗丝（Eichengreen and Rose，1999）、黑尔和波佐（Haile and Pozo，2008）等学者分别通过实证研究检验了贸易在金融危机传导过程中的作用，结果表明，金融风险以及金融危机更容易在贸易联系较为紧密的国家之间传播。"一带一路"使沿线各国的贸易合作日益密切，与国际市场和世界经济联系愈发紧密，但同时也使各国暴露在国际经济波动的影响和冲击之下。这意味着当其他国家以及世界经济形势有所变化时，参与国要承担相应的风险，所以国家之间的贸易往来也是金融风险的传导机制之一。某一国家发生金融风险或危机，会通过汇率和币值波动影响其他国家的进出口贸易；金融风险严重时，国家经济会遭到重创，国内经济萎缩、外汇减少、进口下降，进而会导致与该国有贸易往来的其他国家的出口减少，从而对该国实体经济的各个方面产生不利影响（叶建木和张丽娟，2009）。

贸易溢出效应传导机制又可分为贸易伙伴型和竞争对手型两种类型（严丹屏和徐长生，2003；吴恒煜和卢新华，2003），具体的金融风险传导如图3-5所示。

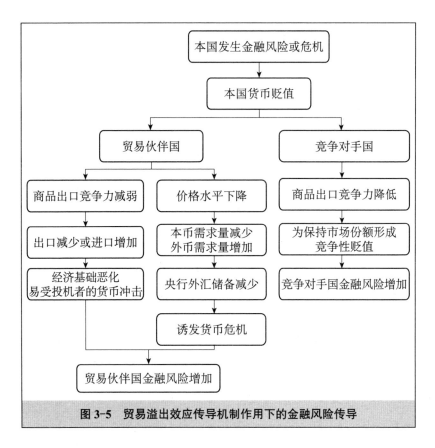

图3-5　贸易溢出效应传导机制作用下的金融风险传导

从图3-5可以看出，贸易伙伴型贸易溢出效应传导机制有以下两种情况：第一种情况，一个国家的金融风险或危机导致其货币贬值，该国商品的出口竞争力增强而货币购买力下降，使得贸易伙伴国的出口竞争力减弱，出口减少、进口增加，进而导致其贸易赤字增加、外汇储备减少。这将影响贸易伙伴国的经济基础，加大该国的汇率稳定难度，甚至使其面临国际投机者的货币冲击。第二种情况，一个国家的金融风险或危机导致的货币贬值会降低贸易伙伴国的价格水平，从而减少贸易伙伴国居民对本币的需求量，增加对外币的需求量，导致央行外汇储备减少，诱发货币危机。而竞争对手型贸易溢出效应传导机制是指，在多个国家出口竞争同一目标市场的情况下，一个国家的货币贬值势必会降低与其竞争同一目标市场的其他国家的出口竞争力，其他国家为了保持市场份额很可能进行竞争性贬值，从而进一步加深风险的传导程度。

例如，"一带一路"沿线的不少东南亚国家就是典型的竞争对手。在1997年亚洲金融危机中，金融风险便是沿着这种竞争对手型贸易溢出效应传导机制广泛传导和蔓延。具体来说，东南亚新兴经济体的出口商品结构类似，其主要贸易伙伴都是美国和日本等发达国家，然而泰铢贬值使得泰国出口竞争力增强，马来西亚、印度尼西亚等互为竞争关系的国家为了维持本国的出口竞争力和市场份额，也竞相使本国货币贬值，即竞争性贬值。国际投机者便用较少的美元换取泰铢等货币还债，牟取巨额差价，不少国家和地区的货币因此受到冲击，风险四处扩散，最终引发了一场遍及东南亚的金融震荡。这种竞争对手型贸易溢出效应传导机制在当今"一带一路"倡议下依旧存在，金融风险很可能仍以这种方式在国家之间进行传导。

此外，互为贸易伙伴的国家在"一带一路"沿线并不少见。2022年10月，根据国家统计局统计，我国已成为"一带一路"25

个沿线国家最大的贸易伙伴。[①]还有许多沿线国家之间也互为贸易伙伴，如阿联酋与印度是贸易伙伴[②]；新加坡和马来西亚互为贸易伙伴国[③]；泰国和老挝也是典型的贸易伙伴[④]；等等。这种日益紧密的贸易合作和经济联系无疑将进一步加大金融风险在国家之间的传导速度和范围。

2. 国际负债效应传导机制

充足而丰富的资金是国家进行经济建设的基本前提，但随之形成的公共债务也为国家经济的运行和发展增加了风险，过度负债将使得国家财政压力急剧上升，甚至造成违约风险（Glover and Shubik，2012）。国家无力偿债通常会导致贸易、产出以及就业等方面的损失，进而会引起宏观经济环境的变化，因此，投资者很可能将债务违约看作国家经济衰退或者面临风险的信号，选择从债务违约国撤回资金，给该国带来贬值压力。"一带一路"背景下，金融合作的深入发展和资金融通的日益密切使得各国之间形成了庞大而紧密的资金链及产业链。一国或者一个地区出现资金链断裂等情况，将引发多米诺骨牌效应，波及众多区域，不仅会造成

---

① 党的十八大以来经济社会发展成就系列报告："一带一路"建设成果丰硕推动全面对外开放格局形成.（2022-10-09）. https://www.gov.cn/xinwen/2022-10/09/content_5716806.htm.

② 印度是阿联酋第二大贸易伙伴.（2019-10-31）. www.mofcom.gov.cn/article/i/jyjl/k/201910/20191002909148.shtml.

③ 马哈蒂尔：中国和新加坡是马来西亚最重要贸易伙伴.（2019-03-19）. https://world.huanqiu.com/article/9CaKrnKj8UD.

④ 泰国持续成为老挝第一大贸易伙伴.（2019-01-03）. la.mofcom.gov.cn/article/zwjingji/201901/20190102823289.shtml.

巨大的资金损失，还可能形成区域性金融风险（夏彩云和贺瑞，2015），危害全球经济，具体如图 3-6 所示。

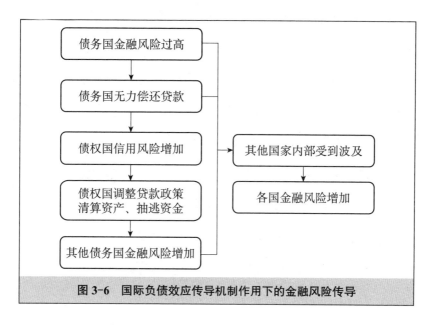

图 3-6 国际负债效应传导机制作用下的金融风险传导

结合图 3-6 来看，一国因无力偿还大规模债务而产生信用风险，通过资金的相互融通，将会导致债权国也产生相应风险。如资金周转出现困难产生信贷紧缩和支付危机等，会使风险在各国国内传导，威胁社会稳定和国家经济运行，严重时还将引发各国企业经营受阻、失业率提高、经济紧缩以及财政收入减少等问题，引发更大范围的债务风险。此外，债权国通常会在债务国违约风险剧增时调整贷款政策和金融政策，在与该债务国经济发展状况相似的其他债务国清算资产，甚至抽逃资金以规避风险。这种撤资和减少贷款的行为，将会把风险传导至更多的国家。

例如，20 世纪 80 年代发生的拉美主权债务危机，源于阿根廷、巴西、墨西哥和秘鲁等拉美国家为加快经济发展而从发达国家大量借入资金。截至 1986 年底，拉美发展中国家债务总额飙升至 1 万亿美元，且债务结构高度集中于短期贷款和浮动利率贷款，从而引发了债务危机；同时许多债权国因无法收回资金而陷入困境，不少金融机构也因此破产。此外，欧洲国家主权债务危机也是由于政府以国家信用为担保在国际市场上大规模举债并严重超出国家清偿力。欧债危机起源于希腊，随后蔓延至欧元区内经济实力较强的葡萄牙、意大利、爱尔兰和西班牙等国。在当前"一带一路"倡议下，各国之间的资金融通和金融合作日益密切，因此这种国际负债效应传导机制作用下的金融风险传导也不可忽视。

主权信用评级是信用评级机构对一国政府履行偿债责任的信用意愿与能力的评判，也直接关系到各国的信用风险。东方金诚国际信用评估有限公司自 2017 年起每年定期对"一带一路"沿线 50 个国家的主权信用风险状况进行跟踪分析。根据其 2020 年公布的报告，沿线各国主权信用级别和变化如图 3-7 所示。

由图 3-7 可以看出，2020 年在这 50 个国家中，有 28 个国家属于投资级（包含 AAA、AA、A 和 BBB 级），22 个属于投机级（除投资级以外）。其中，属于 BBB 和 BB 级的国家超过半数，属

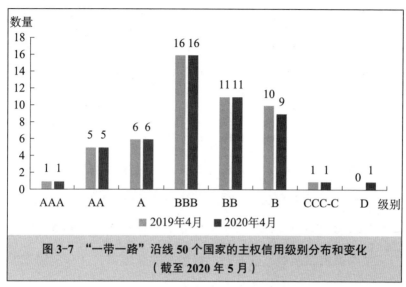

图 3-7 "一带一路"沿线 50 个国家的主权信用级别分布和变化
（截至 2020 年 5 月）

资料来源："一带一路"沿线国家主权信用风险分析报告（2020）。

于 B、A、AA 级的国家依次减少。50 个国家中主权信用评级最高的国家是新加坡。2020 年新增违约国家 1 例，主要是由于黎巴嫩于 2020 年 3 月发生主权债务违约。此外，土耳其和伊朗也因国内形势恶化主权信用级别被下调。整体来看，沿线国家整体信用评级质量较低，很容易受到内外部环境以及经济条件不利变化的影响，因此存在由于国家债务违约而引起金融风险在各国之间传导的可能性。

3. 产业联动效应传导机制

产业是具有某种同类属性的相互作用的经济活动的集合或系统，是社会分工的产物，也是推动区域经济发展的主体力量。产业联动是指具有直接或间接联系的产业之间为实现优势互补和区域内协调发展而进行的产业合作活动（吕涛和聂锐，2007）。随着全球经济持续增长和世界经济日益开放，各国之间的经济依存度越来越高，任何经济实体都无法脱离其他经济体的制约和影响而独立高速发展，不同国家和区域产业之间的经济技术联系也日渐紧密和广泛。各国产业之间既相互关联、相互支撑，同时也相互制约、相互竞争，因此产业联动效应也将对各国之间的风险传导产生影响（卢盛荣，2009；Calvo and Reinhart，1996）。"一带一路"沿线国家和地区存在多个区域经济合作组织，如上海合作组织、东南亚国家联盟、欧亚经济联盟等国际组织，这些区域经济合作组织使得各国都成为世界产业分工链条的一部分，进一步加深了各国之间的产业联动效应，因此研究风险的产业联动效应传导机制是有必要的。

产业联动效应作用下的金融风险传导主要通过存货加速器理论和产业的结构性震荡两条途径发生作用（卢盛荣，2009），具体见图3-8。

由图3-8可以看出，一种机制是基于存货加速器理论，具体地，当一国出现经济衰退和消费需求下降的现象时，生产企业的库存积压会引起原材料供应商的存货大幅度增加，原材料供应商会选择缩减生产，这反过来会进一步减少消费需求。如此循环反复，会把风险和危机扩散到越来越多的产业，并由此引发社会上信贷链条的断裂。受此影响，企业无法正常生产经营，财务状况

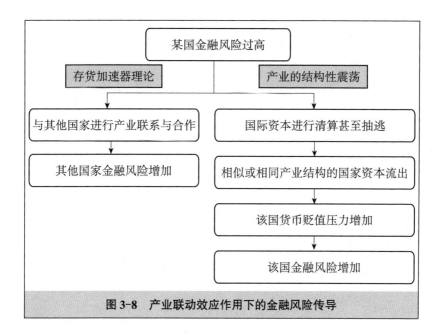

图3-8 产业联动效应作用下的金融风险传导

恶化,很可能缩减规模或解雇工人,使风险进一步蔓延并传导至其他企业、行业。这种在国家内部进行的风险传导,会由于各国之间密切的产业联系与合作而影响到其他国家。如一国的某一产业因产能落后、技术水平不高或结构不合理等原因而无法利用规模经济达到预期发展目标,就会影响国际上与该产业相关的其他产业的发展。另一种机制是基于产业的结构性震荡,具体地,一国内部发生危险或危机,很可能引发国际资本为规避风险对其他具有相似或相同产业结构的国家的金融市场进行资金清算,甚至选择抽逃资金,进而可能导致广泛的金融震荡(范爱军,2001)。

（二）金融风险在国家层面的纵向传导

金融风险除了在国家之间横向传导外，还会在各国内部进行纵向传导。根据传导路径来区分，可以分为国家层面向金融机构与金融市场层面的纵向传导与国家层面向企业层面的纵向传导。由于不同纵向传导路径中存在不同的传导机制，因此对于金融风险从国家层面向不同层面的纵向传导，应在区分不同路径的基础上对每条路径中所具有的传导机制进行具体分析。

1. 国家层面风险传导至金融机构与金融市场层面

金融环境的日益开放使得各种金融资产、各类金融机构的联系愈加紧密，因此，国家层面风险传导至金融机构与金融市场层面，继而引发金融机构与金融市场大幅波动的情况也不可忽视。通常情况下，金融机构能否实现可持续发展的关键是其自身资产是否具备高度的流动性与流通性。国家的宏观政策方向、经济政治环境等一系列宏观因素一旦发生变化，很可能影响到金融机构与金融市场的发展及稳定。参考田益祥等（2013）以及陶玲和朱迎（2016）的研究，本部分将国家层面风险传导至金融机构与金融市场层面分为以下两种传导机制。

第一种是主权信用传导机制，具体如图 3-9 所示。国家主权信用评级是对政府按时偿还公共债务的能力和意愿的简明评估，对被评级国家的金融资产定价和市场价格波动具有重要影响，为被评级国家的金融机构在国际市场上的借贷成本奠定了基础（张可心，2019）。主权信用传导机制是指通过主权信用评级的调整向国家内部金融市场传导风险。信用评级的调整，尤其是下调主权信用评级，不仅会对该国内部金融机构和企业的信用风险产生影响，还会给其他国家乃至区域和全球经济带来冲击（李建军，等，2012）。就对国家内部的影响而言，阿尔扎基等（Arezki，et al.，2011）认为主权信用调整，特别是向下调整对金融市场具有强烈的溢出效应；布鲁克斯等（Brooks，et al.，2004）和李等（Lee，et al.，2016）通过研究发现主权信用评级下调将对股票市场产生影响，而且这种影响在不同股票以及不同国家间存在差异。田益祥等（2013）通过研究也认为评级机构对主权信用的调整，将直接反映在国内金融市场之中，影响投资者的信心，引起股票市场、债券市场等的大幅波动。特别是下调主权信用评级，会极大地影响投资者对未来经济发展的信心，引起信贷规模和国家债务发行规模缩减，严重威胁金融机构与金融市场的正常运行。

表3-5根据2018年国际评级机构穆迪（Moody's）对"一带一路"沿线国家发布的主权信用评级结果整理而得。其中，Aaa级为优等级别，Aa级是高等级别，A级是中上级别，Baa级为中等级别，它们属于投资级别；其余级别属于投机级别，表示无法保障其将来的良好状况，具有不稳定的特征或可能发生违约情况。

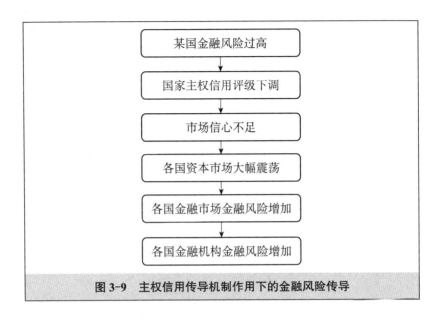

图 3-9 主权信用传导机制作用下的金融风险传导

表 3-5 穆迪对"一带一路"沿线国家的主权信用评级情况

国家	穆迪主权信用评级	国家	穆迪主权信用评级	国家	穆迪主权信用评级
新加坡	Aaa	立陶宛	A3	罗马尼亚	Baa3
文莱	Aa2	拉脱维亚	A3	匈牙利	Baa3
科威特	Aa2	马来西亚	A3	阿曼	Baa3
阿联酋	Aa2	斯洛文尼亚	Baa1	俄罗斯	Ba1
卡塔尔	Aa3	泰国	Baa1	北马其顿	Ba1
爱沙尼亚	A1	土库曼斯坦	Baa1	伊朗	Ba2
沙特阿拉伯	A1	菲律宾	Baa2	阿塞拜疆	Ba2
捷克	A1	印度	Baa2	吉尔吉斯斯坦	Ba2
以色列	A1	印度尼西亚	Baa2	克罗地亚	Ba2
斯洛伐克	A2	保加利亚	Baa2	乌兹别克斯坦	Ba2
波兰	A2	哈萨克斯坦	Baa3	土耳其	Ba3

续表

国家	穆迪主权信用评级	国家	穆迪主权信用评级	国家	穆迪主权信用评级
孟加拉国	Ba3	巴林	B2	塔吉克斯坦	B3
越南	Ba3	马尔代夫	B2	伊拉克	Caa1
格鲁吉亚	Ba3	埃及	B3	也门	Caa1
塞尔维亚	Ba3	蒙古国	B3	乌克兰	Caa2
约旦	B1	黎巴嫩	B3	叙利亚	Caa3
黑山	B1	巴基斯坦	B3	东帝汶	CC
亚美尼亚	B1	白俄罗斯	B3	缅甸	—
斯里兰卡	B1	摩尔多瓦	B3	尼泊尔	—
阿尔巴尼亚	B1	波黑	B3	老挝	—
柬埔寨	B2	阿富汗	B3	巴勒斯坦	—

资料来源:"一带一路"国家投资指数报告(2018)。

主权评级等级较高的国家通常债务规模可控,财政收支平衡,国内金融市场也较为稳定。然而,由表 3-5 可以看出,沿线国家的主权信用质量整体偏低,很容易受到国家内部、外部环境和经济条件等不利变化的影响,进而引起金融风险向国内金融机构与金融市场的传导。

第二种是资产负债表效应传导机制,如图 3-10 所示。具体而言,资产质量和流动性是金融机构资产负债表管理的核心问题(王义中和何帆,2011)。国家经济形势严峻、金融风险加剧会导致流动性紧缩,影响国内资本市场以及信贷市场,进而使金融机构的资产负债表恶化。从资产方看,资产大幅贬值,将侵蚀金融机构的利润和资本，金融机构被迫以远低于实际价值的价格甩卖资产，陷入价格下跌—市值缩水—抛售—价格再跌的恶性循环（陶玲和朱迎，2016）。金融机构还将减少贷款的发放，甚至要求贷款人提前归还贷款，抑制市场上的投资。从负债方看，当金融机构的融资渠道受阻，资金短期内连续集中净流出会使大批金融机构陷入流动性危机（张晓朴，2010）。从所有者权益方看，受金融风险影响而遭受损失的金融机构不得不减少资本金，甚至可能发生资不抵债的状况（王义中和何帆，2011）。另外，米什金（Mishkin，1999）认为，金融机构资产负债表恶化、利率提高、不确定性增加以及因资产价格下跌所致的非金融机构资产负债表恶化将进一步加剧风险在金融市场的传导。

在当前"一带一路"背景下，"一带一路"倡议使得国家之间的金融合作以及资金融通日益密切，促进了沿线国家金融市场的开放，丰富了金融机构提供金融服务的方式，也使更多金融机构聚集在"一带一路"沿线国家的资本市场当中。但更加开放的市场也使金融风险向金融机构与金融市场层面传导的可能性增加。在更加开放的市场下，由沿线东道国流动性紧缩而导致的该国资本市场大幅波动，不仅会影响到该国的金融机构，使该国金融机构资产负债表恶化，同时也会使在该国资本市场中进行投融资的其他国家金融机构的资产负债表受到影响。因此在"一带一路"更加开放的经济背景下，由资产负债表效应传导机制引起的金融

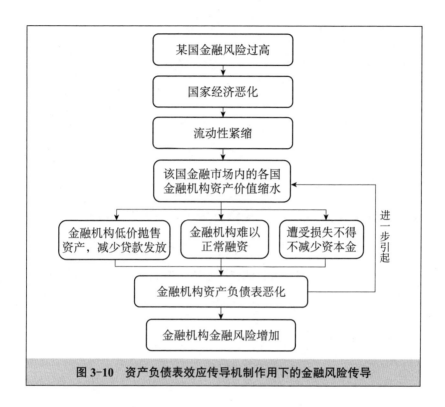

图 3-10 资产负债表效应传导机制作用下的金融风险传导

风险传导会相对更加容易，涉及的范围也会相对更广。

2. 国家层面风险传导至企业层面

在宏观经济系统的构成中，企业是最基础的微观单元，宏观层面的国家风险会随着一定的传导路径将风险传导至企业。参考饶品贵和姜国华（2013）等的研究，本部分将国家层面风险传导至企业层面分为以下两种传导机制。

第一种是主权信用传导机制，如图 3-11 所示。具体而言，主权信用评级的调整除了会将风险传导至金融机构与金融市场外，还会对企业产生影响。主权信用评级调整在企业层面通常会引起企业融资成本以及股价的变化。李明明和秦凤鸣（2016）认为，主权评级调整可以向市场传递关于国家风险和经济不确定性的新信息，通过影响国内投资者的投资组合配置进而作用于一国企业在国内资本市场上的融资成本。郭亚静和吴念鲁（2012）研究发现，主权信用评级上调对信贷市场的冲击较小，主权信用评级下调将严重冲击信贷市场，直接影响企业或政府直接融资。

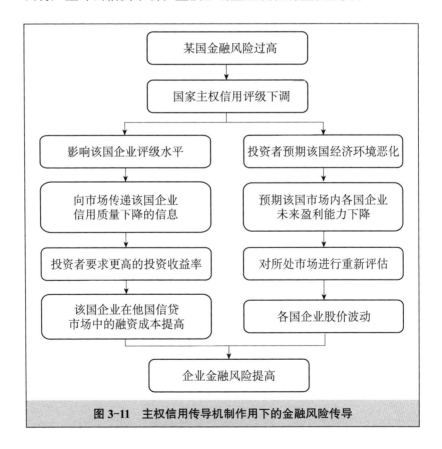

图 3-11　主权信用传导机制作用下的金融风险传导

结合图 3-11 可以看出，在融资成本方面，主权信用评级是一国企业评级的上限，即企业评级水平不能高于主权信用评级（Almeida, et al., 2017）；主权信用评级下调会导致企业评级下降，向市场传递企业信用质量下降的信息，导致投资者要求更高的投资收益率，从而提高了企业的融资成本（Almeida, et al., 2014）。由于外资企业在"一带一路"沿线东道国投资所需的资金往往不会完全在母国筹得，因此外资企业需要以母国的主权信用评级作为基础在沿线东道国信贷市场中进行融资。当外资企业母国主权信用评级下调时，沿线东道国的信贷部门就会因此要求更高的投资收益率，从而导致该企业通过东道国信贷市场进行融资的成本上升，使该外资企业面临的金融风险提高。

股价变动主要是由于投资者对于企业未来的成本和收益的预期发生了变化（张曦，2017）。随着"一带一路"倡议的持续深入推进，沿线各东道国资本市场也愈加开放。东道国国家信用评级的上调很可能提高投资者对于该国经济发展的信心，从而有利于提高东道国资本市场的活跃度，使在该东道国资本市场上市的外资企业的股价上涨。而主权信用评级的下调可能使投资者认为该东道国国家经济环境发生恶化，并预期该东道国市场内的各国企业未来正常经营的难度和盈利的不确定性加大，加之企业融资成本增加，从而使投资者对有关股市进行重新评估，影响在当地上市的外资企业的估值水平。另外，马特耶夫（Mateev，2014）也认为，主权信用评级会跨资产溢出到股票市场引发该东道国股市中的各国企业股价波动，企业规模越大，股价下跌的程度就越大（Martell，2005）。

第二种是货币政策传导机制，如图 3-12 所示。具体而言，货币政策传导机制指由中央银行调控政策变化而产生的脉冲所引致的经济体系中各有关变量的连锁反应，并最终导致实际经济变量变化（周英章和蒋振声，2002）。货币政策不仅会通过金融机构等中介向企业传导风险，还会直接对企业的资产负债状况产生影响。货币政策发生变化时，企业面临的宏观经济环境随之发生改变，进而影响企业的微观行为（饶品贵和姜国华，2013）。如企业的现金持有水平受到货币政策紧缩程度的影响，货币政策趋于紧缩时，企业会增加现金持有量（祝继高和陆正飞，2009）。通常情况下，货币政策由宽松转向紧缩会导致经济发展速度放缓，使该国市场内的各国企业面临的不确定性增加，很可能出现经营困难的状况。同时，在这种情况下，金融机构很可能考虑到企业未来盈利能力和偿债能力的不确定性而不愿发放贷款，从而导致该市场内的各国企业难以筹集资金，产生风险。

此外，货币政策变化大都伴随着利率、汇率、资产价格等的变动，也将引起企业投融资状况的变化。某国的汇率波动较为剧烈将增加该国货币和经济活动的不确定性，进而会影响外资企业在该国的资产安全和收益稳定性。东道国货币无论是贬

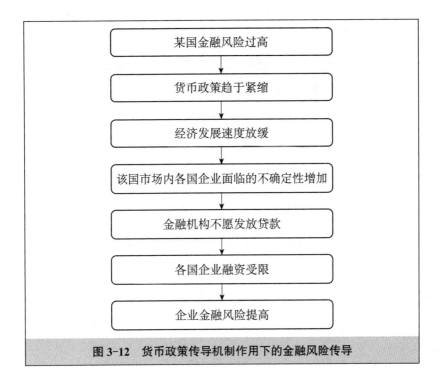

图 3-12 货币政策传导机制作用下的金融风险传导

值还是增值，都有可能对该东道国的外资企业造成影响，提高外资企业面临的风险。当外资企业与东道国企业互为竞争对手时，东道国货币贬值使得本国企业出口竞争力增强，导致外资企业在东道国出口贸易中的竞争力减弱。而当外资企业与东道国企业互为合作伙伴时，东道国货币增值则不利于外资企业在东道国生产产品并出口。国家币值不稳定还会使在该国进行投资经营的企业面临交易汇兑风险，即企业在结算时面临外币资产折算风险，导致利润下降，资产负债表恶化，面临较大风险（谢圣远和谢俊明，2019）。

三、金融风险在金融机构与金融市场层面的传导

在当前不断扩大开放、积极推进"一带一路"建设的背景下，金融风险具有更大的普遍性、更强的隐蔽性和更广泛的传导性（张原和朱梦昕，2015）。2008年美国次贷危机表明，金融风险会从金融机构迅速传导到资本市场并最终蔓延到全球（汤谷良和王珮，2009），意味着金融机构所具有的金融风险除了影响自身外，还会传导至与其相联系的机构、市场和企业。因此，为科学有效地防范金融风险在金融机构与金融市场层面传导，使金融机构与金融市场在推进"一带一路"建设中充分发挥中介作用，需要对金融机构与金融市场层面的风险传导路径进行具体分析。

根据现有研究，金融风险通过金融机构与金融市场进行传导的方向分为横向与纵向两种，即金融风险通过金融机构在金融市场内部进行传导和金融风险通过金融机构与金融市场向实体经济进行传导（陈华和赵俊燕，2009），具体如图3-13所示。

结合图3-13进一步区分具体路径发现，金融风险的横向传导包括四种传导路径：金融机构内部部门间传导（张原和朱梦昕，2015）、金融机构间传导、金融机构与金融市场间传导和金融市场间传导（Abdelsalam, et al., 2022）。金融风险的纵向传导包括两种传导路径：金融机构向企业传导和金融市场向企业传

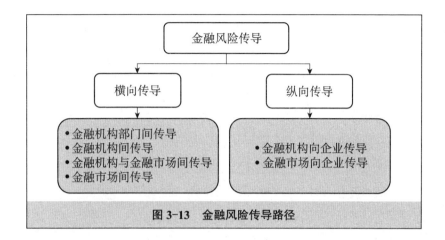

图 3-13　金融风险传导路径

（Acharya，et al.，2020；Jiménez，et al.，2012；王义中和何帆，2011；姜国华和饶品贵，2011）。因此，对于金融风险传导的论述，需要基于这六种具体路径。

（一）金融风险在金融机构与金融市场层面的横向传导

金融风险通过金融机构进行的横向传导主要发生在金融市场内部，表现为信贷市场金融风险提高后，金融风险在信贷市场与资本市场之间以及不同具体资本市场间的传导（陈华和赵俊燕，2009），具体如图 3-14 所示。

结合图 3-14 具体分析金融风险传导路径。首先，由于存在信息不对称，金融市场中金融机构的信贷部门在受到宏观经济环境影响后，容易产生大量不良贷款，使信贷部门的信用风险凸显并溢出，从而影响金融机构中的其他部门如国际业务部、资产管理

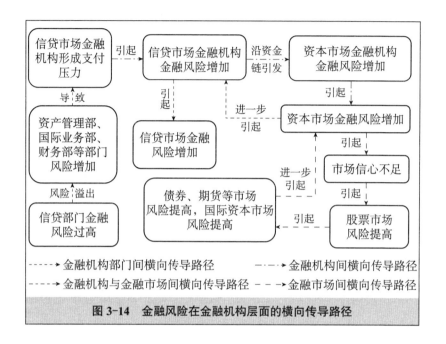

图3-14　金融风险在金融机构层面的横向传导路径

部、财务部等，使金融机构出现资产减值、收益减少等情况，进而使金融市场中的金融机构形成支付压力，提高自身风险，并使信贷市场整体金融风险提高。其次，各类金融机构通过资产证券化形成了较长的资金链条，当资金链条中的某个或某些金融机构出现信用危机形成支付压力后，金融风险会迅速通过资金链条传导至链条中的全部金融机构，从而将信贷市场中的金融风险传导至资本市场。随后，当资本市场中的金融风险过高，市场中的投资者会发生恐慌心理（石俊志，2007），形成"羊群效应"，纷纷抛售股票，造成风险资产价值缩水。金融机构迫于资本充足率压力，对自身风险资产结构进行调整，产生"惜贷"行为，进一步导致信贷市场紧缩,将金融风险从资本市场再次传导回信贷市场。同时,"羊群效应"一方面会对其他资本市场如债券、期货市场等造成影响,引起其他市场信心不足;另一方面也会影响其他国家资本市场中投资者的信心,促使投资者抛售手中的有价证券,造成资本市场在全球范围内进一步紧缩(张原和朱梦昕,2015),进一步放大资本市场中的金融风险。

综上,金融风险的横向传导存在四种具体的传导路径,即金融机构内部部门间传导、金融机构间传导、金融机构与金融市场间传导和金融市场间传导。因此,针对金融风险横向传导的分析应基于这四种具体路径。

1. 金融机构内部部门间传导

金融风险在金融机构内部部门间的传导主要分为两方面。一方面,由于金融机构管理层与部门或员工之间存在信息不对称,某部门或员工的违规操作很可能无法被管理层及时发现,从而引发法律风险,最终使金融机构面临破产倒闭,如图 3-15 所示。

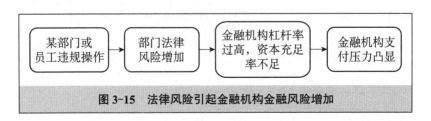

图 3-15 法律风险引起金融机构金融风险增加

另一方面,由于金融风险传导具有临界性(张原和朱梦昕,2015),因此金融机构某部门在正常业务流程下也会因风险积累过多而在部门间传导风险。例如，银行信贷部门对贷款企业发放贷款，银行由于与企业之间存在信息不对称，很难对企业进行准确的信用定位，当该笔贷款形成不良贷款时，银行便会形成信用风险的积累。当信用风险达到一定程度，银行的资产质量与收益质量都会受到影响；当银行大规模债务到期时，银行自身的信用风险就会提高。最终由信贷部门引发的信用风险积累会蔓延到财务部、资产管理部等多个银行内部部门，如图 3-16 所示。

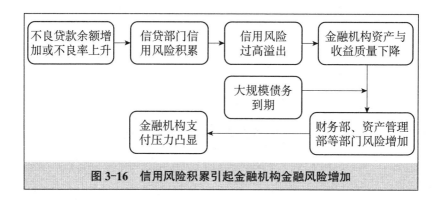

图 3-16　信用风险积累引起金融机构金融风险增加

然而，不论是由法律风险引发的部门间风险传导还是因信用风险积累造成的风险传导，最终都会演变为金融机构的支付压力，即金融机构由于无法对自身债务进行偿付或资本充足率不足而产生信用危机。因此综合来看，金融机构内部部门间的风险传导是信息不对称导致的。

在"一带一路"背景下，金融机构部门或员工违规操作引发的法律风险和信贷部门的信用风险积累都会因跨国投资经营而增加。根据信息不对称理论，管理层与员工之间存在信息不对称会引发法律风险，金融机构与企业之间存在信息不对称会引发信用风险。"一带一路"建设必然会涉及跨国投资经营，一方面，金融机构会设立海外机构以便于开展海外业务；另一方面，与金融机构具有金融业务往来的企业也会受到国际经济环境的影响。首先，金融机构设立海外分支机构，加剧了海外机构与国内总部间的信息不对称，国内总部与海外机构间信息沟通的及时性和有效性会降低，国内总部不能及时充分了解海外机构业务操作的合法合规性，从而降低了国内总部对于海外机构的控制力，易使金融机构整体法律风险增加。其次，与金融机构存在业务往来的企业，由于涉及海外投资经营，企业的偿付能力会受到东道国市场甚至全球市场的影响，金融机构尤其是信贷部门面临的违约风险提高，信贷部门会因此更难对跨国企业进行准确的信用定位，更容易积累信用风险。一旦达到风险临界值，金融风险会迅速蔓延到整个金融机构，使金融机构出现支付压力或资本充足率不足。

2. 金融机构间传导

金融机构间的风险传导是通过各个金融机构所构成的资金链进行的（Guo and Wu，2014）。这种资金链主要是通过金融机构间的债务关系和信用关系形成的（张志英，2008；张原和朱梦昕，2015），因此金融机构间的风险传导主要通过信贷作用机制实现（姜国华和饶品贵，2011）。当资金链条上的某个或某些金融机构信用风险过高，信用风险就会沿资金链传导至链条上的全部金融机构（Acharya, et al., 2020）。

在"一带一路"背景下，以金融机构为节点的关系网络进一步扩大化和复杂化。一方面，国内金融机构会与其他国家或国际金融机构通过资金往来，构成债务关系；另一方面，由于企业跨国投资经营会涉及多国金融机构，国内金融机构利益相关者的数量增加、范围扩大、构成日益复杂，造成金融机构与金融服务接受方之间的信息不对称程度加深，因而金融机构会对经营跨国业务的企业或金融机构具有更高的信用资质要求和更加严格的信贷业务政策要求。金融服务接受方为尽可能符合金融机构的信用标准或信贷政策要求，会寻求更高信用评级或更多机构对某项信贷业务进行担保，如银行或专业担保公司。例如在三峡集团收购巴西水电站项目中，三峡巴西分公司通过三菱银行纽约分部获得27亿雷亚尔贷款，就是由中国银行（香港）有限公司进行50%贷款金额担保。金融机构为跨国投资经营企业或金融机构提供跨国金融服务使利益相关者增多，形成的担保关系网也更加复杂。一旦金融服务接受方发生违约，信用风险会沿着担保网络在跨国跨地区范围内的金融机构中进行传导。

3. 金融机构与金融市场间传导

金融机构与金融市场间的风险传导是伴随资产证券化发生的，具体路径见图3-17。通过资产证券化，分属于不同市场的各类金融机构会联系在一起。例如信贷机构或银行通过资产证券化与资本市场中的其他金融机构建立资金链,将信贷市场与资本市场联系起来。信贷机构或银行形成过高的信用风险,一方面会造成信贷市场信用风险增加,另一方面会导致证券化的风险资产信用评级下降,造成持有机构资产价值缩水,资本充足率不足(Abdelsalam,et al.,2022)。持有机构为保证资本充足率会加速资产变现,抛售自身资产负债表内的有价证券,同时采取更严格的信贷政策形成"惜贷",造成资本市场紧缩,又进一步促使信贷市场紧缩。

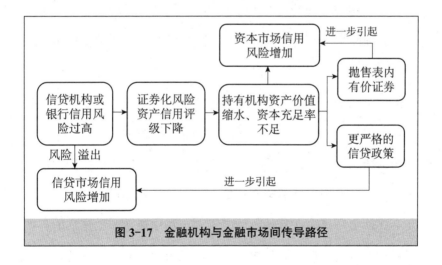

图 3-17 金融机构与金融市场间传导路径

当前,政府与社会资本合作(public-private partnership,PPP)模式在"一带一路"基础设施建设项目融资中得到了广泛的应用。PPP 模式是由政府主导发起,并由基础设施建设项目承建方进行发债,从而实现引入私人资本进行风险分散的一种融资方式。但PPP模式的实质仍然是资产证券化,考虑到资产证券化的不足,利用PPP模式进行"一带一路"项目融资仍然会使金融机构与金融市场之间存在金融风险传导的可能性。具体来说,由于基础设施建设项目在建设期的现金流入较少,项目承建方存在违约的风险,一旦承建方发生违约,很有可能造成债券价值缩水和信用评级下降,从而将信用风险传导至资本市场,导致债券持有方如商业银行、投资银行等机构的资产质量下降,使这些金融机构因资本市场波动而承受更多的金融风险。

4. 金融市场间传导

心理因素是促使金融风险在金融市场中传导的关键作用机制(石俊志,2007;孙玲,2010)。不论是1987年股灾还是2008年美国次贷危机,市场信心严重不足的心理因素在金融危机蔓延到全球的过程中都发挥了加速器作用(陈华和赵俊燕,2009)。这种加速器作用体现在三方面:一是恐慌心理会将信贷市场中的信用风险传导至某个具体的资本市场;二是某个具体资本市场信心不足会促使金融风险在其他具体的资本市场中传导;三是某国资本市场剧烈波动会造成其他国家和地区的市场信心不足,将金融风险传导至全球,引发全球资本市场的大幅波动。如图3-18所示。

随着"一带一路"建设的不断推进,我国金融体系正在逐步加强与全球金融市场的联系,在促使我国金融市场不断发展的同

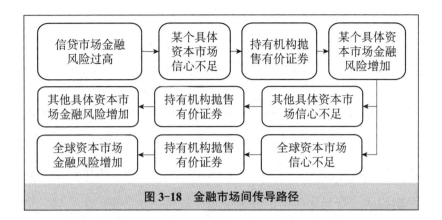

图3-18 金融市场间传导路径

时，也使金融体系能够更好地为"一带一路"海外投资经营项目提供资金支持。然而机遇与挑战是并存的，在这个过程中，我国金融体系也会更容易受到全球经济环境的影响。一方面，虽然我国正在加大人民币结算体系和数字货币平台的建设力度，但当前海外投资经营项目仍然需要以美元作为主要结算货币，因此美元汇率市场和美国资本市场的波动对"一带一路"项目投资动力和我国金融市场的影响会更加明显；另一方面，沿线国家存在政治不稳定和经济环境不稳定，其政权更迭和新货币推行流通对于"一带一路"海外投资经营项目具有重要影响，容易造成信贷市场信用风险的增加，进而影响资本市场，造成资本市场的波动。因此，"一带一路"背景下的金融风险传导更容易在国际范围内的不同金融市场间传导。随着"一带一路"建设的不断推进，我国金融体系与国际市场的联系会越来越强，某一国家或地区的某一市场的大幅震荡，都有可能导致我国金融市场信心下降，将国际市场范围内的金融风险传导至我国，造成我国金融市场的波动。

（二）金融风险在金融机构与金融市场层面的纵向传导

金融风险的纵向传导，主要是指金融风险从金融市场向实体经济的传导。一方面金融机构为缓解金融风险会形成"惜贷"行为，造成企业融资受限；另一方面资本市场中的投资机构会因金融机构的信贷问题而抛售股票变现，造成企业价值大幅缩水，使企业抵押物大幅贬值（陈华和赵俊燕，2009）。在托宾 Q 效应和金融加速器效应下，金融机构"惜贷"意愿加强，进一步限制了企业的投融资活动。综合来看，金融风险的纵向传导路径可以具体分为两种，即金融机构向企业的传导和金融市场向企业的传导，如图 3-19 所示。

结合图 3-19 来看，在金融机构向企业的纵向传导中，当金融机构金融风险过高时，金融机构为防止自身资产负债表持续恶化，选择减少投资和信贷业务，在金融加速器和会计加速器的作用下，不断加速自身金融资产回收并形成"惜贷"，不仅加速了信贷市场的紧缩，还使企业融资活动直接受限（Jiménez, et al., 2012）。在金融市场向企业的纵向传导中，一方面，信贷市场风险过高会直接导致信贷市场的紧缩；另一方面，资本市场受信贷市场影响，出现市场信心不足，进而引发资本市场震荡，直接导致企业难以通过资本市场进行融资。同时企业价值和抵押物价值受资本市场

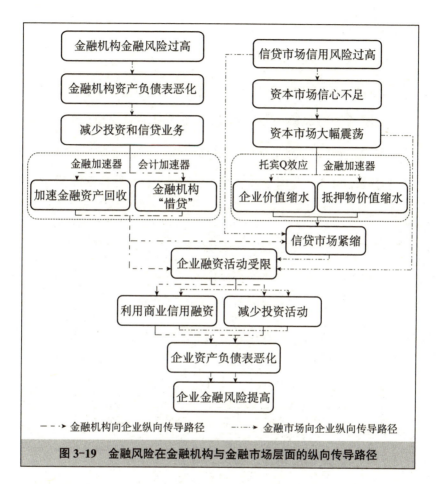

图3-19 金融风险在金融机构与金融市场层面的纵向传导路径

震荡的影响，在托宾Q效应和金融加速器的作用下大幅缩水，进一步引发信贷市场紧缩，最终使企业的融资活动因信贷市场紧缩和资本市场震荡而受限。然而不论金融风险以何种路径进行纵向传导，都会先对企业的融资活动形成限制，迫使企业在减少投资活动的同时利用商业信用进行融资，造成企业资产负债表恶化，最终令企业金融风险增加（王义中和何帆，2011；姜国华和饶品贵，2011）。

1. 金融机构向企业的传导

金融机构将金融风险传导至企业，往往都是伴随金融机构为规避或减少金融风险而采取的金融资产加速回收和"惜贷"行为而发生，最终使企业投融资活动受限，面临金融风险（王义中和何帆，2011；姜国华和饶品贵，2011），具体情况如图3-20所示。

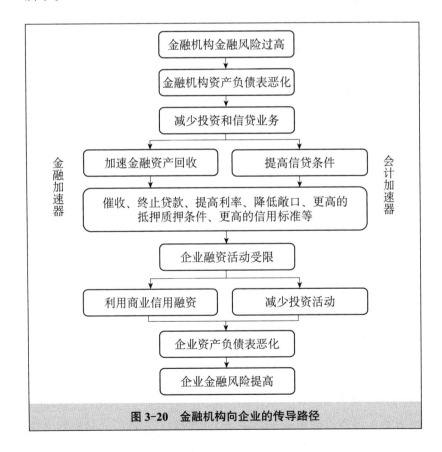

图3-20 金融机构向企业的传导路径

在资产负债观下（Acharya，et al.，2020；Jiménez，et al.，2012），根据债务－通货紧缩理论（Fisher，1933），当金融机构资产负债表恶化时，金融机构会更加以债务最小化为目标（Koo，2008）。此时，以银行为代表的金融机构为保证资本充足率和流动性，会主动减少投资和信贷业务以减少或规避金融风险，从而缓解自身资产负债表恶化所带来的压力。同时在金融加速器（Bernanke，et al.，1996）和会计加速器（Boyer，2007）的作用下，金融机构会在加速自身金融资产回收的同时形成"惜贷"行为。具体来说，金融加速器使金融机构与企业间的信息不对称性加强，金融机构为保证自身资产负债表不恶化，会采取更加严格的信贷政策并加速回收自身金融资产。会计加速器将当期利润与未实现的未来利润混合在一起，使金融机构与企业的利润不确定性都增加。金融机构为减小收益波动，一方面会对贷款企业进行催收或终止贷款，另一方面会提高贷款利率并加强信贷条件（调整抵押质押条件、降低敞口等）。最终在两种加速器的作用下，企业融资活动受限，被迫利用商业信用以维持正常运营，并减少投资活动，最终造成企业资产负债表恶化，将金融风险传导和转嫁至企业。

在当前"一带一路"背景下，企业从事跨国投资经营加剧了与金融机构间的信息不对称，金融机构更难以对从事跨国投资经营的企业进行信用定位（张志英，2008；张原和朱梦昕，2015），从而加强了金融机构的"惜贷"倾向。金融机构为防止因信息不对称导致自身资产负债结构质量和收益质量降低，往往会加强信用标准、提高利率或形成更加严格的信贷政策，将金融风险向企业进行传导或转嫁，使跨国投资经营企业的融资活动受到限制，增大跨国企业资产负债表恶化的可能性。

2. 金融市场向企业的传导

对于金融市场向企业的纵向风险传导，企业往往会因为金融市场波动而降低自身价值，无法通过金融市场获取到足够的资金支持，最终令资产负债表恶化（Jiménez, et al., 2012），如图3-21所示。

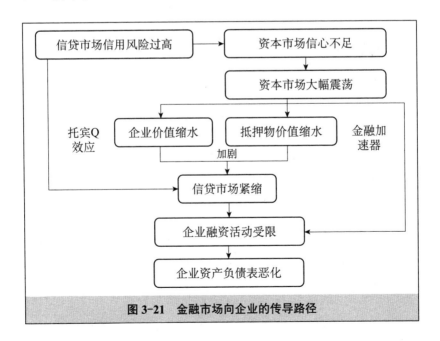

图 3-21　金融市场向企业的传导路径

结合图 3-21 具体来看，当信贷市场因违约率提高而形成过高的信用风险时，资本市场中的投资者在心理作用机制下（石俊志，2007）纷纷抛售股票，形成了羊群效应（Froot, et al., 1992）。之后在托宾 Q 效应和金融加速器效应的作用下，资本市场中的企业价值大幅缩水，同时企业的抵押物价值下降。一方面信贷市场在本身信用风险过高而紧缩的情况下，因资本市场中的企业价值和抵押物价值缩水而更加紧缩，导致企业通过信贷市场获取贷款受限；另一方面资本市场在市场信心不足的情况下大幅震荡，企业无法通过资本市场进行融资，最终因融资活动受限而使资产负债表恶化（王义中和何帆，2011）。

在当前"一带一路"的背景下，我国金融体系正在逐步加强与全球金融市场的联系，虽然有利于为跨国企业提供更好的资金支持，但也使我国金融市场更容易受到全球经济环境的影响。一方面，东道国市场环境和全球市场环境的不确定性加剧了资本市场的波动性，容易引起企业价值和抵押物价值不确定性的增加，向资本市场传递不利信号，进一步加剧这一问题。另一方面，受企业价值和抵押物价值不确定性增加的影响，信贷市场中的金融机构也会更加谨慎地针对跨国企业开展信贷业务。最终，跨国企业会因金融市场的波动而承受更多来自金融市场的金融风险。

第四节 "一带一路"沿线国家金融风险分析框架总结

本章结合"一带一路"沿线国家整体环境和各国金融机构与金融市场的发展特点，分别从国家宏观层面和金融机构与金融市场中观层面对沿线国家所具有的金融风险进行了系统分析。分析的内容包括：金融风险在不同层面所涵盖的风险内容、风险成因，以及金融风险在不同层面的传导机制。通过对上述内容的系统论述，最终回答了以下三个问题：（1）"一带一路"沿线国家在国家层面的金融风险涵盖哪些内容，风险成因有哪些？（2）"一带一路"沿线国家在金融机构与金融市场层面的金融风险涵盖哪些内容，风险成因有哪些？（3）金融风险在不同层面如何传导？

针对第一个问题中国家层面金融风险的内容，结合"一带一路"沿线国家的整体环境特点并基于米勒（Miller，1992）提出的"国际商务综合风险管理框架"，我们认为国家层面金融风险的风险内容是由政治、政府政策、宏观经济、社会和自然五个维度上的不确定性所构成的。具体来说，第一，政治变革和政治制度改革、外部冲突和双边关系共同构成了政治不确定性维度，其中政治变革和政治制度改革是政治不确定性维度的主要内容。第二，无法提供充分的公共服务、政府监管质量、控制腐败和是否签署双边投资协定构成了政府政策不确定性维度，该维度相比于政治不确定性维度，对于跨国商业活动具有更直接的影响。第三，通货膨胀、相关价格变动、汇率变动、贸易条件、经济发展水平和经济增速构成了宏观经济不确定性维度，跨国经营企业未来收益变动的风险和不确定性会在宏观经济不确定性的影响下提高。第四，社会关注问题的变化、暴动、示威游行，社会不稳定性和小范围的恐怖主义活动构成了社会不确定性维度，社会不确定性除了会阻碍沿线国家经济的正常发展和运行，还会严重影响企业的经营活动，甚至无法为企业员工的人身安全提供基本保障。第五，自然灾害和气候变化构成了自然不确定性维度，自然灾害带来的不可抗力会使企业的正常运营受到严重影响，甚至会导致国家的整体发展受挫。综合来看，"一带一路"参与企业的海外投资经营活动所面对的营商环境会受到沿线国家层面金融风险的影响。沿线国家所具有的政治、政府政策、宏观经济、社会和自然五方面的不确定性越低，越有利于营造良好的营商环境，这对于"一带一路"建设的不断推进以及参与企业的业绩提升具有关键意义。

对于国家层面金融风险的成因，结合"一带一路"沿线国家层面金融风险的内容以及沿线国家间存在差异的政治、经济、社会环境，我们认为政治及社会因素、政策因素、经济因素和金融因素是沿线国家层面金融风险的主要成因。首先，在政治及社会因素方面，东道国政局不稳、政权更替频繁不仅会对国际市场环境、沿线国家经济的稳定发展以及各项政治、经济、外交政策的连续性造成影响，更会对建设期内极易受到经济政策调整和改变影响的"一带一路"基础设施建设造成较为不利的影响，使其面临的风险显著增加。其次，在政策因素方面，新出台的宏观经济政策以及产业政策调整通常会对经济运行全局产生影响，政策干预短期内可以有效地平滑经济的周期性波动，但从长期视角看却会扰乱经济系统的自发调节机制，反而可能积累更大的系统性风险。再次，在经济因素方面，沿线国家经济结构过于脆弱、经济周期大幅波动和沿线国家过度负债容易导致金融体系积聚金融风险，造成系统性金融风险过高，容易引发金融危机，这对于"一带一路"建设的平稳推进具有较大的不利影响。最后，在金融因素方面，金融监管不到位和国际金融风险冲击给"一带一路"建设进程中的风险防范带来了较大挑战，进一步加剧了"一带一路"建设进程中所面临的国家层面金融风险。

针对第二个问题中金融机构与金融市场层面金融风险的内容，传统上根据风险成因对金融风险内容所作出的划分大多是静态划分，不能适应"一带一路"建设进程所具有的动态性特征。因此我们参考齐哈克等（Čihák, et al., 2012）、斯维里岑卡（Svirydzenka, 2016）所提出的金融发展分析框架，将中观层面的金融风险划分出金融机构风险和金融市场风险两种，并从金融深度、金融可得性和金融效率三个方面对每种风险进行维度划分。对于金融机构风险，金融机构深度反映了金融机构的纵向发展情况，通过对金融机构深度进行考察，可以反映金融风险在金融机构纵向延伸过程中实现的分散程度；金融机构可得性反映了个人或企业获取金融服务的难易程度，通过考察金融机构可得性，可以反映金融风险随着资金配置范围扩大而实现横向分散的程度；金融机构效率强调的是金融机构在低成本条件下提供更高质量金融服务的能力，通过考察金融机构效率，能够反映金融机构对金融风险形成有效控制的能力。对于金融市场风险，金融市场深度反映的是不同金融市场的规模与流动性状况，通过考察金融市场深度，可以反映金融风险随着具体金融市场规模与流动性的提高而实现的分散程度；金融市场可得性反映的是金融市场的分散程度，通过考察金融市场可得性，可以反映出金融风险在某一金融市场中的集中度；金融市场效率反映的是金融市场的活力程度，活力程度越高的金融市场，所具有的"强式效应"就会越明显，金融市场对于资金的配置就会越有效，金融风险也会越容易受到控制。综合来看，基于金融发展分析框架构建的金融风险分析框架能够动态地反映"一带一路"沿线国家金融体系所具有的金融风险程度，对金融机构与金融市场层面金融风险进行六种维度划分，体现了沿线国家在实现金融发展、提高金融开放程度过程中的金融风险，这对于加强"一带一路"金融风险管控具有重要意义。

　　对于金融机构与金融市场层面金融风险的成因，结合"一带一路"沿线国家的整体环境特点以及沿线各国金融体系的发展现状，我们认为币值波动、资产价格波动、地方政府债务和影子银行是金融机构风险的主要成因；过度金融创新、金融体系脆弱性、金融市场信息不对称则是金融市场风险的主要成因。具体来说，对于金融机构风险，币值波动会诱使金融机构流动性紧缺和信用风险增加，引起金融机构风险水平提高；资产价格波动造成了金融机构信贷规模和信贷质量不确定性的增加，由资产价格下降引起的信贷规模萎缩和信贷质量下降是导致金融危机爆发的重要因素；由地方政府过度负债导致的地方财政危机，容易诱使金融机构爆发信用风险和流动性风险，使金融机构金融风险凸显；影子银行由于缺乏金融监管，肆意使用更高的杠杆来实现利润最大化，增加了金融体系脆弱性，使金融风险在影子银行体系以及与其存在借贷关系的金融机构当中显著提高。对于金融市场风险，过度金融创新使金融工具和衍生品在社会不同层面的渗透深度提高、应用范围扩大，造成金融深度和金融可得性过度增加，使金融风险更容易积累并形成溢出效应；实体经济债务膨胀和未来现金回流的不确定性提高了实体经济企业面临的违约风险，加剧了金融体系的内在脆弱性，使金融市场的系统性风险因金融机构信用风险普遍提高而增加；由逆向选择和道德风险所构成的信息不对称是金融风险形成的根本原因，随着金融市场的不断发展和市场的不断细分，金融市场参与者的数量以及各种信息的体量不断扩大，在金融市场监管不足的情况下，金融市场信息的不对称性大大增加，金融市场的金融风险显著提高。

最后，关于第三个问题，在"一带一路"背景下，世界各国不断扩大开放程度已成为主流趋势，由国家、市场、金融机构和企业构成的金融关系网络也随着经济体之间联系的增强而不断扩大与深化，在给世界各国带来发展机遇的同时，也加剧了金融风险在各层面内以及各层面之间的传导。由于金融风险会沿金融关系网络进行传导，因此我们根据金融关系网络的不同层次、不同方向和不同路径，将金融风险涉及的层次划分为国家层面、金融机构与金融市场层面和企业层面；将传导方向划分为横向与纵向两种；将传导路径划分为层面内传导路径和层面间传导路径。同时，经过系统整理文献并结合"一带一路"倡议的具体情境，我们发现不同传导路径当中还存在不同的传导机制。

具体来说，首先，国家层面内的传导路径，主要包括国家与国家之间的横向风险传导。在该传导路径中，某国的金融风险会在贸易溢出效应传导机制、国际负债效应传导机制和产业联动效应传导机制的作用下，分别通过国际货币市场、国际信贷市场以及实体经济等将金融风险传导至其他国家。

其次，国家层面与其他层面间的传导，主要存在两种传导路径，即国家向金融机构与金融市场的纵向传导和国家向企业的纵向传导。对于前者，在主权信用传导机制和资产负债表效应的作用下，国家信用评级下调、流动性紧缩，从而引起国内信贷市场信用风险增加以及国内资本市场的大幅震荡，最终造成金融机构信用风险提高和资产质量下降，带来过高的金融风险。对于后者，在主权信用传导机制和货币政策传导机制的作用下，一方面，企业价值和企业信用评级会因国家信用评级的下调而受到牵连；另一方面，企业未来盈利的不确定性也因流动性紧缩而提高。企业因价值波动、信用评级降低、盈利不确定性提高而被金融机构"惜贷"，被迫减少投资活动并利用商业信用进行融资，最终使企业资产负债表恶化，金融风险显著提高。

金融机构与金融市场层面内的路径，主要包括金融机构内部部门间的横向传导、金融机构间的横向传导、金融机构与金融市场间的横向传导以及金融市场间的横向传导四种路径。由于存在信息不对称，金融机构的信贷部门在受到宏观经济环境影响后，很可能会产生大量不良贷款，并向其他部门溢出信用风险，造成金融机构出现资产减值、收益减少等情况，增加整体金融风险。一方面，信贷市场的信用风险会因此提高；另一方面，与该机构通过资产证券化形成资金链条的所有金融机构都会受到影响。资本市场受信贷市场信用风险过高的影响，市场信心不足，投资者纷纷抛售有价证券，引起资本市场的大幅震荡。信贷市场的金融机构受到资本市场大幅震荡的影响，自身的风险资产大幅缩水，引起资本充足率不足，其金融风险进一步提高，造成信贷市场的信用风险再次提高，并进一步引发市场信心不足，使资本市场风险再次提高。此外，在具体的资本市场当中，某一具体市场发生的大幅震荡也会对其他具体市场造成影响。

最后，金融机构与金融市场层面和企业层面间的传导路径，主要包括金融机构向企业的纵向传导和金融市场向企业的纵向传导两种。对于前者，当金融机构的金融风险过高时，金融机构会更加以债务最小化为目标并主动减少投资和信贷业务。同时，在金融加速器和会计加速器的作用下，金融机构会在加速自身金融资产回收的同时形成"惜贷"行为，从而造成企业融资活动受限。对于后者，受资本市场波动的影响，市场信心不足，并在托宾Q效应和金融加速器效应的作用下，企业价值和抵押物价值大幅缩水，从而限制企业通过信贷市场获取贷款资金。综合来看，不论金融风险以何种路径进行风险传导，都会造成企业融资活动受限，迫使企业减少投资活动并利用商业信用进行融资，最终令企业的资产负债表恶化，造成企业金融风险增加。

通过对以上三个问题进行回答，我们对"一带一路"沿线国家的金融风险在不同层面所表现出的风险内容、风险成因以及风险传导进行了系统的描述与分析。对沿线国家金融风险内容、金融风险成因和金融风险传导的研究，为如何有效管控"一带一路"

建设进程中的金融风险提供了重要的理论依据，也为如何更加科学有效地对"一带一路"建设进行资金配置并提高配置效率提供了重要参考，对于大力推进"一带一路"建设并实现更高质量的发展具有重要意义。

第四章
"一带一路"沿线国家
金融风险的评级体系

第一节 "一带一路"沿线国家整体金融风险
评级方法

为了全面地量化和评估我国企业在"一带一路"沿线不同国家面临的整体金融风险,本评级体系首先将整体金融风险分为宏观层面的风险和中观层面的风险,分别计算出"一带一路"沿线各国在两个层面的风险得分,然后加权得到最终的整体金融风险得分。在此基础上，本评级体系进一步将各国宏观层面、中观层面的金融风险划分为低、较低、中等、较高和高五个等级，并据此为我国企业在沿线国家开展投融资提供一定的信息支撑和风险预警。在"一带一路"沿线国家金融风险分析框架的基础上，本章介绍了宏观层面和中观层面风险指标的选取、参与本评级体系的所有国家样本、对变量数据的预处理以及各国风险得分计算方式，从而对沿线国家进行风险评级分析。

一、宏观层面风险指标选取

国际商务综合风险管理框架是米勒（Miller，1992）针对国际商业活动中存在的宏观环境不确定性提出的一个系统性分析框架。在该框架中，宏观环境的不确定性被划分为政治不确定性、政府政策不确定性、宏观经济不确定性、社会不确定性和自然不确定性五个维度，其中又对应不同细项。利用国际商务综合风险管理框架进行分析，可以对宏观外部环境所带来的不确定性进行系统的把握。由于宏观层面的金融风险主要与宏观环境不确定性相关，因此利用该框架能够很好地对国家宏观层面金融风险的内容进行描述。同时，为了体现"一带一路"沿线各国在金融风险方面的差异，本评级体系在宏观层面的风险评级体系中充分考虑指标的多样性和重要性，共纳入政治不确定性、政府政策不确定性、宏观经济不确定性、社会不确定性和自然不确定性 5 个一级指标，覆盖 17 个二级指标。

（一）政治不确定性

政治不确定性指标包含 3 个二级指标，具体见表 4-1。其中，政局稳定性反映一国政府保持其政权稳定的能力以及执行所颁布政策的能力，分数越高，政局稳定性越高，风险越小；外部冲突指数反映国外的行为对本国政府造成的风险，分数越高，外部冲突越多，风险越大；双边政治关系则反映国家之间的外交关系是否良好，一般认为，较好的外交关系有利于缓解我国企业在当地融资面临的风险。关于数据来源，政局稳定性指标来自全球治理指数[①]（World Governance Indicators，WGI），外部冲突指数和双边政治关系指标来自《中国海外投资国家风险评级报告（2021）》（高凌云和王碧珺，2021）。

表 4-1 政治不确定性指标

二级指标	指标含义	数据来源
1. 政局稳定性	一国政府保持其政权稳定的能力以及执行所颁布政策的能力	WGI
2. 外部冲突指数	国外的行为对本国政府造成的风险	《中国海外投资国家风险评级报告（2021）》
3. 双边政治关系	国家之间的外交关系是否良好	

---

① 全球治理指数由世界银行统计，衡量全球各国的政府治理的有效性。

（二）政府政策不确定性

政府政策不确定性指标包含 4 个二级指标，具体见表 4-2。其中，政府监管质量是指政府健全各项政策和法规的能力，分数越高，监管质量越好；政府有效性是指政府政策制定和执行的质量以及政府的可信度，分数越高，有效性越高；政府腐败是指小规模和大规模的腐败以及精英阶层和私人部门对国家利益的侵蚀，分数越高，腐败程度越低；是否签署双边投资协定反映一国同中国签署双边投资协定及其生效的情况，0 为未签署，0.5 为签署未生效，1 为签署已生效，双边投资协定的签署有助于降低我国企业在当地的投融资风险。关于数据来源，前三个指标来自 WGI 数据库，是否签署双边投资协定的数据来自我国商务部网站①。

表 4-2　政府政策不确定性指标

二级指标	指标含义	数据来源
1. 政府监管质量	政府健全各项政策和法规的能力	WGI
2. 政府有效性	政府政策制定和执行的质量以及政府的可信度	WGI
3. 政府腐败	小规模和大规模的腐败以及精英阶层和私人部门对国家利益的侵蚀	WGI
4. 是否签署双边投资协定	一国同中国签署双边投资协定及其生效的情况	商务部

① 该数据由中华人民共和国商务部条约法律司提供，网址：tfs.mofcom.gov.cn/article/h/。

（三）宏观经济不确定性

宏观经济不确定性指标包含 5 个二级指标，具体见表 4-3。其中，通货膨胀率反映国家物价的稳定程度，使用居民消费价格指数（consumer price index，CPI）度量，通货膨胀率越高，宏观经济不确定性越高；汇率波动性是指汇率波动带来的风险，使用直接汇率波动（月度变异系数）度量，波动性越大，宏观经济不确定性越高；贸易开放度是指一国贸易开放程度和对贸易的依赖程度，使用进口与出口总值之和除以 GDP 度量；经济发展水平是指一国经济发展所能达到的水平，使用人均 GDP 度量；经济增速是指一国经济增长速度和经济活力，使用 GDP 增长率度量。后三个指标的数值越高，宏观经济不确定性越低。关于数据来源，通货膨胀率和经济发展水平指标来自世界经济展望（World Economic Outlook，WEO）数据库[1] 和世界发展指标（World Development Indicator，WDI）数据库[2]，汇率波动性指标来自国际金融统计（International Financial Statistics，IFS）数据库[3]，贸易开放度和经济增速指标来自 WDI 与联合国贸易和发展会议（United Nations

---

① 世界经济展望数据库包含国际货币基金组织工作人员对主要国家集团和许多国家的全球经济发展的分析和预测，网址：https://www.imf.org/en/Publications/WEO/weo-database/2022/October。

② 世界银行提供的世界发展指标数据库，是最权威的全球宏观经济数据库之一，包含全球 200 多个国家的经济、社会、环境等各方面的宏观指标。

③ 国际金融统计数据库是由国际货币基金组织提供的。

Conference on Trade and Development，UNCTAD）数据库 [①]。

表 4-3　宏观经济不确定性指标

二级指标	指标含义	数据来源
1. 通货膨胀率	国家物价的稳定程度	WEO、WDI
2. 汇率波动性	汇率波动带来的风险	IFS
3. 贸易开放度	一国贸易开放程度和对贸易的依赖程度	WDI、UNCTAD
4. 经济发展水平	一国经济发展所能达到的水平	WEO、WDI
5. 经济增速	一国经济增长速度和经济活力	WDI、UNCTAD

（四）社会不确定性

社会不确定性指标包括 3 个二级指标，具体见表 4-4。其中，内部冲突指数反映一国社会冲突、种族歧视、文化冲突等问题的严重性；他杀率反映一国社会安全水平，使用每年每十万人中因谋杀死亡的人数度量；恐怖主义是指一国内部是否遭到恐怖主义组织的威胁，使用一国一年内恐怖主义事件的发生次数度量。三个指标的数值越高，说明社会风险越大，社会不确定性越高。关于数据来源，内部冲突指数来自贝塔斯曼转型指数（Transformation Index of the Bertelsmann Stiftung，BTI）数据库，他杀率指标来自联合国毒品与犯罪问题办公室（United Nations

---

① 联合国贸易和发展会议数据库，网址：https://unctadstat.unctad.org/EN/。

Office on Drug and Crime，UNODC）数据库，恐怖主义指标来自全球恐怖主义研究数据库[①]（Global Terrorism Database，GTD）。

表4-4 社会不确定性指标

二级指标	指标含义	数据来源
1. 内部冲突指数	社会冲突、种族歧视、文化冲突的严重性	BTI
2. 他杀率	社会安全水平	UNODC
3. 恐怖主义	一国内部是否遭到恐怖主义组织的威胁	GTD

（五）自然不确定性

自然不确定性指标包括2个二级指标，具体见表4-5。其中，自然灾害造成的人员损失是指每十万人中因自然灾害死亡的人数，具体计算方式为因自然灾害死亡总人数除以国家总人口再乘以100 000；自然灾害造成的财产损失是指自然灾害导致的总损失占比，用自然灾害导致的损失总计与一国GDP的比值表示。本评级体系借鉴德国观察（Germanwatch）发布的气候风险得分计算方法，首先分别计算"一带一路"沿线国家基于两个指标的国际排名，然后将这两个排名数值取均值，以计算国家的气候风险得分。气候风险得分衡量一国的气候风险，气候风险得分越高，一国所面临的气候风险越低。关于数据来源，两个二级指标数据均来自

---

① 全球恐怖主义研究数据库，包括1970—2017年全球恐怖主义事件的信息，网址：https://www.start.umd.edu/gtd/。

全球气候风险指数（Climate Risk Index，CRI）数据库 [1]。

表 4-5　自然不确定性指标

二级指标	指标含义	数据来源
1. 自然灾害造成的人员损失	因自然灾害死亡的人数占比	CRI
2. 自然灾害造成的财产损失	自然灾害导致的总损失占比	CRI

二、中观层面风险指标选取

对于金融发展分析框架的具体内容，齐哈克等（Čihák, et al., 2012）、斯维里岑卡（Svirydzenka, 2016）在区分金融机构与金融市场的基础上，将金融发展定义为金融深度、金融可得性和金融效率的组合，进而对金融发展从六个维度考察。通过分别考察这六个维度，可以对某国的金融发展水平进行很好的描述。因此，结合金融风险与金融发展之间的关系，针对金融机构与金融市场层面的风险内容分析应在金融发展分析框架的基础上进行。

为了计算我国企业在"一带一路"沿线不同国家面临的中观层面的金融风险，本部分构建了中观层面的评级体系。本评级体系涵盖两个层面：金融机构层面和金融市场层面。具体来说，金融机构主要包括银行和保险公司等，金融市场主要指股票市场和债券市场。每个层面又包含三个维度：深度、可得性和效率。其

---

① 全球气候风险指数数据库网址：https://www.germanwatch.org/en/19777。

中，深度主要衡量金融机构或金融市场的规模；可得性主要反映居民与企业获得金融机构服务或者是进入金融市场的难易程度；效率则体现了金融机构的经营效率和盈利效率，以及金融市场的运行效率。总体而言，中观层面的金融风险评级体系包括 2 个一级指标、6 个二级指标以及若干三级指标。构成这些指标的原始数据大多来自世界银行的全球金融发展数据库（Global Financial Development Database，GFDD）[①]。

（一）金融机构深度

金融机构深度指标包含 9 个三级指标，具体见表 4-6。其中，商业银行的规模衡量商业银行提供的金融服务相对于经济总量的重要性，使用商业银行资产占 GDP 的百分比度量。商业银行相对于其他金融机构的重要性衡量商业银行相对于其他商业银行和中央银行的重要性，使用商业银行存放于其他商业银行及中央银行的款项（同业存款）占其总资产的百分比度量。全部金融机构的规模衡量一国全部金融部门和金融机构的规模，使用货币供应量（M3）占 GDP 的百分比度量。中央银行的规模衡量中央银行提供的金融服务相对于经济总量的重要性，使用中央银行资产占 GDP 的百分比度量。养老基金的规模是指养老基金类金融机构的

---

① 全球金融发展数据库包含全球 203 个经济体的金融体系特征数据，网址：https://www.worldbank.org/en/publication/gfdr/data/global-financial-development-database。

体量，使用养老基金资产占 GDP 的百分比度量。共同基金的规模是指共同基金类金融机构的体量，使用共同基金资产占 GDP 的百分比度量。人寿保险公司的规模是指人寿保险公司类金融机构的体量，使用人寿保险保费收入占 GDP 的百分比度量。非人寿保险公司的规模是指非人寿保险公司类金融机构的体量，使用非寿险保费收入占 GDP 的百分比度量。金融机构的活跃程度是指一国金融中介机构的活跃程度，使用私营部门的国内信贷占 GDP 的百分比度量。上述指标的数值越大，说明金融机构深度越高。关于数据来源，上述 9 个指标数据均来源于 GFDD。

表 4-6　金融机构深度指标

三级指标	指标含义	数据来源
1. 商业银行的规模	商业银行提供的金融服务相对于经济总量的重要性	GFDD
2. 商业银行相对于其他金融机构的重要性	商业银行相对于其他商业银行和中央银行的重要性	GFDD
3. 全部金融机构的规模	一国全部金融部门和金融机构的规模	GFDD
4. 中央银行的规模	中央银行提供的金融服务相对于经济总量的重要性	GFDD
5. 养老基金的规模	养老基金类金融机构的体量	GFDD
6. 共同基金的规模	共同基金类金融机构的体量	GFDD
7. 人寿保险公司的规模	人寿保险公司类金融机构的体量	GFDD
8. 非人寿保险公司的规模	非人寿保险公司类金融机构的体量	GFDD
9. 金融机构的活跃程度	一国金融中介机构的活跃程度	GFDD

（二）金融机构可得性

金融机构可得性包含 3 个三级指标，具体见表 4-7。申请存款账户难度是指一国居民申请存款账户的难易程度，使用年龄大于 15 岁且拥有金融机构存款账户的居民数量占居民总样本的比例度量；获取借记卡难度是指居民获取借记卡的难易程度，使用年龄大于 15 岁且拥有借记卡的居民数量占居民总样本的比例度量；获取信用卡难度是指居民获取信用卡的难易程度，使用年龄大于 15 岁且拥有信用卡的居民数量占居民总样本的比例度量。指标的数值越大，说明金融机构可得性越高。关于数据来源，这 3 个三级指标均来源于世界银行的 Findex 数据库[①]。

表 4-7 金融机构可得性指标

三级指标	指标含义	数据来源
1. 申请存款账户难度	一国居民申请存款账户的难易程度	Findex
2. 获取借记卡难度	居民获取借记卡的难易程度	Findex
3. 获取信用卡难度	居民获取信用卡的难易程度	Findex

---

① Findex 数据库对 140 多个经济体的 15 万多名成年人进行代表性的调查，包含各国居民使用正式和非正式金融服务的相关特征数据，网址：https://www.worldbank.org/en/publication/globalfindex。

（三）金融机构效率

本节参照国际货币基金组织的方法，将金融机构效率用银行机构效率表示，细分为三个方面：（1）将存款转化为投资的效率；（2）经营效率；（3）盈利效率。金融机构效率指标包括 6 个三级指标，具体见表 4-8。其中，银行净息差是指银行净利息收入与全部生息资产的比率；银行拆借存款利差是指银行贷款利率与存款利率之差。这两个指标反映了银行内部将存款转化为投资的效率，指标数值越大，意味着金融机构效率越高。银行非利息收入规模是指银行非利息收入占总收入的百分比；银行管理费用规模是指银行管理费用占总资产的百分比。这两个指标主要衡量银行的经营效率，指标数值越大，金融机构效率越低。银行总资产收益率（税后百分比）采用银行净利润除以总资产；银行净资产收益率（税后百分比）采用银行净利润除以股东权益。这两个指标主要衡量银行的盈利效率，指标数值越大，金融机构效率越高。关于数据来源，这 6 个三级指标均来源于 GFDD。

表 4-8　金融机构效率指标

三级指标	指标含义	数据来源
1. 银行净息差	银行净利息收入除以全部生息资产	GFDD
2. 银行拆借存款利差	银行贷款利率与存款利率之差	GFDD
3. 银行非利息收入规模	银行非利息收入除以总收入	GFDD

续表

三级指标	指标含义	数据来源
4. 银行管理费用规模	银行管理费用除以总资产	GFDD
5. 银行总资产收益率（税后百分比）	银行净利润除以总资产	GFDD
6. 银行净资产收益率（税后百分比）	银行净利润除以股东权益	GFDD

（四）金融市场深度

金融市场深度指标包括 4 个三级指标，具体见表 4-9。其中，股票市场的规模是指一国股票市场的规模，使用股票市值与 GDP 的比率度量；股票市场的活跃程度是指一国股票市场的活跃程度与流动性，使用股票市场交易总值与 GDP 的比率度量；债券市场的规模是指一国债券市场的规模，使用未偿还的国际债务证券（包括私人和公共）占 GDP 的比重度量；银行存款规模是指一国银行业存款规模，使用银行存款余额占 GDP 的比重度量。上述指标的数值越大，说明金融市场深度越高。关于数据来源，这 4 个三级指标均来源于 GFDD。

表 4-9　金融市场深度指标

三级指标	指标含义	数据来源
1. 股票市场的规模	一国股票市场的规模	GFDD
2. 股票市场的活跃程度	一国股票市场的活跃程度与流动性	GFDD
3. 债券市场的规模	一国债券市场的规模	GFDD
4. 银行存款规模	一国银行业的存款规模	GFDD

（五）金融市场可得性

金融市场可得性包括 3 个三级指标，具体见表 4-10。其中，金融市场的分散程度是指去除前十大企业的股票市值与总市值之比，该指标越大，金融市场越分散，金融市场可得性越高。银行业市场集中度是指一国金融业的市场集中程度，使用银行业赫芬达尔指数度量，具体计算方式为某一国家银行业中前五大银行所占行业总收入百分比的平方和，赫芬达尔指数越高，代表市场集中度越高，过高的市场集中度会降低金融市场可得性。企业上市难度是指一国企业在其资本市场中上市的难易程度，使用每一百万人包含的上市企业的数量度量，企业上市难度越低，金融市场可得性越高。关于数据来源，金融市场的分散程度和企业上市难度指标均来自 GFDD，银行业市场集中度中"一带一路"沿线国家金融机构每年的总收入数据来自 BvD（Bureau van Dijk）[①]的 Bankfocus 数据库。

表 4-10　金融市场可得性指标

三级指标	指标含义	数据来源
1. 金融市场的分散程度	企业股票市值（不包括前十大企业）占股票总市值的百分比	GFDD

---

① BvD 是欧洲著名的全球金融与企业资信分析数据提供商。BvD 为各国政府金融监管部门、银行与金融机构、证券投资公司等提供国际金融与各国宏观经济走势分析等专业数据。

续表

三级指标	指标含义	数据来源
2. 银行业市场集中度	一国金融业的市场集中程度	Bankfocus
3. 企业上市难度	一国企业在其资本市场中上市的难易程度	GFDD

（六）金融市场效率

金融市场效率指标包括 5 个三级指标，具体见表 4-11。其中，股票市场周转效率是指股票市场相对其规模的活动性和流动性，使用股票市场换手率度量，具体计算方式为某一段时期内股票成交量除以股票发行总数。换手率越高，表明金融市场效率越高。储蓄率是指金融市场动员社会存款的能力，使用储蓄总额占 GDP 的百分比度量。一般而言，金融市场效率越高的国家储蓄动员能力越强，储蓄率也越高。银行不良贷款率衡量以银行为主的金融中介的脆弱性，直接反映信贷市场中信用风险的大小，使用银行不良贷款金额除以贷款总额度量，与金融效率呈反向关系。不良贷款包括次级、可疑、损失三类贷款，指标数值越小，金融市场（尤其是信贷市场）效率越高。金融机构贷款存款比是指金融机构将存款转化为投资的效率，使用金融机构贷款总额除以存款总额度量。对外直接投资总额规模衡量金融开放情况下金融市场的效率，使用对外直接投资总额占 GDP 的百分比度量。后两个指标数值越大，金融市场效率越高。关于数据来源，股票市场周转效率、银行不良贷款率以及金融机构贷款存款比指标数据均来源于 GFDD，储蓄率和对外直接投资总额规模指标数据来源于 WDI 数据库。

表 4-11 金融市场效率指标

三级指标	指标含义	数据来源
1. 股票市场周转效率	股票市场相对其规模的活动性和流动性	GFDD
2. 储蓄率	金融市场动员社会存款的能力	WDI
3. 银行不良贷款率	以银行为主的金融中介的脆弱性，直接反映信贷市场中信用风险的大小	GFDD
4. 金融机构贷款存款比	金融机构将存款转化为投资的效率	GFDD
5. 对外直接投资总额规模	金融开放情况下金融市场的效率	WDI

三、评级样本

综合考虑样本期间和国家数据可得性两个方面的影响，本评级体系共纳入 48 个"一带一路"沿线国家，见表 4-12。

表 4-12 研究样本介绍

国家	是否发达经济体	所处地区	国家	是否发达经济体	所处地区
蒙古国	否	东北亚	老挝	否	东南亚
俄罗斯	否	东北亚	马来西亚	否	东南亚
菲律宾	否	东南亚	缅甸	否	东南亚
柬埔寨	否	东南亚	泰国	否	东南亚

续表

国家	是否发达经济体	所处地区	国家	是否发达经济体	所处地区
新加坡	是	东南亚	约旦	否	西亚北非
印度尼西亚	否	东南亚	白俄罗斯	否	中东欧
越南	否	东南亚	摩尔多瓦	否	中东欧
巴基斯坦	否	南亚	乌克兰	否	中东欧
孟加拉国	否	南亚	阿尔巴尼亚	否	中东欧
斯里兰卡	否	南亚	爱沙尼亚	否	中东欧
印度	否	南亚	保加利亚	否	中东欧
阿塞拜疆	否	西亚北非	波兰	否	中东欧
亚美尼亚	否	西亚北非	捷克	是	中东欧
埃及	否	西亚北非	克罗地亚	否	中东欧
阿联酋	否	西亚北非	拉脱维亚	否	中东欧
阿曼	否	西亚北非	立陶宛	否	中东欧
巴林	否	西亚北非	罗马尼亚	否	中东欧
卡塔尔	否	西亚北非	斯洛文尼亚	是	中东欧
黎巴嫩	否	西亚北非	匈牙利	是	中东欧
沙特阿拉伯	否	西亚北非	哈萨克斯坦	否	中亚
土耳其	否	西亚北非	吉尔吉斯斯坦	否	中亚
伊拉克	否	西亚北非	塔吉克斯坦	否	中亚
伊朗	否	西亚北非	土库曼斯坦	否	中亚
以色列	是	西亚北非	乌兹别克斯坦	否	中亚

资料来源：根据《中国对外直接投资统计公报》整理。

本章所选取"一带一路"沿线样本国家如表4-12所示。其中，包含5个发达经济体，分别为新加坡、以色列、捷克、匈牙利和斯洛文尼亚。按照所处地区分，共有2个东北亚地区国家、9

个东南亚地区国家、4个南亚地区国家、14个西亚北非地区国家、14个中东欧地区国家和5个中亚地区国家。

四、风险指标预处理

选取相关风险指标后，本评级体系通过各种渠道获取相关"一带一路"沿线国家数据，然后对其采取标准化的处理方法。其中，定量指标直接采用离差标准化的做法，定性指标则先根据世界权威机构（例如 WDI）的量化结果或者专家打分转化成定量数据，再进行标准化。

本评级体系采用 0—1 标准化的方式，即离差标准化。具体做法如下：将某个宏观或中观层面风险指标的原始数据采取线性变换，使变换后的数据落入 [0，1] 区间，相关转换函数如下所示：

宏观层面正向指标：
$$MAR'_{it} = \frac{MAR_{it} - \min(MAR_i)}{\max(MAR_i) - \min(MAR_i)} \quad (1)$$

宏观层面负向指标：
$$MAR'_{it} = \frac{\max(MAR_i) - MAR_{it}}{\max(MAR_i) - \min(MAR_i)} \quad (2)$$

中观层面正向指标：
$$MER'_{it} = \frac{MER_{it} - \min(MER_i)}{\max(MER_i) - \min(MER_i)} \quad (3)$$

中观层面负向指标：
$$MER'_{it} = \frac{\max(MER_i) - MER_{it}}{\max(MER_i) - \min(MER_i)} \quad (4)$$

其中，MAR_{it} 表示第 i 项宏观层面评级指标 t 年的数值，MAR'_{it} 表示标准化后的数值，min（MAR_i）和 max（MAR_i）分别为第 i 项宏观层面评级指标 t 年的最小值和最大值；MER_{it} 表示第 i 项中观层面评级指标 t 年的数值，MER'_{it} 表示标准化后的数值，min（MER_i）和 max（MER_i）分别为第 i 项中观层面评级指标 t 年的最小值和最大值。风险指标共分为两类，正向指标和负向指标，其中正向指标与风险正相关，数值越大风险越大；负向指标则与风险负相关，数值越大风险越小。

为了控制缺失值对评级结果的影响，本评级体系对缺失值进行了填充。宏观层面指标的缺失值相对较少，对于缺失值按如下方法处理：若某个国家某年的指标数据缺失，则按照其去年的指标数据（如果存在）进行替代填充；如果某个国家所有年份的指标数据均缺失，则将这些缺失样本进行剔除。根据上述处理，宏观层面共填补缺失值 4 个。中观层面的指标主要来自 GFDD，本评级体系参考国际货币基金组织的处理方式，对中观层面指标的缺失值进行填充。具体而言，若某个国家某年的指标数据缺失，则按照其去年的指标数据（如果存在）进行替代填充；如果某个国家所有年份的指标数据均缺失，考虑到大部分缺失指标都是负向指标，本评级体系将缺失值用 0 进行替代，即意味该国家在金融深度、金融可得性或者金融效率的某一方面处于弱势地位，中观层面的风险较高。由于 Findex 数据是调研数据，对于来自该数据库的指标，本评级体系借鉴埃亨（Ahern，2015）的做法，对缺失年份的数据按照与其最接近的调研年份的数据进行填充。

由于部分风险指标的原始数据存在异常值，为了保证标准化过程的合理性和准确性，本评级体系在进行标准化步骤之前对其进行缩尾处理。具体而言，在离差标准化之前，对原始数据进行前后各 5% 的双向缩尾处理，即将数据从小到大排列，选取数据的 5% 分位数和 95% 分位数，并以这两个分位数分别替换前 5% 和后 95% 的数据，从而减缓原始数据出现异常值可能对标准化以及之后分析过程的影响。

值得注意的是，一部分指标数据在标准化之前不需要缩尾处理。总体来看，不需要采用缩尾处理的数据共三类：第一类是特定赋值数据，如是否签署双边投资协定指标；第二类是数据形式为打分制的原始数据，这些数据主要来自 BTI、WGI 等数据库；第三类是用专家打分法计算的数据，如双边政治关系指标，该指标在计算过程中已经进行了类似的处理。

五、风险得分计算与分级

本评级体系分别对宏观和中观层面的金融风险得分进行计算，针对宏观层面风险指标，本评级体系对 5 个一级指标下的所有二级指标进行离差标准化后，考虑到二级指标的同等重要性，采取同样的权重对其加权，得到 5 个一级指标得分，区间为 [0，1]。

由于 5 个一级指标皆为国家宏观层面风险的重要组成部分,采用同样的权重(均为 0.2)对其加权平均,最后得到各个国家宏观层面的风险指标得分。针对中观层面风险指标,对 6 个二级指标下的所有三级指标进行离差标准化后,考虑到三级指标的同等重要性,采取同样的权重对其加权,得到 6 个二级指标得分,区间为[0,1]。考虑到 6 个二级指标分别由金融机构层面和金融市场层面 2 个一级指标分化而来,而 2 个一级指标皆为中观层面风险的重要组成部分,采用同样的权重对其加权平均,最后得到各个国家中观层面的风险指标得分。最后,整体金融风险指标得分等于宏观层面和中观层面风险指标得分的算术平均值。

得到所有国家的三类风险指标得分后,本评级体系进一步将其转化成风险级别,借鉴刘莉君(2019)的分级方法,将国家的风险级别划分为五类:低风险级别、较低风险级别、中等风险级别、较高风险级别和高风险级别,具体风险得分与风险级别的对应关系如表 4-13 所示。

表 4-13 风险得分与风险级别的对应关系

风险得分区间	风险级别
(0,0.2]	低风险级别
(0.2,0.4]	较低风险级别
(0.4,0.6]	中等风险级别
(0.6,0.8]	较高风险级别
(0.8,1]	高风险级别

第二节 "一带一路"沿线国家宏观层面风险评级结果分析

一、总体分析结果

根据上文，本评级体系计算了各个样本国家每年的宏观层面风险得分，然后将其取平均值，得到 2013—2020 年"一带一路"沿线国家宏观层面风险得分和排名，如表 4-14 所示。风险得分数值越小，表示宏观层面的风险越小。

表 4-14 2013—2020 年"一带一路"沿线国家宏观层面风险总评级排名

排名	国家	政治不确定性	政府政策不确定性	宏观经济不确定性	社会不确定性	自然不确定性	总风险得分	风险级别
1	新加坡	0.394 0	0.000 0	0.163 1	0.067 1	0.014 1	0.127 7	低
2	卡塔尔	0.238 8	0.276 1	0.251 8	0.076 8	0.025 2	0.173 8	低
3	阿联酋	0.421 9	0.197 0	0.160 4	0.035 2	0.090 6	0.181 0	低
4	以色列	0.437 8	0.209 5	0.338 6	0.083 6	0.247 0	0.263 3	较低
5	爱沙尼亚	0.540 3	0.163 6	0.330 6	0.209 3	0.177 5	0.284 3	较低
6	巴林	0.548 7	0.368 4	0.245 0	0.275 4	0.037 6	0.295 0	较低
7	立陶宛	0.533 4	0.250 7	0.335 7	0.251 2	0.128 2	0.299 8	较低
8	斯洛文尼亚	0.523 2	0.258 7	0.321 4	0.056 2	0.369 8	0.305 8	较低

续表

排名	国家	政治不确定性	政府政策不确定性	宏观经济不确定性	社会不确定性	自然不确定性	总风险得分	风险级别
9	捷克	0.502 9	0.264 5	0.387 2	0.019 8	0.359 3	0.306 7	较低
10	匈牙利	0.472 7	0.349 0	0.358 0	0.170 3	0.210 1	0.312 0	较低
11	亚美尼亚	0.357 7	0.458 7	0.469 0	0.184 8	0.104 7	0.315 0	较低
12	波兰	0.474 5	0.284 6	0.440 4	0.064 6	0.366 5	0.326 1	较低
13	克罗地亚	0.499 4	0.359 0	0.464 3	0.070 6	0.269 0	0.332 4	较低
14	阿塞拜疆	0.329 7	0.533 8	0.568 1	0.209 3	0.061 7	0.340 6	较低
15	马来西亚	0.503 2	0.306 9	0.398 4	0.206 0	0.289 7	0.340 8	较低
16	阿曼	0.407 6	0.373 7	0.342 1	0.042 9	0.565 7	0.346 4	较低
17	沙特阿拉伯	0.442 0	0.403 1	0.400 7	0.209 0	0.326 0	0.356 2	较低
18	保加利亚	0.477 4	0.405 4	0.432 0	0.170 0	0.346 6	0.366 3	较低
19	白俄罗斯	0.402 6	0.537 7	0.624 4	0.223 4	0.067 9	0.371 2	较低
20	哈萨克斯坦	0.470 9	0.488 5	0.612 9	0.185 8	0.120 9	0.375 8	较低
21	土库曼斯坦	0.556 8	0.730 2	0.445 5	0.156 6	0.000 0	0.377 8	较低
22	罗马尼亚	0.589 1	0.422 3	0.468 3	0.118 3	0.296 6	0.378 9	较低
23	摩尔多瓦	0.549 2	0.528 6	0.564 3	0.260 2	0.078 9	0.396 2	较低
24	俄罗斯	0.238 9	0.534 8	0.700 1	0.252 8	0.272 8	0.399 9	较低
25	拉脱维亚	0.571 4	0.514 8	0.398 0	0.269 9	0.299 7	0.410 8	中等
26	约旦	0.481 7	0.660 7	0.442 9	0.242 3	0.228 7	0.411 2	中等
27	柬埔寨	0.399 8	0.597 1	0.356 2	0.230 6	0.515 0	0.419 7	中等
28	阿尔巴尼亚	0.593 3	0.461 7	0.533 3	0.201 6	0.310 2	0.420 0	中等
29	乌兹别克斯坦	0.588 2	0.642 1	0.680 6	0.201 3	0.014 1	0.425 3	中等
30	土耳其	0.472 3	0.430 9	0.658 2	0.373 4	0.248 5	0.436 7	中等

续表

排名	国家	政治不确定性	政府政策不确定性	宏观经济不确定性	社会不确定性	自然不确定性	总风险得分	风险级别
31	老挝	0.404 0	0.591 2	0.438 8	0.238 2	0.538 7	0.442 2	中等
32	埃及	0.553 1	0.570 9	0.669 1	0.320 3	0.103 1	0.443 3	中等
33	吉尔吉斯斯坦	0.605 6	0.617 5	0.511 5	0.346 3	0.148 9	0.446 0	中等
34	越南	0.572 8	0.494 6	0.290 3	0.221 0	0.655 0	0.446 7	中等
35	黎巴嫩	0.418 1	0.573 0	0.526 6	0.402 8	0.338 2	0.451 7	中等
36	印度尼西亚	0.486 4	0.467 7	0.591 8	0.185 0	0.540 1	0.454 2	中等
37	蒙古国	0.559 2	0.499 9	0.530 0	0.298 8	0.416 0	0.460 8	中等
38	伊朗	0.422 0	0.606 6	0.711 8	0.236 3	0.335 3	0.462 4	中等
39	泰国	0.472 3	0.433 2	0.421 6	0.418 5	0.566 8	0.462 5	中等
40	塔吉克斯坦	0.619 4	0.655 4	0.517 0	0.222 3	0.376 4	0.478 1	中等
41	乌克兰	0.509 5	0.556 4	0.694 8	0.536 1	0.169 6	0.493 3	中等
42	斯里兰卡	0.570 6	0.472 7	0.585 0	0.230 8	0.703 8	0.512 6	中等
43	缅甸	0.553 2	0.628 3	0.590 0	0.401 8	0.524 2	0.539 5	中等
44	孟加拉国	0.476 3	0.791 1	0.511 2	0.369 3	0.606 0	0.550 8	中等
45	菲律宾	0.719 4	0.463 1	0.483 8	0.356 4	0.785 7	0.561 7	中等
46	印度	0.535 9	0.469 0	0.580 5	0.478 2	0.798 9	0.572 5	中等
47	巴基斯坦	0.468 7	0.581 7	0.655 9	0.685 2	0.640 3	0.606 4	较高
48	伊拉克	0.650 2	0.941 0	0.444 1	0.830 9	0.177 6	0.608 8	较高

根据表4-14，从2013—2020年总体评级结果来看，低风险级别国家仅有新加坡、卡塔尔、阿联酋3个国家，较低风险级别国家有21个，中等风险级别国家共有22个，较高风险国

家有巴基斯坦和伊拉克2个国家。数据表明，样本中半数"一带一路"沿线国家具有中高风险级别的宏观层面风险。从表4-14中还能发现部分国家（伊拉克和巴基斯坦）的风险得分甚至超过0.6，宏观层面风险相对较高，需要我国企业投资者高度重视和关注。本书举两个国家的例子来验证宏观层面风险评级体系的合理性。印度风险得分位于倒数第三名，主要是因为印度的自然不确定性在沿线国家处于高位，增加了国家的整体风险。《印度经济与商业环境风险分析报告》指出印度关税壁垒高，贸易保护水平较高，政府行政效率低下，营商环境亟须改善，这些不利因素均会抑制我国企业对印度的对外直接投资。越南的情况可以从《越南经济与商业环境风险分析报告》印证。越南通货膨胀率和失业率保持稳定，反映了较低的宏观经济不确定性；越南政府效率需要提高，缺乏协调性，反映了较高的政府政策不确定性；2016年越南遭受了较为严重的自然灾害，反映了较高的自然不确定性。样本国家宏观层面风险得分的平均值为0.397 7，中位数为0.405，处于较低风险级别和中等风险级别的交界处，说明整体而言"一带一路"沿线国家的宏观层面风险不低，将其作为投资目的国仍然需要经过谨慎的考量。

进一步地，本书从地区角度分析"一带一路"沿线国家的宏观层面风险得分，如表4-15所示。

表 4-15 "一带一路"沿线国家宏观层面风险得分比较（分地区）

指标	东北亚	东南亚	中东欧	中亚	南亚	西亚北非
政治不确定性	0.399 1	0.500 6	0.517 1	0.568 2	0.512 9	0.441 6
政府政策不确定性	0.517 3	0.442 4	0.382 6	0.626 7	0.578 6	0.471 7
宏观经济不确定性	0.615 1	0.414 9	0.453 8	0.553 5	0.583 1	0.444 9
社会不确定性	0.275 8	0.258 3	0.187 3	0.222 5	0.440 8	0.251 6
自然不确定性	0.344 4	0.492 1	0.246 4	0.132 1	0.687 2	0.206 4
总风险得分	0.430 3	0.421 7	0.357 4	0.420 6	0.560 5	0.363 2
排名	30.50	30.11	17.14	28.60	44.75	20.14

结合表 4-15 分析，从整体来看，中东欧地区整体风险较低，总风险得分为 0.357 4，风险排名为 17.14 名，可能的原因是：5个发达经济体中有 3 个位于中东欧地区，其政治经济制度较为完善，面临的风险较低，从整体上降低了总风险得分。风险得分和排名其次为西亚北非地区，然后是中亚、东南亚和东北亚地区，这三个地区较为接近。总风险得分最高和风险排名最低的是南亚地区，总风险得分为 0.560 5，风险排名为 44.75 名，主要是因为风险较高的印度和巴基斯坦都位于南亚，提高了南亚整体的平均风险。从分项指标来看，政府政策不确定性、社会不确定性得分最低的是中东欧地区，可能是由于风险排名前 10 的国家中，有 5个位于中东欧区域。宏观经济不确定性得分最低是东南亚地区，可能是由于东南亚的新加坡、马来西亚等国家经济发展水平较为稳定。除宏观经济不确定性得分最高的是东北亚地区以外，其余指标得分最高的均是中亚或南亚地区。总体而言，不论是从总风

险得分还是分项风险得分来看，南亚地区风险较高，中东欧地区以及西亚北非地区风险相对较低。

本节将总体样本分为发达经济体分样本和非发达经济体分样本，进一步比较两者宏观层面的风险差异，如表 4-16 所示。

表 4-16 "一带一路"沿线国家宏观层面风险得分比较（是否发达经济体）

指标	非发达经济体	发达经济体	总样本	两类经济体差值
政治不确定性	0.495 0	0.466 1	0.492 0	0.028 9
政府政策不确定性	0.496 4	0.216 3	0.467 2	0.280 0***
宏观经济不确定性	0.490 2	0.313 7	0.471 8	0.176 5***
社会不确定性	0.267 4	0.079 4	0.247 8	0.188 0**
自然不确定性	0.317 8	0.240 0	0.309 7	0.077 8
总风险得分	0.413 4	0.263 1	0.397 7	0.150 2***
排名	26.60	6.40	24.50	20.20***

注：*、**、*** 分别表示在 10%、5% 和 1% 的水平上显著。

结合表 4-16 分析，从整体来看，关于风险得分和风险排名的 t 检验表明，发达经济体评级结果明显优于非发达经济体评级结果。发达经济体的平均风险排名为 6.40 位，平均得分为 0.263 1。而非发达经济体的平均风险排名为 26.60 位，平均得分为 0.413 4。从分项指标来看，发达经济体在政治不确定性和自然不确定性方面的表现与非发达经济体并无显著差异，而在政府政策不确定性、宏观经济不确定性、社会不确定性三方面的表现都显著优于非发达经济体，差异分别依次通过了 1%、1% 和 5% 的显著性检验。

由于大部分"一带一路"沿线国家属于非发达经济体，因此其整体宏观层面风险依然较高。

二、分项指标分析结果

本部分描述了分项宏观层面指标的分析结果，分析中包含一些"一带一路"沿线国家相关的宏观层面信息，这些信息主要来自我国商务部提供的《对外投资合作国别（地区）指南》。

（一）政治不确定性

本部分统计分析了"一带一路"沿线国家政治不确定性评级排名，如表 4-17 所示。

表 4-17　2013—2020 年"一带一路"沿线国家政治不确定性评级排名

排名	国家	政治不确定性	排名	国家	政治不确定性
1	卡塔尔	0.238 8	10	黎巴嫩	0.418 1
2	俄罗斯	0.238 9	11	阿联酋	0.421 9
3	阿塞拜疆	0.329 7	12	伊朗	0.422 0
4	亚美尼亚	0.357 7	13	以色列	0.437 8
5	新加坡	0.394 0	14	沙特阿拉伯	0.442 0
6	柬埔寨	0.399 8	15	巴基斯坦	0.468 7
7	白俄罗斯	0.402 6	16	哈萨克斯坦	0.470 9
8	老挝	0.404 0	17	泰国	0.472 3
9	阿曼	0.407 6	18	土耳其	0.472 3

续表

排名	国家	政治不确定性	排名	国家	政治不确定性
19	匈牙利	0.472 7	34	摩尔多瓦	0.549 2
20	波兰	0.474 5	35	埃及	0.553 1
21	孟加拉国	0.476 3	36	缅甸	0.553 2
22	保加利亚	0.477 4	37	土库曼斯坦	0.556 8
23	约旦	0.481 7	38	蒙古国	0.559 2
24	印度尼西亚	0.486 4	39	斯里兰卡	0.570 6
25	克罗地亚	0.499 4	40	拉脱维亚	0.571 4
26	捷克	0.502 9	41	越南	0.572 8
27	马来西亚	0.503 2	42	乌兹别克斯坦	0.588 2
28	乌克兰	0.509 5	43	罗马尼亚	0.589 1
29	斯洛文尼亚	0.523 2	44	阿尔巴尼亚	0.593 3
30	立陶宛	0.533 4	45	吉尔吉斯斯坦	0.605 6
31	印度	0.535 9	46	塔吉克斯坦	0.619 4
32	爱沙尼亚	0.540 3	47	伊拉克	0.650 2
33	巴林	0.548 7	48	菲律宾	0.719 4

结合表 4-17 分析，位列前 10 的国家分别是卡塔尔、俄罗斯、阿塞拜疆、亚美尼亚、新加坡、柬埔寨、白俄罗斯、老挝、阿曼和黎巴嫩，而位列后 10 的国家分别为斯里兰卡、拉脱维亚、越南、乌兹别克斯坦、罗马尼亚、阿尔巴尼亚、吉尔吉斯斯坦、塔吉克斯坦、伊拉克和菲律宾。以伊拉克和菲律宾为例，伊拉克政治不确定性风险平均得分为 0.650 2，地缘政治复杂，国内政治力量矛盾激烈，同时伴随着长期的战争。菲律宾的政治不确定

性风险平均得分为 0.719 4，这主要源于当地政府较高的腐败程度。在透明国际公布的 2017—2019 年的腐败感知指数（corruption perception index，CPI）中，菲律宾在 180 个国家中排名分别为 111、99 和 113 名，表明其腐败程度较高。除此之外，虽然近几年中菲双边关系有所改善，但由于菲律宾国内外某些势力的阻挠，我国在菲律宾开展对外直接投资依然有一定的敏感性。①

（二）政府政策不确定性

本部分统计分析了"一带一路"沿线国家政府政策不确定性评级排名，如表 4-18 所示。

表 4-18　2013—2020 年"一带一路"沿线国家政府政策不确定性评级排名

排名	国家	政府政策不确定性	排名	国家	政府政策不确定性
1	新加坡	0.000 0	9	波兰	0.284 6
2	爱沙尼亚	0.163 6	10	马来西亚	0.306 9
3	阿联酋	0.197 0	11	匈牙利	0.349 0
4	以色列	0.209 5	12	克罗地亚	0.359 0
5	立陶宛	0.250 7	13	巴林	0.368 4
6	斯洛文尼亚	0.258 7	14	阿曼	0.373 7
7	捷克	0.264 5	15	沙特阿拉伯	0.403 3
8	卡塔尔	0.276 1	16	保加利亚	0.405 4

---

① 详细内容参考《对外投资合作国别（地区）指南：菲律宾》，具体网址为：www.mofcom.gov.cn/dl/gbdqzn/upload/feilvbin.pdf。

续表

排名	国家	政府政策不确定性	排名	国家	政府政策不确定性
17	罗马尼亚	0.422 3	33	白俄罗斯	0.537 7
18	土耳其	0.430 9	34	乌克兰	0.556 4
19	泰国	0.433 2	35	埃及	0.570 9
20	亚美尼亚	0.458 7	36	黎巴嫩	0.573 0
21	阿尔巴尼亚	0.461 7	37	巴基斯坦	0.581 7
22	菲律宾	0.463 1	38	老挝	0.591 2
23	印度尼西亚	0.467 7	39	柬埔寨	0.597 1
24	印度	0.469 0	40	伊朗	0.606 6
25	斯里兰卡	0.472 7	41	吉尔吉斯斯坦	0.617 5
26	哈萨克斯坦	0.488 5	42	缅甸	0.628 3
27	越南	0.494 6	43	乌兹别克斯坦	0.642 1
28	蒙古国	0.499 9	44	塔吉克斯坦	0.655 4
29	拉脱维亚	0.514 8	45	约旦	0.660 7
30	摩尔多瓦	0.528 6	46	土库曼斯坦	0.730 2
31	阿塞拜疆	0.533 8	47	孟加拉国	0.791 1
32	俄罗斯	0.534 8	48	伊拉克	0.941 0

结合表4-18分析,位列前10的国家分别是新加坡、爱沙尼亚、阿联酋、以色列、立陶宛、斯洛文尼亚、捷克、卡塔尔、波兰和马来西亚。其中新加坡得分为0,说明其在政府政策不确定性所有指标中都处于最优地位,政府制定和执行政策能力都较强。除此之外,5个发达经济体中有4个位列前10,说明整体上发达经济体政府的执政能力更强。位列后10的国家分别为柬埔寨、伊

朗、吉尔吉斯斯坦、缅甸、乌兹别克斯坦、塔吉克斯坦、约旦、土库曼斯坦、孟加拉国和伊拉克。这些国家政府执政能力较弱，政府政策频繁变更，面临的风险较高。以柬埔寨和伊拉克为例，柬埔寨政府部门办事效率低下，工会组织罢工、示威活动频繁，反映出较弱的政府执政和监督能力[①]；对于伊拉克来说，办理长期签证的程序复杂，注册时间长，关于劳工许可的办理要求模糊，这些不利因素都会降低对我国企业投资的吸引力[②]。

（三）宏观经济不确定性

本部分统计分析了"一带一路"沿线国家宏观经济不确定性评级排名，如表 4-19 所示。

表 4-19　2013—2020 年"一带一路"沿线国家宏观经济不确定性评级排名

排名	国家	宏观经济不确定性	排名	国家	宏观经济不确定性
1	阿联酋	0.160 4	7	爱沙尼亚	0.330 6
2	新加坡	0.163 1	8	立陶宛	0.335 7
3	巴林	0.245 0	9	以色列	0.338 6
4	卡塔尔	0.251 8	10	阿曼	0.342 1
5	越南	0.290 3	11	柬埔寨	0.356 2
6	斯洛文尼亚	0.321 4	12	匈牙利	0.358 0

① 详细内容参考《对外投资合作国别（地区）指南：柬埔寨》，具体网址为：www.mofcom.gov.cn/dl/gbdqzn/upload/jianpuzhai.pdf。

② 详细内容参考《对外投资合作国别（地区）指南：伊拉克》，具体网址为：www.mofcom.gov.cn/dl/gbdqzn/upload/yilake.pdf。

续表

排名	国家	宏观经济不确定性	排名	国家	宏观经济不确定性
13	捷克	0.387 2	31	黎巴嫩	0.526 6
14	拉脱维亚	0.398 0	32	蒙古国	0.530 0
15	马来西亚	0.398 4	33	阿尔巴尼亚	0.533 3
16	沙特阿拉伯	0.400 7	34	摩尔多瓦	0.564 3
17	泰国	0.421 6	35	阿塞拜疆	0.568 1
18	保加利亚	0.432 0	36	印度	0.580 5
19	老挝	0.438 8	37	斯里兰卡	0.585 0
20	波兰	0.440 4	38	缅甸	0.590 0
21	约旦	0.442 9	39	印度尼西亚	0.591 8
22	伊拉克	0.444 1	40	哈萨克斯坦	0.612 9
23	土库曼斯坦	0.445 5	41	白俄罗斯	0.624 4
24	克罗地亚	0.464 3	42	巴基斯坦	0.655 9
25	罗马尼亚	0.468 3	43	土耳其	0.658 2
26	亚美尼亚	0.469 0	44	埃及	0.669 1
27	菲律宾	0.483 8	45	乌兹别克斯坦	0.680 6
28	孟加拉国	0.511 2	46	乌克兰	0.694 8
29	吉尔吉斯斯坦	0.511 5	47	俄罗斯	0.700 1
30	塔吉克斯坦	0.517 0	48	伊朗	0.711 8

结合表 4-19 分析，位列前 10 的国家分别是阿联酋、新加坡、巴林、卡塔尔、越南、斯洛文尼亚、爱沙尼亚、立陶宛、以色列和阿曼，这些国家经济发展水平较高，活力较强。位列后 10 的国家分别为印度尼西亚、哈萨克斯坦、白俄罗斯、巴基斯坦、土

耳其、埃及、乌兹别克斯坦、乌克兰、俄罗斯、伊朗。俄罗斯位于倒数第二，主要是因为宏观经济不确定性并不仅仅反映宏观经济的发展水平，还反映宏观经济的波动性。虽然俄罗斯的经济发展水平不低，但是该国年平均汇率变动幅度较大，GDP 平均增速较低，贸易开放度较低，从而面临较高的宏观经济不确定性。自2014 年下半年以来，石油等国际能源的市场价格暴跌。自 2022年 2 月俄乌冲突爆发以来，西方国家出于政治原因对俄罗斯进行制裁，俄罗斯卢布大幅度贬值。这些因素对我国在俄罗斯的投资企业造成了较为严重的损失。除此之外，我国驻俄罗斯大使馆公使衔经济商务参赞指出，俄罗斯居民购买力降低，市场萎缩，建筑材料价格稳居高位，这些都是对外直接投资的不利因素。对于伊朗来说，伊朗货币汇率波动较大，其关税政策和收费也有很大的不确定性，同时面临美国在军事、经济等方面的制裁，这些都需要我国广大投资者关注。[①]

（四）社会不确定性

本部分统计分析了"一带一路"沿线国家社会不确定性评级排名，如表 4-20 所示。

---

① 详细内容参考《对外投资合作国别（地区）指南：伊朗》，具体网址为：www.mofcom.gov.cn/dl/gbdqzn/upload/yilang.pdf 。

表 4-20 2013—2020 年"一带一路"沿线国家社会不确定性评级排名

排名	国家	社会不确定性	排名	国家	社会不确定性
1	捷克	0.019 8	25	白俄罗斯	0.223 4
2	阿联酋	0.035 2	26	柬埔寨	0.230 6
3	阿曼	0.042 9	27	斯里兰卡	0.230 8
4	斯洛文尼亚	0.056 2	28	伊朗	0.236 3
5	波兰	0.064 6	29	老挝	0.238 2
6	新加坡	0.067 1	30	约旦	0.242 3
7	克罗地亚	0.070 6	31	立陶宛	0.251 2
8	卡塔尔	0.076 8	32	俄罗斯	0.252 8
9	以色列	0.083 6	33	摩尔多瓦	0.260 2
10	罗马尼亚	0.118 3	34	拉脱维亚	0.269 9
11	土库曼斯坦	0.156 6	35	巴林	0.275 4
12	保加利亚	0.170 0	36	蒙古国	0.298 8
13	匈牙利	0.170 3	37	埃及	0.320 3
14	亚美尼亚	0.184 8	38	吉尔吉斯斯坦	0.346 3
15	印度尼西亚	0.185 0	39	菲律宾	0.356 4
16	哈萨克斯坦	0.185 8	40	孟加拉国	0.369 3
17	乌兹别克斯坦	0.201 3	41	土耳其	0.373 4
18	阿尔巴尼亚	0.201 6	42	缅甸	0.401 8
19	马来西亚	0.206 0	43	黎巴嫩	0.402 8
20	沙特阿拉伯	0.209 0	44	泰国	0.418 5
21	爱沙尼亚	0.209 3	45	印度	0.478 2
22	阿塞拜疆	0.209 3	46	乌克兰	0.536 1
23	越南	0.221 0	47	巴基斯坦	0.685 2
24	塔吉克斯坦	0.222 3	48	伊拉克	0.830 9

结合表 4-20 分析，位列前 10 的国家分别是捷克、阿联酋、

阿曼、斯洛文尼亚、波兰、新加坡、克罗地亚、卡塔尔、以色列和罗马尼亚。5 个发达经济体中有 4 个位于前 10，说明整体来看发达经济体相对非发达经济体来说社会更为稳定。位列后 10 的国家分别为菲律宾、孟加拉国、土耳其、缅甸、黎巴嫩、泰国、印度、乌克兰、巴基斯坦、伊拉克。这些国家大部分位于西亚和南亚地区，相对而言社会更不稳定，面临战乱、文化冲突、种族冲突、国家冲突等威胁。就伊拉克来说，伊拉克境内恐怖袭击频发，安全形势严峻。巴基斯坦也存在这样的情形，刑事犯罪较多。安全因素永远是影响投资者投资的一个重要因素，我国企业在社会不稳定的地区投资应格外注意。

（五）自然不确定性

本部分统计分析了"一带一路"沿线国家自然不确定性评级排名，如表 4-21 所示。

表 4-21　2013—2020 年"一带一路"沿线国家自然不确定性评级排名

排名	国家	自然不确定性	排名	国家	自然不确定性
1	土库曼斯坦	0.000 0	7	白俄罗斯	0.067 9
2	新加坡	0.014 1	8	摩尔多瓦	0.078 9
3	乌兹别克斯坦	0.014 1	9	阿联酋	0.090 6
4	卡塔尔	0.025 2	10	埃及	0.103 1
5	巴林	0.037 6	11	亚美尼亚	0.104 7
6	阿塞拜疆	0.061 7	12	哈萨克斯坦	0.120 9

续表

排名	国家	自然不确定性	排名	国家	自然不确定性
13	立陶宛	0.148 9	31	保加利亚	0.346 6
14	吉尔吉斯斯坦	0.169 6	32	捷克	0.359 3
15	乌克兰	0.169 6	33	波兰	0.366 5
16	爱沙尼亚	0.177 5	34	斯洛文尼亚	0.369 8
17	伊拉克	0.177 6	35	塔吉克斯坦	0.376 4
18	匈牙利	0.210 1	36	蒙古国	0.416 0
19	约旦	0.228 7	37	柬埔寨	0.515 0
20	以色列	0.247 0	38	缅甸	0.524 2
21	土耳其	0.248 5	39	老挝	0.538 7
22	克罗地亚	0.269 0	40	印度尼西亚	0.540 1
23	俄罗斯	0.272 8	41	阿曼	0.565 7
24	马来西亚	0.289 7	42	泰国	0.566 8
25	罗马尼亚	0.296 6	43	孟加拉国	0.606 0
26	拉脱维亚	0.299 7	44	巴基斯坦	0.640 3
27	阿尔巴尼亚	0.310 2	45	越南	0.655 0
28	沙特阿拉伯	0.326 0	46	斯里兰卡	0.703 8
29	伊朗	0.335 3	47	菲律宾	0.785 7
30	黎巴嫩	0.338 2	48	印度	0.798 9

　　结合表 4-21 分析，位列前 10 的国家分别是土库曼斯坦、新加坡、乌兹别克斯坦、卡塔尔、巴林、阿塞拜疆、白俄罗斯、摩尔多瓦、阿联酋和埃及。位列后 10 的国家分别为老挝、印度尼西亚、阿曼、泰国、孟加拉国、巴基斯坦、越南、斯里兰卡、菲律宾和印度。位于后 10 的国家中，除阿曼外，其余国家均集中于东

南亚和南亚地区，这些国家面临严重的气候灾害威胁，灾害对其造成的损失较大。近年来，印度多次遭遇地震、暴雨等自然灾害，造成较高的人员伤亡和经济损失。[①]菲律宾也是自然灾害频繁发生的国家，主要自然灾害包括地震、台风和火山喷发。[②]自然灾害也是影响企业投资的重要因素之一，关乎厂房选址、项目选址等相关问题。

三、五大类宏观层面风险指标关联性分析

为了探究五大类宏观风险指标是否存在一定的关联性，本部分对原始数据进行分析并描述了五大类风险指标的相关性矩阵以及散点图矩阵，分别列示于表 4-22 和图 4-1。

表 4-22　"一带一路"沿线国家五大类风险指标相关性矩阵

	（1）	（2）	（3）	（4）	（5）
（1）政治不确定性	1				
（2）政府政策不确定性	0.255*	1			
（3）宏观经济不确定性	0.088	0.589***	1		
（4）社会不确定性	0.309**	0.627***	0.449***	1	
（5）自然不确定性	0.221	0.149	0.129	0.247*	1

注：*、**、*** 分别表示在 10%、5% 和 1% 的水平上显著。

---

① 详细内容参考《对外投资合作国别（地区）指南：印度》，具体网址为：www.mofcom.gov.cn/dl/gbdqzn/upload/yindu.pdf。
② 详细内容参考《对外投资合作国别（地区）指南：菲律宾》，具体网址为：www.mofcom.gov.cn/dl/gbdqzn/upload/feilvbin.pdf。

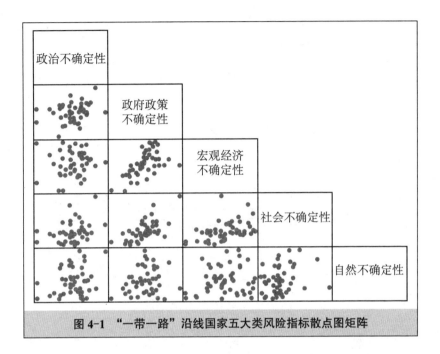

图 4-1 "一带一路"沿线国家五大类风险指标散点图矩阵

结合表 4-22 和图 4-1 分析发现，政府政策不确定性与宏观经济不确定性以及社会不确定性相关性较强，系数分别为 0.589 和 0.627，均大于 0.5，通过了 1% 的显著性检验，其余指标之间的相关系数较弱，均不超过 0.5。

四、"一带一路"沿线国家宏观层面风险的时间变化趋势

（一）地区维度

图 4-2 和表 4-23 展示了"一带一路"沿线不同地区宏观层面

风险得分的时间变化趋势。

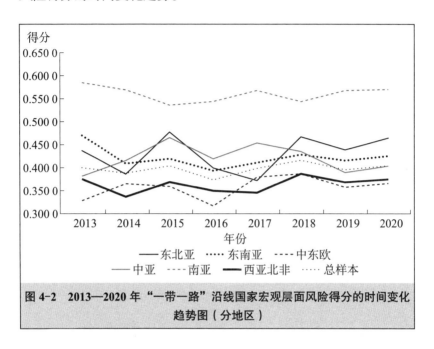

图 4-2　2013—2020 年"一带一路"沿线国家宏观层面风险得分的时间变化
趋势图（分地区）

表 4-23　2013—2020 年"一带一路"沿线国家宏观层面风险得分表
（分地区）

地区	2013 年	2014 年	2015 年	2016 年	2017 年	2018 年	2019 年	2020 年
东北亚	0.437 1	0.386 2	0.477 3	0.399 5	0.372 2	0.467 0	0.438 7	0.464 7
东南亚	0.469 9	0.409 1	0.419 6	0.393 7	0.411 2	0.428 6	0.415 6	0.425 6
中东欧	0.327 9	0.365 4	0.359 4	0.316 7	0.379 6	0.386 9	0.357 4	0.365 9
中亚	0.381 9	0.415 5	0.465 4	0.419 3	0.453 8	0.435 3	0.389 8	0.403 8
南亚	0.584 9	0.569 3	0.536 2	0.544 0	0.568 0	0.543 8	0.567 9	0.570 3
西亚北非	0.375 3	0.336 5	0.368 8	0.349 5	0.345 6	0.387 0	0.368 3	0.374 8
总样本	0.399 9	0.388 2	0.404 1	0.373 8	0.398 7	0.416 2	0.395 8	0.404 8

结合图 4-2 和表 4-23 分析，总体来看，总样本在 2013—

2015 年变化幅度相对较小，2016 年出现一定幅度下降，后又上升，在 2018—2019 年再次呈现一定程度下降，2020 年受到疫情影响，又呈现上升趋势。此外，不同地区内国家层面风险得分存在一定差异。2013—2020 年，南亚地区的风险得分稳定于高位水平，分布在 [0.53，0.60] 区间，然后是东北亚、中亚、东南亚和西亚北非地区，分布在 [0.33，0.48] 区间，风险得分最低的地区是中东欧地区，分布在 [0.30，0.40] 区间。

（二）经济发展维度

图 4-3 和表 4-24 展示了"一带一路"沿线不同发达程度经济体的宏观层面风险得分的时间变化趋势。

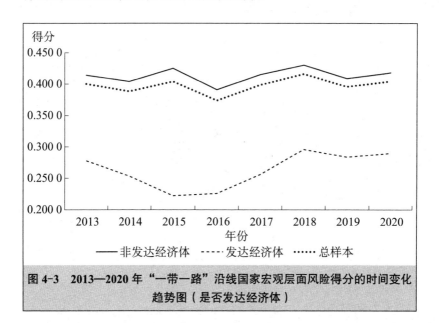

图 4-3 2013—2020 年"一带一路"沿线国家宏观层面风险得分的时间变化趋势图（是否发达经济体）

表 4-24　2013—2020 年"一带一路"沿线国家宏观层面风险得分表
（是否发达经济体）

经济体	2013 年	2014 年	2015 年	2016 年	2017 年	2018 年	2019 年	2020 年
非发达经济体	0.414 2	0.403 9	0.425 3	0.391 0	0.415 3	0.430 2	0.408 9	0.418 2
发达经济体	0.277 8	0.253 4	0.222 2	0.225 9	0.256 1	0.296 0	0.283 7	0.289 8
总样本	0.399 9	0.388 2	0.404 1	0.373 8	0.398 7	0.416 2	0.395 8	0.404 8

结合图 4-3 和表 4-24 分析，总体来看，2013—2018 年，非发达经济体的宏观层面风险得分主要围绕 0.42 上下波动；而发达经济体 2013—2015 年风险得分小幅下降，2015—2016 年趋于稳定，自 2016 年之后有较大的上升幅度，在 2019 年小幅下降，后又上升。总样本宏观层面的风险得分的时间变化趋势大体与非发达经济体一致。除此之外，不同经济体的宏观层面风险得分存在一定差异。非发达经济体的风险得分持续稳定于高位水平，分布在 [0.39，0.44] 区间。发达经济体风险得分较低，分布在 [0.22，0.30] 区间。值得注意的是，自 2016 年以来，发达经济体风险得分上升程度总体高于非发达经济体，可能原因是发达经济体集中于中东欧地区，"后债务危机时代"的欧洲经济仍未摆脱困境，加之疫情的冲击，发达经济体经济增长活力和动力相比发展中国家来说更为不足。

五、"一带一路"沿线国家宏观层面风险的波动性

本部分进一步探讨了 48 个"一带一路"沿线国家 2013—2020 年宏观层面风险的波动性。评估宏观层面风险的波动性能够进一步识别近几年宏观层面风险波动剧烈的国家，进而对对外投资企业起到有效的警示作用。

首先，本部分采用 2013—2020 年宏观层面风险得分的标准差衡量宏观层面金融风险的波动性，如表 4-25 所示。

由表 4-25 可以看出，2013—2020 年间，风险得分波动性最小的 10 个"一带一路"沿线国家分别是卡塔尔、乌兹别克斯坦、阿联酋、巴林、新加坡、土库曼斯坦、白俄罗斯、亚美尼亚、罗马尼亚和匈牙利。风险得分波动性最大的 10 个国家分别是柬埔寨、斯洛文尼亚、保加利亚、塔吉克斯坦、黎巴嫩、巴基斯坦、立陶宛、拉脱维亚、约旦和老挝。有 2/3 的样本国家 2020 年的宏观风险得分较 2019 年有所上升，较为合理地反映了疫情对宏观层面的冲击。但与此同时，部分社会不确定性相对较高的国家（如孟加拉国、土耳其、缅甸、乌克兰、巴基斯坦等）2020 年的宏观层面风险得分相较于 2019 年则有所下降，这主要是由于其 2020 年社会不确定性下降。社会不确定性下降的主要原因是，2019—2020 年这些国家的他杀率和恐怖主义袭击次数有所降低。根据联

表 4-25 2013—2020 年 "一带一路" 沿线国家宏观层面风险得分的波动性

国家	2013 年	2014 年	2015 年	2016 年	2017 年	2018 年	2019 年	2020 年	标准差
卡塔尔	0.199 6	0.153 3	0.173 3	0.170 8	0.173 2	0.174 7	0.172 5	0.172 6	0.012 5
乌兹别克斯坦	0.424 7	0.419 9	0.426 4	0.421 8	0.455 3	0.419 0	0.431 6	0.403 4	0.014 6
阿联酋	0.172 9	0.191 6	0.173 0	0.215 3	0.172 2	0.185 2	0.164 0	0.173 9	0.016 3
巴林	0.312 0	0.269 8	0.278 6	0.279 7	0.289 8	0.305 0	0.308 2	0.316 9	0.017 7
新加坡	0.108 0	0.107 0	0.112 7	0.117 4	0.126 7	0.158 7	0.140 1	0.150 6	0.020 0
土库曼斯坦	0.367 2	0.353 1	0.369 0	0.369 8	0.389 3	0.421 5	0.372 3	0.380 3	0.020 5
白俄罗斯	0.393 3	0.388 2	0.399 3	0.383 6	0.346 6	0.363 2	0.324 2	0.371 0	0.025 6
亚美尼亚	0.293 3	0.314 9	0.345 9	0.305 7	0.274 2	0.292 4	0.331 3	0.362 2	0.029 7
罗马尼亚	0.369 7	0.422 1	0.399 4	0.330 5	0.395 7	0.400 6	0.351 3	0.362 1	0.030 5
匈牙利	0.302 9	0.315 5	0.290 7	0.261 2	0.301 1	0.309 6	0.349 5	0.365 5	0.032 8
马来西亚	0.308 5	0.380 9	0.301 5	0.355 0	0.391 4	0.336 6	0.315 7	0.336 9	0.033 0
伊朗	0.440 0	0.452 8	0.495 9	0.387 2	0.478 1	0.491 4	0.492 3	0.461 3	0.036 5
印度	0.598 1	0.544 7	0.554 1	0.527 8	0.536 8	0.617 8	0.578 6	0.621 9	0.037 0
孟加拉国	0.554 5	0.536 7	0.560 2	0.579 2	0.612 3	0.481 9	0.542 9	0.538 3	0.037 5
印度尼西亚	0.507 3	0.477 0	0.452 2	0.415 3	0.409 0	0.409 7	0.470 9	0.492 2	0.038 9

续表

国家	2013年	2014年	2015年	2016年	2017年	2018年	2019年	2020年	标准差
沙特阿拉伯	0.443 8	0.305 3	0.358 1	0.345 0	0.337 2	0.351 1	0.343 8	0.365 5	0.039 7
哈萨克斯坦	0.309 2	0.335 0	0.405 6	0.377 7	0.429 6	0.401 1	0.357 8	0.390 6	0.039 8
泰国	0.519 8	0.417 7	0.445 6	0.438 9	0.512 5	0.416 9	0.466 6	0.481 9	0.039 8
以色列	0.347 5	0.233 1	0.242 0	0.266 3	0.212 8	0.287 2	0.262 3	0.255 1	0.040 8
俄罗斯	0.465 7	0.374 0	0.439 4	0.395 6	0.339 2	0.373 6	0.385 4	0.426 2	0.041 2
波兰	0.254 3	0.322 2	0.300 7	0.313 2	0.384 6	0.374 2	0.320 3	0.339 5	0.041 3
阿曼	0.331 3	0.289 5	0.364 4	0.374 4	0.310 9	0.427 7	0.333 8	0.339 4	0.042 4
埃及	0.448 1	0.427 1	0.519 3	0.488 7	0.430 8	0.428 8	0.420 9	0.382 8	0.042 5
阿塞拜疆	0.294 3	0.304 0	0.359 0	0.413 9	0.387 1	0.308 3	0.315 0	0.342 8	0.043 2
土耳其	0.362 6	0.437 8	0.398 6	0.418 6	0.458 8	0.507 2	0.457 4	0.452 3	0.043 7
乌克兰	0.409 1	0.489 7	0.563 6	0.476 1	0.479 3	0.489 8	0.523 0	0.515 6	0.044 6
爱沙尼亚	0.276 5	0.238 3	0.245 9	0.241 2	0.260 4	0.336 5	0.348 3	0.327 0	0.045 9
越南	0.498 2	0.416 3	0.451 6	0.496 7	0.478 9	0.460 6	0.388 7	0.382 8	0.046 0
缅甸	0.534 7	0.479 9	0.624 9	0.524 8	0.482 2	0.560 7	0.566 0	0.542 8	0.047 1
菲律宾	0.674 8	0.562 3	0.539 4	0.524 2	0.533 5	0.576 7	0.534 7	0.547 7	0.048 8
斯里兰卡	0.490 3	0.499 3	0.412 1	0.538 9	0.563 9	0.565 2	0.512 2	0.518 6	0.049 1

续表

国家	2013 年	2014 年	2015 年	2016 年	2017 年	2018 年	2019 年	2020 年	标准差
克罗地亚	0.305 0	0.428 9	0.336 8	0.258 3	0.388 9	0.322 1	0.302 2	0.317 3	0.053 4
阿尔巴尼亚	0.365 3	0.430 8	0.468 7	0.430 3	0.522 1	0.395 0	0.369 9	0.378 1	0.054 6
吉尔吉斯斯坦	0.425 3	0.453 9	0.534 3	0.413 6	0.517 1	0.427 3	0.363 5	0.432 6	0.055 7
摩尔多瓦	0.324 7	0.372 0	0.521 6	0.367 9	0.392 7	0.385 0	0.401 4	0.404 8	0.056 6
捷克	0.384 9	0.223 9	0.236 4	0.265 2	0.345 0	0.364 6	0.317 1	0.316 9	0.059 3
伊拉克	0.597 5	0.557 9	0.617 3	0.521 0	0.563 9	0.644 8	0.671 0	0.696 6	0.060 2
蒙古国	0.408 5	0.398 4	0.515 2	0.403 4	0.405 1	0.560 5	0.492 0	0.503 1	0.064 0
柬埔寨	0.516 8	0.493 5	0.441 3	0.346 3	0.335 8	0.448 9	0.372 5	0.402 8	0.066 7
斯洛文尼亚	0.245 5	0.387 7	0.229 3	0.219 2	0.295 0	0.359 8	0.349 5	0.360 8	0.067 2
保加利亚	0.309 6	0.483 0	0.427 1	0.273 7	0.396 0	0.335 8	0.334 6	0.370 4	0.067 5
塔吉克斯坦	0.382 9	0.515 6	0.591 5	0.513 3	0.477 5	0.507 7	0.423 8	0.412 2	0.068 4
黎巴嫩	0.448 4	0.387 1	0.455 7	0.359 8	0.385 4	0.512 9	0.511 3	0.553 4	0.070 4
巴基斯坦	0.696 7	0.696 4	0.618 2	0.529 9	0.558 8	0.510 4	0.638 0	0.602 4	0.070 4
立陶宛	0.274 4	0.270 5	0.275 1	0.270 8	0.288 7	0.476 0	0.276 7	0.266 4	0.071 5
拉脱维亚	0.375 6	0.343 0	0.337 3	0.342 0	0.519 0	0.505 0	0.436 3	0.427 9	0.073 2
约旦	0.563 0	0.387 4	0.381 9	0.346 9	0.364 3	0.501 6	0.373 0	0.371 7	0.077 5
老挝	0.560 9	0.347 1	0.407 4	0.324 6	0.430 8	0.489 0	0.485 2	0.492 5	0.080 1

合国毒品与犯罪问题办公室（UNODC）2020 年发布的报告《新冠疫情及相关限制措施对他杀和财产犯罪的影响研究简报》[①]以及阿克曼和彼得森（Ackerman and Peterson，2020）的研究，疫情前期大部分国家均在不同程度上采取了活动限制政策，这限制了谋杀、盗窃等犯罪活动以及恐怖主义活动，导致疫情前期这些活动暂时减少。

其次，本部分进一步采用各国 2013—2020 年风险评级排名的标准差作为替代变量衡量宏观层面风险的波动性，如表 4-26 所示。

表 4-26　2013—2020 年"一带一路"沿线国家宏观层面风险排名的波动性

国家	2013年	2014年	2015年	2016年	2017年	2018年	2019年	2020年	标准差
新加坡	1	1	1	1	1	1	1	1	0.000 0
卡塔尔	3	2	3	2	3	2	3	2	0.534 5
阿联酋	2	3	2	3	2	3	2	3	0.534 5
印度	46	45	42	45	44	47	46	47	1.669 0
伊拉克	45	46	46	42	47	48	48	48	2.052 9
菲律宾	47	47	41	43	43	46	43	44	2.187 6
巴基斯坦	48	48	47	46	45	41	47	46	2.267 8
土库曼斯坦	21	18	19	24	22	26	24	23	2.695 9
巴林	15	7	9	12	8	6	7	6	3.196 0
乌兹别克斯坦	29	29	27	35	32	25	32	28	3.204 4
伊朗	31	35	36	28	35	36	39	35	3.378 0
缅甸	41	38	48	44	38	44	45	43	3.461 5

[①]　报告原名为 Research brief: Effect of the COVID-19 pandemic and related restrictions on homicide and property crime，中文名称为作者翻译，报告链接：https://www.unodc.org/documents/data-and-analysis/covid/Property_Crime_Brief_2020.pdf。

续表

国家	2013年	2014年	2015年	2016年	2017年	2018年	2019年	2020年	标准差
爱沙尼亚	7	6	7	5	5	11	17	9	4.033 3
亚美尼亚	8	12	15	13	6	5	13	16	4.140 4
波兰	5	14	11	14	18	18	11	12	4.223 7
匈牙利	10	13	10	7	10	8	19	17	4.267 8
孟加拉国	42	44	43	48	48	33	44	42	4.690 4
罗马尼亚	22	30	23	16	25	21	20	15	4.810 7
埃及	33	31	38	39	31	29	30	24	4.853 2
以色列	18	5	6	9	4	4	4	4	4.862 4
乌克兰	28	40	44	38	37	35	42	40	4.928 1
印度尼西亚	38	37	33	33	28	23	36	37	5.221 9
越南	37	27	32	40	36	31	28	25	5.291 5
哈萨克斯坦	13	15	24	26	29	22	21	26	5.554 9
白俄罗斯	26	25	22	27	16	15	12	20	5.579 0
泰国	40	28	31	37	39	24	35	36	5.599 7
马来西亚	12	21	12	21	23	12	9	10	5.656 9
吉尔吉斯斯坦	30	36	40	31	40	27	22	33	6.255 0
沙特阿拉伯	32	11	16	18	13	13	16	18	6.512 4
蒙古国	27	26	37	30	27	43	38	39	6.610 3
斯里兰卡	36	42	26	47	46	45	41	41	6.824 3
阿曼	17	9	18	25	11	28	14	11	6.864 8
捷克	25	4	5	8	15	16	10	7	7.045 8
土耳其	19	34	21	34	33	39	34	34	7.050 8
塔吉克斯坦	24	43	45	41	34	40	31	30	7.367 9
俄罗斯	35	20	29	29	14	17	27	31	7.382 4

续表

国家	2013年	2014年	2015年	2016年	2017年	2018年	2019年	2020年	标准差
摩尔多瓦	16	19	39	23	24	19	29	29	7.421 0
斯洛文尼亚	4	24	4	4	9	14	18	14	7.424 6
阿塞拜疆	9	10	17	32	20	7	8	13	8.400 7
阿尔巴尼亚	20	33	35	36	42	20	23	22	8.593 0
立陶宛	6	8	8	10	7	32	5	5	8.999 0
克罗地亚	11	32	13	6	21	9	6	8	9.004 0
约旦	44	23	20	20	17	37	26	21	9.501 9
柬埔寨	39	41	30	19	12	30	25	27	9.598 2
保加利亚	14	39	28	11	26	10	15	19	10.025 0
黎巴嫩	34	22	34	22	19	42	40	45	10.067 6
老挝	43	17	15	15	30	34	37	38	10.119 8
拉脱维亚	23	16	14	17	41	38	33	32	10.579 6

从表4-26结果来看,风险排名波动性最小的10个国家分别是新加坡、卡塔尔、阿联酋、印度、伊拉克、菲律宾、巴基斯坦、土库曼斯坦、巴林和乌兹别克斯坦,相对集中于宏观层面风险较低的国家(例如新加坡、阿联酋、卡塔尔和巴林)和较高的国家(例如菲律宾、印度、伊拉克和巴基斯坦);风险排名波动性最大的10个国家分别是阿塞拜疆、阿尔巴尼亚、立陶宛、克罗地亚、约旦、柬埔寨、保加利亚、黎巴嫩、老挝和拉脱维亚。两个标准差数值的相关系数为0.718,通过了1%的显著性检验,说明表4-25和表4-26结论的一致性整体上较高,风险得分波动性大的国家一

般风险排名波动性也较大。

再次，本部分将"一带一路"沿线国家分为不同地区，探讨了六个地区各自的风险波动性，如表4-27所示。

表4-27　2013—2020年"一带一路"沿线国家宏观层面风险的波动性
（分地区）

地区	八年的风险得分标准差	八年的风险排名标准差
东北亚	0.052 6	6.996 4
东南亚	0.046 7	5.237 5
中东欧	0.051 7	6.923 9
中亚	0.039 8	5.015 6
南亚	0.048 5	3.862 9
西亚北非	0.040 9	5.139 3
总样本	0.046 2	5.636 3

结合表4-27，综合风险得分和风险排名的结果，波动性小的地区主要集中在中亚、南亚和西亚北非地区，波动性大的区域主要集中在中东欧和东北亚地区。

最后，将"一带一路"沿线国家按照经济发展水平分为非发达经济体和发达经济体，探讨两个整体各自的风险波动性，如表4-28所示。

表4-28　2013—2020年"一带一路"沿线国家宏观层面风险的波动性
（是否发达经济体）

经济体	八年的风险得分标准差	八年的风险排名标准差
非发达经济体	0.046 4	5.742 9

续表

经济体	八年的风险得分标准差	八年的风险排名标准差
发达经济体	0.044 0	4.720 1
总样本	0.046 2	5.636 3
两类经济体差值	0.002 4	1.022 8

结合表4-28，从风险得分来看，两个整体波动性大体一致；从风险排名来看，发达经济体的波动性略小于非发达经济体，两者均未通过10%的显著性检验。总体而言，风险波动性与国家经济发展水平并不存在显著关系。

六、"一带一路"沿线国家宏观层面风险不同阶段比较

为进一步识别宏观层面金融风险快速上升或者大幅下降的国家，本节的最后一部分描述了"一带一路"沿线国家宏观层面风险得分或排名在2013—2016年（前阶段）和2017—2020年（后阶段）的相互对比。

首先，表4-29描述了两个阶段宏观层面金融风险得分平均值的差值。

由表4-29可以看出，宏观层面风险得分下降最快的10个国家分别是柬埔寨、巴基斯坦、埃及、塔吉克斯坦、白俄罗斯、越南、俄罗斯、菲律宾、吉尔吉斯斯坦和以色列。其中，巴基斯坦虽然在宏观层面风险得分中排名较靠后，但是其风险评级得分相

表 4-29 "一带一路"沿线国家不同阶段宏观层面风险得分

国家	2013 年	2014 年	2015 年	2016 年	2017 年	2018 年	2019 年	2020 年	宏观层面风险得分变化
柬埔寨	0.516 8	0.493 5	0.441 3	0.346 3	0.335 8	0.448 9	0.372 5	0.402 8	-0.059 5
巴基斯坦	0.696 7	0.696 4	0.618 2	0.529 9	0.558 8	0.510 4	0.638 0	0.602 4	-0.057 9
埃及	0.448 1	0.427 1	0.519 3	0.488 7	0.430 8	0.428 8	0.420 9	0.382 8	-0.055 0
塔吉克斯坦	0.382 9	0.515 6	0.591 5	0.513 3	0.477 5	0.507 7	0.423 8	0.412 2	-0.045 5
白俄罗斯	0.393 3	0.388 2	0.399 3	0.383 6	0.346 6	0.363 2	0.324 2	0.371 0	-0.039 9
越南	0.498 2	0.416 3	0.451 6	0.496 7	0.478 9	0.460 6	0.388 7	0.382 8	-0.038 0
俄罗斯	0.465 7	0.374 0	0.439 4	0.395 6	0.339 2	0.373 6	0.385 4	0.426 2	-0.037 6
菲律宾	0.674 8	0.562 3	0.539 4	0.524 2	0.533 5	0.576 7	0.534 7	0.547 7	-0.027 0
吉尔吉斯斯坦	0.425 3	0.453 9	0.534 3	0.413 6	0.517 1	0.427 3	0.363 5	0.432 6	-0.021 6
以色列	0.347 5	0.233 1	0.242 0	0.266 3	0.212 8	0.287 2	0.262 3	0.255 1	-0.017 8
印度尼西亚	0.507 3	0.477 0	0.452 2	0.415 3	0.409 0	0.409 7	0.470 9	0.492 2	-0.017 5
约旦	0.563 0	0.387 4	0.381 9	0.346 9	0.364 3	0.501 6	0.373 0	0.371 7	-0.017 1
阿联酋	0.172 9	0.191 6	0.173 0	0.215 3	0.172 2	0.185 2	0.164 0	0.173 9	-0.014 4
保加利亚	0.309 6	0.483 0	0.427 1	0.273 7	0.396 0	0.335 8	0.334 6	0.370 4	-0.014 2
孟加拉国	0.554 5	0.536 7	0.560 2	0.579 2	0.612 3	0.481 9	0.542 9	0.538 3	-0.013 8
沙特阿拉伯	0.443 8	0.305 3	0.358 1	0.345 0	0.337 2	0.351 1	0.343 8	0.365 5	-0.013 6

续表

国家	2013年	2014年	2015年	2016年	2017年	2018年	2019年	2020年	宏观层面风险得分变化
阿尔巴尼亚	0.365 3	0.430 8	0.468 7	0.430 3	0.522 1	0.395 0	0.369 9	0.378 1	-0.007 5
阿塞拜疆	0.294 3	0.304 0	0.359 0	0.413 9	0.387 1	0.308 3	0.315 0	0.342 8	-0.004 5
缅甸	0.534 7	0.479 9	0.624 9	0.524 8	0.482 2	0.560 7	0.566 0	0.542 8	-0.003 1
罗马尼亚	0.369 7	0.422 1	0.399 4	0.330 5	0.395 7	0.400 6	0.351 3	0.362 1	-0.003 0
卡塔尔	0.199 6	0.153 3	0.173 3	0.170 8	0.173 2	0.174 7	0.172 5	0.172 6	-0.001 0
摩尔多瓦	0.324 7	0.372 0	0.521 6	0.367 9	0.392 7	0.385 0	0.401 4	0.404 8	-0.000 6
亚美尼亚	0.293 3	0.314 9	0.345 9	0.305 7	0.274 2	0.292 4	0.331 3	0.362 2	0.000 1
克罗地亚	0.305 0	0.428 9	0.336 8	0.258 3	0.388 9	0.322 1	0.302 2	0.317 3	0.000 4
乌兹别克斯坦	0.424 7	0.419 9	0.426 4	0.421 8	0.455 3	0.419 0	0.431 6	0.403 4	0.004 2
马来西亚	0.308 5	0.380 9	0.301 5	0.355 0	0.391 4	0.336 6	0.315 7	0.336 9	0.008 6
阿曼	0.331 3	0.289 5	0.364 4	0.374 4	0.310 9	0.427 4	0.333 8	0.339 4	0.013 0
泰国	0.519 8	0.417 7	0.445 6	0.438 9	0.512 5	0.416 9	0.466 6	0.481 9	0.014 0
乌克兰	0.409 1	0.489 7	0.563 6	0.476 1	0.479 3	0.489 8	0.523 0	0.515 6	0.017 3
巴林	0.312 0	0.269 8	0.278 6	0.279 7	0.289 8	0.305 0	0.308 2	0.316 9	0.019 9
土库曼斯坦	0.367 2	0.353 1	0.369 0	0.369 8	0.389 3	0.421 5	0.372 3	0.380 3	0.026 1

续表

国家	2013年	2014年	2015年	2016年	2017年	2018年	2019年	2020年	宏观层面风险得分变化
印度	0.598 1	0.544 7	0.554 1	0.527 8	0.536 8	0.617 8	0.578 6	0.621 9	0.032 6
新加坡	0.108 0	0.107 0	0.112 7	0.117 4	0.126 7	0.158 7	0.140 1	0.150 6	0.032 8
伊朗	0.440 0	0.452 8	0.495 9	0.387 2	0.478 1	0.491 4	0.492 3	0.461 3	0.036 8
哈萨克斯坦	0.309 2	0.335 0	0.405 6	0.377 7	0.429 6	0.401 1	0.357 8	0.390 6	0.037 9
匈牙利	0.302 9	0.315 5	0.290 7	0.261 2	0.301 1	0.309 6	0.349 5	0.365 5	0.038 9
立陶宛	0.274 4	0.270 5	0.275 1	0.270 8	0.288 7	0.476 0	0.276 7	0.266 4	0.054 3
斯里兰卡	0.490 3	0.499 3	0.412 1	0.538 9	0.563 9	0.565 2	0.512 2	0.518 6	0.054 8
波兰	0.254 3	0.322 2	0.300 7	0.313 2	0.384 4	0.374 2	0.320 3	0.339 5	0.057 0
捷克	0.384 9	0.223 9	0.236 4	0.265 2	0.345 0	0.364 6	0.317 1	0.316 9	0.058 3
蒙古国	0.408 5	0.398 4	0.515 2	0.403 4	0.405 1	0.560 5	0.492 0	0.503 1	0.058 8
老挝	0.560 9	0.347 1	0.407 4	0.324 6	0.430 8	0.489 0	0.485 2	0.492 5	0.064 4
土耳其	0.362 6	0.437 8	0.398 6	0.418 6	0.458 8	0.507 2	0.457 4	0.452 3	0.064 5
爱沙尼亚	0.276 5	0.238 3	0.245 9	0.241 2	0.260 4	0.336 5	0.348 3	0.327 0	0.067 6
伊拉克	0.597 5	0.557 9	0.617 3	0.521 0	0.563 9	0.644 8	0.671 0	0.696 6	0.070 6
斯洛文尼亚	0.245 5	0.387 7	0.229 3	0.219 2	0.295 0	0.359 8	0.349 5	0.360 8	0.070 8
黎巴嫩	0.448 4	0.387 1	0.455 7	0.359 8	0.385 4	0.512 9	0.511 3	0.553 4	0.078 0
拉脱维亚	0.375 6	0.343 0	0.337 3	0.342 0	0.519 0	0.505 0	0.436 3	0.427 9	0.122 5

对前一阶段降低 0.057 9 分，说明其宏观层面风险在一定程度上得到了较好的控制。宏观层面风险得分上升最快的 10 个国家分别是波兰、捷克、蒙古国、老挝、土耳其、爱沙尼亚、伊拉克、斯洛文尼亚、黎巴嫩和拉脱维亚。这些国家尽管总体风险水平相对不高，但是风险得分相对前一阶段上升超过 0.05 分，最高的超过 0.10 分，说明这些国家宏观层面的情况有一定程度的恶化。整体来看，宏观层面风险得分上升最快的 10 个国家里有 5 个位于中东欧地区，原因可能是欧洲仍未摆脱债务危机导致的经济下行压力，并且在疫情冲击下经济下行压力进一步加大。

其次，表 4-30 描述了"一带一路"沿线国家不同阶段风险排名的变化，即前后阶段宏观层面风险排名平均值的差值。

表 4-30 "一带一路"沿线国家不同阶段宏观层面风险排名

国家	2013年	2014年	2015年	2016年	2017年	2018年	2019年	2020年	宏观层面风险排名变化
白俄罗斯	26	25	22	27	16	15	12	20	-9.25
柬埔寨	39	41	30	19	12	30	25	27	-8.75
埃及	33	31	38	39	31	29	30	24	-6.75
俄罗斯	35	20	29	29	14	17	27	31	-6.00
以色列	18	5	6	9	4	4	4	4	-5.50
保加利亚	14	39	28	11	26	10	15	19	-5.50
阿塞拜疆	9	10	17	32	20	7	8	13	-5.00
塔吉克斯坦	24	43	45	41	34	40	31	30	-4.50
克罗地亚	11	32	13	6	21	9	6	8	-4.50

续表

国家	2013年	2014年	2015年	2016年	2017年	2018年	2019年	2020年	宏观屋面风险排名变化
印度尼西亚	38	37	33	33	28	23	36	37	-4.25
沙特阿拉伯	32	11	16	18	13	13	16	18	-4.25
阿尔巴尼亚	20	33	35	36	42	20	23	22	-4.25
巴林	15	7	9	12	8	6	7	6	-4.00
越南	37	27	32	40	36	31	28	25	-4.00
吉尔吉斯斯坦	30	36	40	31	40	27	22	33	-3.75
马来西亚	12	21	12	21	23	12	9	10	-3.00
巴基斯坦	48	48	47	46	45	41	47	46	-2.50
孟加拉国	42	44	43	48	48	33	44	42	-2.50
罗马尼亚	22	30	23	16	25	21	20	15	-2.50
亚美尼亚	8	12	15	13	6	5	13	16	-2.00
约旦	44	23	20	20	17	37	26	21	-1.50
阿曼	17	9	18	25	11	28	14	11	-1.25
乌兹别克斯坦	29	29	27	35	32	25	32	28	-0.75
菲律宾	47	47	41	43	43	46	43	44	-0.50
泰国	40	28	31	37	39	24	35	36	-0.50
缅甸	41	38	48	44	38	44	45	43	-0.25
新加坡	1	1	1	1	1	1	1	1	0.00
卡塔尔	3	2	3	2	3	2	3	2	0.00
阿联酋	2	3	2	3	2	3	2	3	0.00
乌克兰	28	40	44	38	37	35	42	40	1.00
摩尔多瓦	16	19	39	23	24	19	29	29	1.00

续表

国家	2013年	2014年	2015年	2016年	2017年	2018年	2019年	2020年	宏观屋面风险排名变化
印度	46	45	42	45	44	47	46	47	1.50
捷克	25	4	5	8	15	16	10	7	1.50
伊拉克	45	46	46	42	47	48	48	48	3.00
土库曼斯坦	21	18	19	24	22	26	24	23	3.25
匈牙利	10	13	10	7	10	8	19	17	3.50
伊朗	31	35	36	28	35	36	39	35	3.75
波兰	5	14	11	14	18	18	11	12	3.75
爱沙尼亚	7	6	7	5	5	11	17	9	4.25
立陶宛	6	8	8	10	7	32	5	5	4.25
斯洛文尼亚	4	24	4	4	9	14	18	14	4.75
哈萨克斯坦	13	15	24	26	29	22	21	26	5.00
斯里兰卡	36	42	26	47	46	45	41	41	5.50
蒙古国	27	26	37	30	27	43	38	39	6.75
土耳其	19	34	21	34	33	39	34	34	8.00
黎巴嫩	34	22	34	22	19	42	40	45	8.50
老挝	43	17	25	15	30	34	37	38	9.75
拉脱维亚	23	16	14	17	41	38	33	32	18.50

由表4-30可以看出，宏观层面风险排名上升最快的10个国家分别是白俄罗斯、柬埔寨、埃及、俄罗斯、以色列、保加利亚、阿塞拜疆、塔吉克斯坦、克罗地亚和印度尼西亚。其中白俄罗斯和柬埔寨排名上升9名左右，在一定程度上说明其宏观状况相较于其他样本国家有了较大幅度的改善。宏观层面风险排名下降最

快的 10 个国家分别是爱沙尼亚、立陶宛、斯洛文尼亚、哈萨克斯坦、斯里兰卡、蒙古国、土耳其、黎巴嫩、老挝和拉脱维亚，这些国家风险评级得分相对前一阶段下降超过 4 名，最多的超过 18 名，说明这些国家宏观层面的情况可能有较大幅度的恶化，企业在这些国家开展项目时需要制定完善的措施以应对宏观层面风险提高的情况。风险得分和风险排名两个数值变化的相关系数为 0.891，通过了 1% 的显著性检验，说明表 4-29 和表 4-30 结论的一致性较高。

再次，本部分将"一带一路"沿线国家分为不同地区，对比六个地区不同阶段的宏观层面风险的变化，如表 4-31 所示。

表 4-31　"一带一路"沿线国家不同阶段宏观层面风险的变化
（分地区）

地区	风险得分变化	风险排名变化
东北亚	0.010 6	0.375 0
东南亚	−0.002 8	−1.277 8
中东欧	0.030 1	1.178 6
中亚	0.000 2	−0.150 0
南亚	0.003 9	0.500 0
西亚北非	0.011 4	−0.500 0
总样本	0.012 4	0.000 0

结合表 4-31，从风险得分变化来看，风险下降最快的地区是东南亚地区，平均下降约 0.002 8 分，风险上升最快的地区是中东

欧地区,平均上升 0.030 1 分;从风险排名变化来看,排名上升最快的地区是东南亚地区,平均上升约 1.277 8 名,其次是西亚北非地区,排名下降最快的地区是中东欧地区,平均下降 1.178 6 名。然而从整体上来看,各地区宏观层面风险上升或者下降幅度均不明显,两个阶段的宏观层面风险趋于稳定。

最后,本部分将"一带一路"沿线国家按照经济发展水平分为非发达经济体和发达经济体,对比其宏观层面风险的变化,如表 4-32 所示。

表 4-32 "一带一路"沿线国家不同阶段宏观层面风险的变化
(是否发达经济体)

经济体	风险得分变化	风险排名变化
非发达经济体	0.009 6	-0.098 8
发达经济体	0.036 6	0.850 0
总样本	0.012 4	0.000 0
两类经济体差值	-0.027 0	-0.948 8

结合表 4-32,从风险得分变化来看,发达经济体前后两阶段宏观层面风险的上升幅度高于非发达经济体,但二者差异并不显著;从风险排名来看,发达经济体国家宏观层面风险排名平均下降 0.85 名,而非发达经济体平均排名上升 0.098 8 名。然而从整体上来看,两类经济体宏观层面风险上升或者下降幅度均不明显,在两个阶段的宏观层面风险趋于稳定。

第三节 "一带一路"沿线国家中观层面风险评级结果分析

一、总体分析结果

根据上文,本评级体系计算了各个样本国家每年的中观层面风险得分,然后将其取平均值,得到 2013—2020 年"一带一路"沿线国家中观层面风险的平均得分和排名,如表 4-33 所示。其中,6 个维度的指标数值以及中观层面的总风险得分越小,表示中观层面金融风险越小。

根据表 4-33 中 2013—2020 年中观层面风险总体评级结果来看,大部分"一带一路"沿线国家处于中高风险级别。具体来看,没有低风险级别国家,较低风险级别有新加坡、马来西亚、以色列和泰国 4 个国家,中等风险级别有 23 个国家,较高风险级别有 19 个国家,高风险级别有老挝和伊拉克 2 个国家。总体来看,"一带一路"沿线国家的中观层面风险较高。

为了进一步分析"一带一路"沿线国家的中观层面风险得分,本部分将总体样本分为 6 个地区,比较中观层面的风险差异,如表 4-34 所示。

表 4-33 2013—2020 年 "一带一路" 沿线国家中观层面风险总评级排名

排名	国家	金融机构深度	金融机构可得性	金融机构效率	金融市场深度	金融市场可得性	金融市场效率	总风险得分	风险级别
1	新加坡	0.169 0	0.007 7	0.486 3	0.167 4	0.305 6	0.194 1	0.221 7	较低
2	马来西亚	0.159 9	0.354 1	0.510 2	0.231 5	0.216 5	0.378 3	0.308 4	较低
3	以色列	0.304 7	0.257 9	0.581 1	0.525 5	0.109 4	0.400 2	0.363 1	较低
4	泰国	0.240 1	0.427 7	0.485 2	0.254 4	0.596 3	0.295 6	0.383 2	较低
5	卡塔尔	0.602 5	0.369 7	0.371 7	0.340 1	0.422 0	0.433 5	0.423 3	中等
6	斯洛文尼亚	0.468 2	0.016 6	0.678 0	0.699 1	0.236 9	0.509 2	0.434 7	中等
7	克罗地亚	0.462 0	0.168 6	0.470 1	0.622 6	0.377 7	0.535 9	0.439 5	中等
8	阿联酋	0.553 8	0.134 0	0.499 5	0.421 9	0.494 3	0.577 9	0.446 9	中等
9	巴林	0.698 3	0.215 5	0.471 4	0.431 9	0.434 5	0.483 5	0.455 9	中等
10	土耳其	0.648 1	0.322 3	0.462 1	0.575 8	0.560 8	0.284 9	0.475 7	中等
11	波兰	0.538 6	0.318 6	0.613 6	0.689 2	0.315 4	0.430 2	0.484 3	中等
12	阿曼	0.668 8	0.369 4	0.487 8	0.690 9	0.292 8	0.447 1	0.492 8	中等
13	爱沙尼亚	0.544 5	0.078 7	0.439 4	0.847 0	0.666 7	0.427 7	0.500 7	中等
14	印度	0.513 7	0.670 6	0.609 6	0.486 4	0.396 3	0.362 1	0.506 4	中等
15	沙特阿拉伯	0.848 4	0.405 3	0.452 7	0.480 9	0.749 6	0.274 9	0.535 3	中等

续表

排名	国家	金融机构深度	金融机构可得性	金融机构效率	金融市场深度	金融市场可得性	金融市场效率	总风险得分	风险级别
16	斯里兰卡	0.699 8	0.579 4	0.406 0	0.777 7	0.275 4	0.494 0	0.538 7	中等
17	捷克	0.517 5	0.238 4	0.449 6	0.762 2	0.782 4	0.507 5	0.542 9	中等
18	约旦	0.531 8	0.821 6	0.442 8	0.562 8	0.352 5	0.549 7	0.543 5	中等
19	菲律宾	0.641 4	0.823 2	0.426 8	0.542 9	0.378 2	0.465 6	0.546 3	中等
20	俄罗斯	0.676 0	0.393 0	0.544 1	0.701 5	0.544 0	0.421 9	0.546 8	中等
21	印度尼西亚	0.707 0	0.781 2	0.320 9	0.730 7	0.394 2	0.422 4	0.559 4	中等
22	匈牙利	0.559 1	0.401 8	0.699 4	0.706 7	0.682 0	0.369 1	0.569 7	中等
23	保加利亚	0.555 9	0.421 4	0.473 6	0.773 5	0.666 7	0.547 1	0.573 0	中等
24	拉脱维亚	0.630 9	0.219 7	0.586 8	0.769 2	0.768 3	0.507 8	0.580 5	中等
25	黎巴嫩	0.495 7	0.739 3	0.527 7	0.446 4	0.658 3	0.677 0	0.590 7	中等
26	越南	0.505 6	0.819 1	0.449 7	0.818 3	0.719 7	0.253 5	0.594 3	中等
27	埃及	0.624 5	0.906 9	0.266 5	0.777 9	0.422 6	0.578 9	0.596 2	中等
28	伊朗	0.672 0	0.329 1	0.557 8	0.660 2	0.560 8	0.829 5	0.601 6	较高
29	立陶宛	0.637 0	0.397 4	0.607 9	0.764 6	0.676 1	0.535 6	0.603 1	较高
30	哈萨克斯坦	0.715 6	0.539 5	0.522 8	0.787 7	0.618 0	0.479 5	0.610 5	较高
31	乌克兰	0.639 8	0.392 1	0.517 4	0.851 2	0.667 2	0.609 3	0.612 8	较高

续表

排名	国家	金融机构深度	金融机构可得性	金融机构效率	金融市场深度	金融市场可得性	金融市场效率	总风险得分	风险级别
32	蒙古国	0.750 6	0.387 0	0.419 7	0.668 7	0.831 6	0.619 8	0.612 9	较高
33	罗马尼亚	0.717 4	0.545 4	0.514 9	0.861 6	0.683 7	0.527 6	0.641 8	较高
34	柬埔寨	0.693 4	0.953 9	0.346 5	0.846 2	0.726 8	0.344 5	0.651 9	较高
35	阿塞拜疆	0.797 0	0.824 7	0.339 9	0.925 3	0.720 8	0.398 8	0.667 7	较高
36	阿尔巴尼亚	0.660 8	0.785 2	0.410 6	0.823 3	0.792 6	0.554 7	0.671 2	较高
37	白俄罗斯	0.774 1	0.408 8	0.579 3	0.923 4	0.962 6	0.525 0	0.695 5	较高
38	摩尔多瓦	0.761 2	0.746 9	0.466 3	0.929 8	0.685 8	0.603 8	0.699 0	较高
39	吉尔吉斯斯坦	0.821 5	0.870 1	0.343 3	0.965 5	0.759 2	0.489 1	0.708 1	较高
40	塔吉克斯坦	0.838 1	0.897 9	0.421 7	0.975 9	0.678 3	0.467 7	0.713 3	较高
41	孟加拉国	0.754 5	0.889 2	0.603 4	0.836 4	0.776 4	0.423 0	0.713 8	较高
42	亚美尼亚	0.726 0	0.811 3	0.439 4	0.884 6	0.968 4	0.489 4	0.719 8	较高
43	巴基斯坦	0.712 2	0.995 0	0.415 7	0.831 3	0.716 0	0.651 0	0.720 2	较高
44	缅甸	0.744 7	0.931 4	0.504 3	0.929 1	0.679 4	0.744 4	0.755 5	较高
45	乌兹别克斯坦	0.915 6	0.814 0	0.541 1	0.992 8	0.895 9	0.514 5	0.779 0	较高
46	土库曼斯坦	1.000 0	0.841 0	0.507 4	1.000 0	0.679 9	0.689 4	0.786 3	较高
47	老挝	0.975 8	0.907 7	0.539 8	0.949 7	0.751 5	0.848 0	0.828 8	高
48	伊拉克	0.822 9	0.985 4	0.621 1	0.959 7	0.932 1	0.833 8	0.859 2	高

表 4-34 "一带一路"沿线国家中观层面风险得分比较（分地区）

指标	东北亚	东南亚	中东欧	中亚	南亚	西亚北非	总样本
金融机构深度	0.713 3	0.537 4	0.604 8	0.858 2	0.670 1	0.642 5	0.639 5
金融机构可得性	0.390 0	0.667 3	0.367 1	0.792 5	0.783 6	0.535 2	0.552 4
金融机构效率	0.481 9	0.452 2	0.536 2	0.467 3	0.508 7	0.465 8	0.488 2
金融市场深度	0.685 1	0.607 8	0.787 4	0.944 4	0.732 9	0.620 3	0.712 5
金融市场可得性	0.687 8	0.529 8	0.640 3	0.726 3	0.541 0	0.548 5	0.595 5
金融市场效率	0.520 8	0.438 5	0.513 6	0.528 1	0.482 5	0.518 5	0.500 2
总风险得分	0.579 8	0.538 8	0.574 9	0.719 4	0.619 8	0.555 1	0.581 4
排名	26.00	22.00	23.36	40.00	28.50	20.36	24.50

结合表 4-34 分析，从整体来看，东南亚、西亚北非、东北亚、南亚和中东欧五个地区的风险得分和排名较为接近，中观层面风险最高的地区是中亚地区，平均风险得分为 0.719 4 分，风险排名为 40.00 名。从分项指标来看，除金融机构可得性风险得分最低的是中东欧地区以外，其余维度风险得分最低的均是东南亚地区。除金融机构效率风险得分最高的是中东欧地区，其余维度风险得分最高的均是中亚地区。总体而言，不论是从总风险得分还是分项风险得分来看，中亚地区风险较高，东南亚地区风险相对较低。

表 4-35 将总体样本分为发达经济体分样本和非发达经济体分样本，比较两者在中观层面的风险差异。

表 4-35 "一带一路"沿线国家中观层面风险得分比较（是否发达经济体）

指标	非发达经济体	发达经济体	总样本	两类经济体差值
金融机构深度	0.666 9	0.403 7	0.639 5	0.263 2***
金融机构可得性	0.595 2	0.184 5	0.552 4	0.410 7***
金融机构效率	0.477 6	0.578 9	0.488 2	−0.101 2**
金融市场深度	0.728 8	0.572 2	0.712 5	0.156 7
金融市场可得性	0.615 5	0.423 3	0.595 5	0.192 2*
金融市场效率	0.512 3	0.396 0	0.500 2	0.116 3*
总风险得分	0.599 4	0.426 4	0.581 4	0.173 0***
排名	26.21	9.80	24.50	16.41**

注：*、**、***分别表示在 10%、5% 和 1% 的水平上显著。

根据表 4-35，从整体来看，发达经济体的评级结果明显优于非发达经济体。发达经济体的平均风险排名为 9.80 名，而非发达经济体的平均风险排名为 26.21 名，两者差异通过了 5% 的显著性检验。总风险得分方面，发达经济体的总风险得分为 0.426 4，而非发达经济体的总风险得分为 0.599 4，两者得分的差异在 1% 的水平上显著。从分项指标来看，金融机构方面，发达经济体在深度和可得性指标上的风险得分均显著低于非发达经济体，两者数值差异在 1% 的水平上显著，表明发达经济体在金融机构深度和可得性方面具有相对较低的风险。金融市场方面，发达经济体风险得分也低于非发达经济体，在可得性和效率维度上的差异通过了 10% 的显著性检验。

二、分项指标分析结果

本部分描述了分项中观层面指标的分析结果，分析中包含一些"一带一路"沿线国家相关的中观层面信息，主要来源为我国商务部提供的《对外投资合作国别（地区）指南》。

（一）金融机构深度

本部分统计分析了"一带一路"沿线国家金融机构深度评级排名，如表4-36所示。

表4-36　2013—2020年"一带一路"沿线国家金融机构深度评级排名

排名	国家	金融机构深度	排名	国家	金融机构深度
1	马来西亚	0.159 9	12	波兰	0.538 6
2	新加坡	0.169 0	13	爱沙尼亚	0.544 5
3	泰国	0.240 1	14	阿联酋	0.553 8
4	以色列	0.304 7	15	保加利亚	0.555 9
5	克罗地亚	0.462 0	16	匈牙利	0.559 1
6	斯洛文尼亚	0.468 2	17	卡塔尔	0.602 5
7	黎巴嫩	0.495 7	18	埃及	0.624 5
8	越南	0.505 6	19	拉脱维亚	0.630 9
9	印度	0.513 7	20	立陶宛	0.637 0
10	捷克	0.517 5	21	乌克兰	0.639 8
11	约旦	0.531 8	22	菲律宾	0.641 4

续表

排名	国家	金融机构深度	排名	国家	金融机构深度
23	土耳其	0.648 1	36	缅甸	0.744 7
24	阿尔巴尼亚	0.660 8	37	蒙古国	0.750 6
25	阿曼	0.668 8	38	孟加拉国	0.754 5
26	伊朗	0.672 0	39	摩尔多瓦	0.761 2
27	俄罗斯	0.676 0	40	白俄罗斯	0.774 1
28	柬埔寨	0.693 4	41	阿塞拜疆	0.797 0
29	巴林	0.698 3	42	吉尔吉斯斯坦	0.821 5
30	斯里兰卡	0.699 8	43	伊拉克	0.822 9
31	印度尼西亚	0.707 0	44	塔吉克斯坦	0.838 1
32	巴基斯坦	0.712 2	45	沙特阿拉伯	0.848 4
33	哈萨克斯坦	0.715 6	46	乌兹别克斯坦	0.915 6
34	罗马尼亚	0.717 4	47	老挝	0.975 8
35	亚美尼亚	0.726 0	48	土库曼斯坦	1.000 0

结合表 4-36 分析，位列前 10 的国家分别是马来西亚、新加坡、泰国、以色列、克罗地亚、斯洛文尼亚、黎巴嫩、越南、印度和捷克，而位列后 10 的国家分别为摩尔多瓦、白俄罗斯、阿塞拜疆、吉尔吉斯斯坦、伊拉克、塔吉克斯坦、沙特阿拉伯、乌兹别克斯坦、老挝和土库曼斯坦。排名较后的国家金融机构深度较弱，尚未形成较为完善的金融体系，我国企业在当地金融机构获得融资的难度较大。以塔吉克斯坦为例，截至 2021 年 3 月 31 日，除中央银行外，塔吉克斯坦银行系统共有 69 家信贷机构，同时，塔吉克斯坦没有中资银行，这对我国企业在当地融资造成了一定

困难。[①]

（二）金融机构可得性

本部分统计分析了"一带一路"沿线国家金融机构可得性评级排名，如表 4-37 所示。

表 4-37　2013—2020 年"一带一路"沿线国家金融机构可得性评级排名

排名	国家	金融机构可得性	排名	国家	金融机构可得性
1	新加坡	0.007 7	17	乌克兰	0.392 1
2	斯洛文尼亚	0.016 6	18	俄罗斯	0.393 0
3	爱沙尼亚	0.078 7	19	立陶宛	0.397 4
4	阿联酋	0.134 0	20	匈牙利	0.401 8
5	克罗地亚	0.168 6	21	沙特阿拉伯	0.405 3
6	巴林	0.215 5	22	白俄罗斯	0.408 8
7	拉脱维亚	0.219 7	23	保加利亚	0.421 4
8	捷克	0.238 4	24	泰国	0.427 7
9	以色列	0.257 9	25	哈萨克斯坦	0.539 5
10	波兰	0.318 6	26	罗马尼亚	0.545 4
11	土耳其	0.322 3	27	斯里兰卡	0.579 4
12	伊朗	0.329 1	28	印度	0.670 6
13	马来西亚	0.354 1	29	黎巴嫩	0.739 3
14	阿曼	0.369 4	30	摩尔多瓦	0.746 9
15	卡塔尔	0.369 7	31	印度尼西亚	0.781 2
16	蒙古国	0.387 0	32	阿尔巴尼亚	0.785 2

[①] 详细内容参考《对外投资合作国别（地区）指南：塔吉克斯坦》，具体网址为：www.mofcom.gov.cn/dl/gbdqzn/upload/tajikesitan.pdf。

续表

排名	国家	金融机构可得性	排名	国家	金融机构可得性
33	亚美尼亚	0.811 3	41	孟加拉国	0.889 2
34	乌兹别克斯坦	0.814 0	42	塔吉克斯坦	0.897 9
35	越南	0.819 1	43	埃及	0.906 9
36	约旦	0.821 6	44	老挝	0.907 7
37	菲律宾	0.823 2	45	缅甸	0.931 4
38	阿塞拜疆	0.824 7	46	柬埔寨	0.953 9
39	土库曼斯坦	0.841 0	47	伊拉克	0.985 4
40	吉尔吉斯斯坦	0.870 1	48	巴基斯坦	0.995 0

结合表4-37分析，位列前10的国家分别是新加坡、斯洛文尼亚、爱沙尼亚、阿联酋、克罗地亚、巴林、拉脱维亚、捷克、以色列和波兰，而位列后10的国家分别为土库曼斯坦、吉尔吉斯斯坦、孟加拉国、塔吉克斯坦、埃及、老挝、缅甸、柬埔寨、伊拉克和巴基斯坦。在金融机构可得性较低的国家，本国居民或者企业获得银行等金融机构服务的难度相对较大，在当地成功投资项目或者获取足够的融资资金也较为困难。以土库曼斯坦为例，土库曼斯坦发行的银行卡品种较少，使用人数也较少。由于贷款审查极其严格以及平均年贷款利率约为10%，境外企业在土库曼斯坦很难获得足够的融资。[①]

① 详细内容参考《对外投资合作国别（地区）指南：土库曼斯坦》，具体网址为：www.mofcom.gov.cn/dl/gbdqzn/upload/tukumansitan.pdf。

（三）金融机构效率

本部分统计分析了"一带一路"沿线国家金融机构效率评级排名，如表 4-38 所示。

表 4-38　2013—2020 年"一带一路"沿线国家金融机构效率评级排名

排名	国家	金融机构效率	排名	国家	金融机构效率
1	埃及	0.266 5	18	沙特阿拉伯	0.452 7
2	印度尼西亚	0.320 9	19	土耳其	0.462 1
3	阿塞拜疆	0.339 9	20	摩尔多瓦	0.466 3
4	吉尔吉斯斯坦	0.343 3	21	克罗地亚	0.470 1
5	柬埔寨	0.346 5	22	巴林	0.471 4
6	卡塔尔	0.371 7	23	保加利亚	0.473 6
7	斯里兰卡	0.406 0	24	泰国	0.485 2
8	阿尔巴尼亚	0.410 6	25	新加坡	0.486 3
9	巴基斯坦	0.415 7	26	阿曼	0.487 8
10	蒙古国	0.419 7	27	阿联酋	0.499 5
11	塔吉克斯坦	0.421 7	28	缅甸	0.504 3
12	菲律宾	0.426 8	29	土库曼斯坦	0.507 4
13	爱沙尼亚	0.439 4	30	马来西亚	0.510 2
14	亚美尼亚	0.439 4	31	罗马尼亚	0.514 9
15	约旦	0.442 8	32	乌克兰	0.517 4
16	捷克	0.449 6	33	哈萨克斯坦	0.522 8
17	越南	0.449 7	34	黎巴嫩	0.527 7

续表

排名	国家	金融机构效率	排名	国家	金融机构效率
35	老挝	0.539 8	42	孟加拉国	0.603 4
36	乌兹别克斯坦	0.541 1	43	立陶宛	0.607 9
37	俄罗斯	0.544 1	44	印度	0.609 6
38	伊朗	0.557 8	45	波兰	0.613 6
39	白俄罗斯	0.579 3	46	伊拉克	0.621 1
40	以色列	0.581 1	47	斯洛文尼亚	0.678 0
41	拉脱维亚	0.586 8	48	匈牙利	0.699 4

结合表4-38分析,位列前10的国家分别是埃及、印度尼西亚、阿塞拜疆、吉尔吉斯斯坦、柬埔寨、卡塔尔、斯里兰卡、阿尔巴尼亚、巴基斯坦和蒙古国,而位列后10的国家分别为白俄罗斯、以色列、拉脱维亚、孟加拉国、立陶宛、印度、波兰、伊拉克、斯洛文尼亚和匈牙利。在金融机构效率高的国家,银行等金融机构的盈利能力和运营能力均较强,能够合理应对大额度的资金融通;相反,在金融机构效率低的国家,银行等金融机构抵御风险的能力较差,在"一带一路"重大基础建设项目融资方面缺乏足够的能力和经验。

(四)金融市场深度

本部分统计分析了"一带一路"沿线国家金融市场深度评级排名,如表4-39所示。

表 4-39　2013—2020 年"一带一路"沿线国家金融市场深度评级排名

排名	国家	金融市场深度	排名	国家	金融市场深度
1	新加坡	0.167 4	25	拉脱维亚	0.769 2
2	马来西亚	0.231 5	26	保加利亚	0.773 5
3	泰国	0.254 4	27	斯里兰卡	0.777 7
4	卡塔尔	0.340 1	28	埃及	0.777 9
5	阿联酋	0.421 9	29	哈萨克斯坦	0.787 7
6	巴林	0.431 9	30	越南	0.818 3
7	黎巴嫩	0.446 4	31	阿尔巴尼亚	0.823 3
8	沙特阿拉伯	0.480 9	32	巴基斯坦	0.831 3
9	印度	0.486 4	33	孟加拉国	0.836 4
10	以色列	0.525 5	34	柬埔寨	0.846 2
11	菲律宾	0.542 9	35	爱沙尼亚	0.847 0
12	约旦	0.562 8	36	乌克兰	0.851 2
13	土耳其	0.575 8	37	罗马尼亚	0.861 6
14	克罗地亚	0.622 6	38	亚美尼亚	0.884 6
15	伊朗	0.660 2	39	白俄罗斯	0.923 4
16	蒙古国	0.668 7	40	阿塞拜疆	0.925 3
17	波兰	0.689 2	41	缅甸	0.929 1
18	阿曼	0.690 9	42	摩尔多瓦	0.929 8
19	斯洛文尼亚	0.699 1	43	老挝	0.949 7
20	俄罗斯	0.701 5	44	伊拉克	0.959 7
21	匈牙利	0.706 7	45	吉尔吉斯斯坦	0.965 5
22	印度尼西亚	0.730 7	46	塔吉克斯坦	0.975 9
23	捷克	0.762 2	47	乌兹别克斯坦	0.992 8
24	立陶宛	0.764 6	48	土库曼斯坦	1.000 0

结合表 4-39 分析，位列前 10 的国家分别是新加坡、马来西亚、泰国、卡塔尔、阿联酋、巴林、黎巴嫩、沙特阿拉伯、印度和以色列，而位列后 10 的国家分别为白俄罗斯、阿塞拜疆、缅甸、摩尔多瓦、老挝、伊拉克、吉尔吉斯斯坦、塔吉克斯坦、乌兹别克斯坦、土库曼斯坦。金融市场深度不足的国家（即排名较后的国家），其包括股票市场和债券市场在内的金融市场尚未形成完整的体系。我国企业在这些国家通过股权融资或者债券融资的难度相对更大，更难为项目获得足够的融资资金。例如，土库曼斯坦政治经济体制高度集权，市场机制并不完善，涉外投资项目受到行政干预的可能性较大，这对我国企业在当地开展对外直接投资造成了很大干扰[1]；老挝的证券市场是目前世界上规模最小的资本市场之一，这也会对我国企业在当地融资带来一定困难[2]。

（五）金融市场可得性

本部分统计分析了"一带一路"沿线国家金融市场可得性评级排名，如表 4-40 所示。

---

[1] 详细内容参考《对外投资合作国别（地区）指南：土库曼斯坦》，具体网址为：www.mofcom.gov.cn/dl/gbdqzn/upload/tukumansitan.pdf。

[2] 详细内容参考《对外投资合作国别（地区）指南：老挝》，具体网址为：www.mofcom.gov.cn/dl/gbdqzn/upload/laowo.pdf。

表 4-40　2013—2020 年"一带一路"沿线国家金融市场可得性评级排名

排名	国家	金融市场可得性	排名	国家	金融市场可得性
1	以色列	0.109 4	25	乌克兰	0.667 2
2	马来西亚	0.216 5	26	立陶宛	0.676 1
3	斯洛文尼亚	0.236 9	27	塔吉克斯坦	0.678 3
4	斯里兰卡	0.275 4	28	缅甸	0.679 4
5	阿曼	0.292 8	29	土库曼斯坦	0.679 9
6	新加坡	0.305 6	30	匈牙利	0.682 0
7	波兰	0.315 4	31	罗马尼亚	0.683 7
8	约旦	0.352 5	32	摩尔多瓦	0.685 8
9	克罗地亚	0.377 7	33	巴基斯坦	0.716 0
10	菲律宾	0.378 2	34	越南	0.719 7
11	印度尼西亚	0.394 2	35	阿塞拜疆	0.720 8
12	印度	0.396 3	36	柬埔寨	0.726 8
13	卡塔尔	0.422 0	37	沙特阿拉伯	0.749 6
14	埃及	0.422 6	38	老挝	0.751 5
15	巴林	0.434 5	39	吉尔吉斯斯坦	0.759 2
16	阿联酋	0.494 3	40	拉脱维亚	0.768 3
17	俄罗斯	0.544 0	41	孟加拉国	0.776 4
18	土耳其	0.560 8	42	捷克	0.782 4
19	伊朗	0.560 8	43	阿尔巴尼亚	0.792 6
20	泰国	0.596 3	44	蒙古国	0.831 6
21	哈萨克斯坦	0.618 0	45	乌兹别克斯坦	0.895 9
22	黎巴嫩	0.658 3	46	伊拉克	0.932 1
23	保加利亚	0.666 7	47	白俄罗斯	0.962 6
24	爱沙尼亚	0.666 7	48	亚美尼亚	0.968 4

结合表4-40分析,位列前10的国家分别是以色列、马来西亚、斯洛文尼亚、斯里兰卡、阿曼、新加坡、波兰、约旦、克罗地亚和菲律宾,而位列后10的国家分别为吉尔吉斯斯坦、拉脱维亚、孟加拉国、捷克、阿尔巴尼亚、蒙古国、乌兹别克斯坦、伊拉克、白俄罗斯和亚美尼亚。金融市场可得性较低的国家,金融系统相对而言比较薄弱,缺乏大额融资的经验,分散风险能力相对较弱,我国企业在当地开展"一带一路"基础设施建设项目融资或许会面临一些困难。

(六)金融市场效率

本部分统计分析了"一带一路"沿线国家金融市场效率评级排名,如表4-41所示。

表4-41 2013—2020年"一带一路"沿线国家金融市场效率评级排名

排名	国家	金融市场效率	排名	国家	金融市场效率
1	新加坡	0.194 1	9	马来西亚	0.378 3
2	越南	0.253 5	10	阿塞拜疆	0.398 8
3	沙特阿拉伯	0.274 9	11	以色列	0.400 2
4	土耳其	0.284 9	12	俄罗斯	0.421 9
5	泰国	0.295 6	13	印度尼西亚	0.422 4
6	柬埔寨	0.344 5	14	孟加拉国	0.423 0
7	印度	0.362 1	15	爱沙尼亚	0.427 7
8	匈牙利	0.369 1	16	波兰	0.430 2

续表

排名	国家	金融市场效率	排名	国家	金融市场效率
17	卡塔尔	0.433 5	33	克罗地亚	0.535 9
18	阿曼	0.447 1	34	保加利亚	0.547 1
19	菲律宾	0.465 6	35	约旦	0.549 7
20	塔吉克斯坦	0.467 7	36	阿尔巴尼亚	0.554 7
21	哈萨克斯坦	0.479 5	37	阿联酋	0.577 9
22	巴林	0.483 5	38	埃及	0.578 9
23	吉尔吉斯斯坦	0.489 1	39	摩尔多瓦	0.603 8
24	亚美尼亚	0.489 4	40	乌克兰	0.609 3
25	斯里兰卡	0.494 0	41	蒙古国	0.619 8
26	捷克	0.507 5	42	巴基斯坦	0.651 0
27	拉脱维亚	0.507 8	43	黎巴嫩	0.677 0
28	斯洛文尼亚	0.509 2	44	土库曼斯坦	0.689 4
29	乌兹别克斯坦	0.514 5	45	缅甸	0.744 4
30	白俄罗斯	0.525 0	46	伊朗	0.829 5
31	罗马尼亚	0.527 6	47	伊拉克	0.833 8
32	立陶宛	0.535 6	48	老挝	0.848 0

结合表 4-41 分析,位列前 10 的国家分别是新加坡、越南、沙特阿拉伯、土耳其、泰国、柬埔寨、印度、匈牙利、马来西亚、阿塞拜疆,而位列后 10 的国家分别为摩尔多瓦、乌克兰、蒙古国、巴基斯坦、黎巴嫩、土库曼斯坦、缅甸、伊朗、伊拉克、老挝。在金融市场效率较低的国家,资金融通的效率较低,我国企业在当地面临融资困境。例如,在伊拉克和伊朗,政权不稳定性以及较频繁的战乱冲突导致当地金融市场活力不高,效率低下,

"弱式效应"较为明显。这在一定程度上阻碍了"一带一路"倡议的推进以及企业对外直接投资。

（七）金融机构总风险

综合金融机构风险指标，表 4-42 描述了"一带一路"沿线国家金融机构层面的总体风险。

表 4-42　2013—2020 年"一带一路"沿线国家金融机构总风险评级排名

排名	国家	金融机构总风险	排名	国家	金融机构总风险
1	新加坡	0.221 0	17	乌克兰	0.516 4
2	马来西亚	0.341 4	18	蒙古国	0.519 1
3	爱沙尼亚	0.354 2	19	伊朗	0.519 6
4	克罗地亚	0.366 9	20	俄罗斯	0.537 7
5	以色列	0.381 2	21	立陶宛	0.547 4
6	泰国	0.384 3	22	匈牙利	0.553 4
7	斯洛文尼亚	0.387 6	23	斯里兰卡	0.561 7
8	阿联酋	0.395 7	24	沙特阿拉伯	0.568 8
9	捷克	0.401 8	25	白俄罗斯	0.587 4
10	卡塔尔	0.448 0	26	黎巴嫩	0.587 6
11	巴林	0.461 8	27	越南	0.591 5
12	土耳其	0.477 5	28	罗马尼亚	0.592 5
13	拉脱维亚	0.479 1	29	哈萨克斯坦	0.592 7
14	保加利亚	0.483 6	30	印度	0.598 0
15	波兰	0.490 3	31	约旦	0.598 7
16	阿曼	0.508 7	32	埃及	0.599 3

续表

排名	国家	金融机构总风险	排名	国家	金融机构总风险
33	印度尼西亚	0.603 0	41	巴基斯坦	0.707 7
34	阿尔巴尼亚	0.618 9	42	塔吉克斯坦	0.719 2
35	菲律宾	0.630 5	43	缅甸	0.726 8
36	阿塞拜疆	0.653 8	44	孟加拉国	0.749 0
37	摩尔多瓦	0.658 1	45	乌兹别克斯坦	0.756 9
38	亚美尼亚	0.658 9	46	土库曼斯坦	0.782 8
39	柬埔寨	0.664 6	47	老挝	0.807 8
40	吉尔吉斯斯坦	0.678 3	48	伊拉克	0.809 8

结合表 4-42 分析，从指标数值来看，位列前 10 的国家分别是新加坡、马来西亚、爱沙尼亚、克罗地亚、以色列、泰国、斯洛文尼亚、阿联酋、捷克和卡塔尔，而位列后 10 的国家分别为柬埔寨、吉尔吉斯斯坦、巴基斯坦、塔吉克斯坦、缅甸、孟加拉国、乌兹别克斯坦、土库曼斯坦、老挝、伊拉克。一般来说，我国企业在金融机构总风险更高的国家开展对外直接投资时，由于东道国银行系统不完善、银行贷款能力缺失以及银行效率低下等原因，更难获得足够的融资资金。

（八）金融市场总风险

综合金融市场风险指标，表 4-43 描述了"一带一路"沿线国家金融市场层面的总体风险。

表 4-43　2013—2020 年"一带一路"沿线国家金融市场总风险评级排名

排名	国家	金融市场总风险	排名	国家	金融市场总风险
1	新加坡	0.222 4	25	柬埔寨	0.639 2
2	马来西亚	0.275 5	26	爱沙尼亚	0.647 1
3	以色列	0.345 0	27	立陶宛	0.658 8
4	泰国	0.382 1	28	保加利亚	0.662 4
5	卡塔尔	0.398 6	29	孟加拉国	0.678 6
6	印度	0.414 9	30	阿塞拜疆	0.681 6
7	巴林	0.450 0	31	拉脱维亚	0.681 8
8	菲律宾	0.462 2	32	伊朗	0.683 5
9	土耳其	0.473 8	33	捷克	0.684 0
10	阿曼	0.477 0	34	罗马尼亚	0.691 0
11	波兰	0.478 3	35	蒙古国	0.706 7
12	斯洛文尼亚	0.481 7	36	塔吉克斯坦	0.707 3
13	约旦	0.488 3	37	乌克兰	0.709 2
14	阿联酋	0.498 0	38	阿尔巴尼亚	0.723 5
15	沙特阿拉伯	0.501 8	39	巴基斯坦	0.732 8
16	克罗地亚	0.512 1	40	吉尔吉斯斯坦	0.737 9
17	斯里兰卡	0.515 7	41	摩尔多瓦	0.739 8
18	印度尼西亚	0.515 8	42	亚美尼亚	0.780 8
19	俄罗斯	0.555 8	43	缅甸	0.784 3
20	匈牙利	0.585 9	44	土库曼斯坦	0.789 8
21	埃及	0.593 1	45	乌兹别克斯坦	0.801 1
22	黎巴嫩	0.593 9	46	白俄罗斯	0.803 7
23	越南	0.597 2	47	老挝	0.849 7
24	哈萨克斯坦	0.628 4	48	伊拉克	0.908 5

　　结合表 4-43 分析，位列前 10 的国家分别是新加坡、马来西亚、以色列、泰国、卡塔尔、印度、巴林、菲律宾、土耳其和阿

曼，而位列后 10 的国家分别为巴基斯坦、吉尔吉斯斯坦、摩尔多瓦、亚美尼亚、缅甸、土库曼斯坦、乌兹别克斯坦、白俄罗斯、老挝、伊拉克。一般来说，我国企业在金融市场风险较高的国家开展对外直接投资时，由于东道国股票和债券市场规模小和效率低下等问题，较难获得足够的融资资金。

可以发现，金融市场层面总体风险较低的国家，金融机构层面总体风险也较低（例如新加坡、马来西亚等国家）；相反，金融市场层面总体风险较高的国家，金融机构层面总体风险也较高（例如老挝、伊拉克等国家）。

三、六大类中观层面风险指标关联性分析

为了探究六大类中观层面风险指标是否存在一定的关联性，本部分对原始数据进行分析并列示了六大类指标的相关性矩阵，如表 4-44 所示。

表 4-44 "一带一路"沿线国家六大类中观层面风险指标相关性矩阵

	（1）	（2）	（3）	（4）	（5）	（6）
（1）金融机构深度	1					
（2）金融机构可得性	0.554***	1				
（3）金融机构效率	−0.143	−0.339**	1			
（4）金融市场深度	0.753***	0.541***	−0.046	1		
（5）金融市场可得性	0.596***	0.407***	−0.007	0.612***	1	
（6）金融市场效率	0.468***	0.307**	0.130	0.445***	0.292**	1

注：*、**、*** 分别表示在 10%、5% 和 1% 的水平上显著。

　　结合表 4-44 分析，第一，金融机构层面和金融市场层面对应的指标人多呈显著正相关。其中，金融机构深度与金融市场深度的相关系数为 0.753，金融机构可得性与金融市场可得性的相关系数为 0.407，均通过了 1% 的显著性检验；而金融机构效率与金融市场效率的相关系数为 0.130，并不显著。上述发现和米什金和埃金斯（Mishkin and Eakins，2011）的观点是一致的，金融机构在金融市场当中发挥重要的作用，金融机构通过发挥规模经济和专有技术的优势降低交易成本，提高资源配置效率和分散风险，同时缓解了信息不对称带来的逆向选择和道德风险问题，从而使金融市场更好地运行。因此，较为完善的金融机构体系促进了金融市场体系的发展。第二，深度指标和可得性指标之间呈显著正相关。金融机构深度与金融机构可得性的相关系数为 0.554，与金融市场可得性的系数为 0.596；金融市场深度与金融机构可得性的相关系数为 0.541，与金融市场可得性的系数为 0.612。四个相关系数都在 1% 的水平上显著，表明金融机构体系或者金融市场体系规模越大，越有利于使用者获得相关金融方面的服务。第三，金融机构可得性和金融机构效率相关系数为 -0.339，且在 5% 的水平上显著。这一结果和一些普惠金融或者小微金融领域的研究具有一致性。例如，卡尔等（Cull，et.al，2007，2009）的观点表明，小微金融机构作为普惠金融的重要内容，通常存在社会和财务双重目标，其基于社会目标为更多使用者提供金融服务，同时兼顾提升自身盈利水平的财务目标，二者之间通常存在此消彼长的关系。如果小微金融机构为更多的使用者提供金融服务，则其盈利能力会有所下降，损失一定的效率。

四、"一带一路"沿线国家中观层面风险的时间变化趋势

（一）地区维度

图 4-4 和表 4-45 展示了"一带一路"沿线不同地区中观层面风险得分的时间变化趋势。

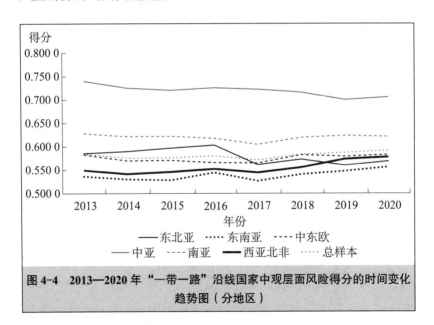

图 4-4　2013—2020 年"一带一路"沿线国家中观层面风险得分的时间变化趋势图（分地区）

表 4-45 2013—2020 年 "一带一路" 沿线国家中观层面风险得分表（分地区）

地区	2013年	2014年	2015年	2016年	2017年	2018年	2019年	2020年
东北亚	0.585 7	0.589 9	0.596 8	0.603 3	0.561 2	0.572 8	0.559 9	0.568 9
东南亚	0.536 6	0.530 4	0.528 1	0.544 4	0.526 8	0.540 6	0.547 5	0.556 3
中东欧	0.582 7	0.570 1	0.570 8	0.565 9	0.564 8	0.582 6	0.579 3	0.583 0
中亚	0.740 0	0.725 2	0.720 7	0.725 6	0.722 4	0.716 2	0.699 8	0.705 6
南亚	0.628 1	0.621 5	0.622 3	0.617 7	0.604 6	0.619 5	0.623 5	0.621 2
西亚北非	0.549 5	0.541 6	0.546 1	0.552 2	0.544 5	0.555 6	0.573 5	0.577 9
总样本	0.584 7	0.575 6	0.576 6	0.580 4	0.571 3	0.583 4	0.587 1	0.591 9

结合图 4-4 和表 4-45 分析，纵向来看，2013—2020 年，各地区的风险波动趋势存在较高的一致性，大体都呈现先降后升的趋势。横向比较，可以发现不同地区内中观层面风险得分存在一定差异。中亚地区八年的风险得分持续稳定于较高水平，分布在 [0.69，0.74] 区间；风险得分最低的是东南亚地区，分布在 [0.52，0.56] 区间。此外，除南亚外，其他地区 2020 年的中观层面风险得分均较 2019 年有所上升。南亚地区 2020 年的中观层面风险得分与 2019 年基本持平且均高于 2018 年。这反映了疫情对中观层面金融市场和金融机构的冲击，也说明本书的中观层面评价指标具有合理性。

（二）经济发展维度

图 4-5 和表 4-46 展示了 "一带一路" 沿线不同发达程度经济

体中观层面风险得分的时间变化趋势。

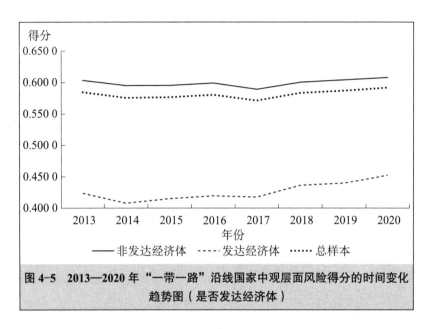

图 4-5　2013—2020 年"一带一路"沿线国家中观层面风险得分的时间变化
趋势图（是否发达经济体）

表 4-46　2013—2020 年"一带一路"沿线国家中观层面风险得分表
（是否发达经济体）

经济体	2013 年	2014 年	2015 年	2016 年	2017 年	2018 年	2019 年	2020 年
非发达经济体	0.603 4	0.595 1	0.595 3	0.599 1	0.589 2	0.600 6	0.604 2	0.608 1
发达经济体	0.423 5	0.407 8	0.415 0	0.419 3	0.417 3	0.436 2	0.439 6	0.452 6
总样本	0.584 7	0.575 6	0.576 6	0.580 4	0.571 3	0.583 4	0.587 1	0.591 9

结合图 4-5 和表 4-46 分析，总体来看，2013—2020 年，发
达经济体和非发达经济体中观层面的风险得分的时间变化趋势均
与总样本有较高的相似性，发达经济体则呈现相对更大幅度的上

升。除此之外,不同发达程度经济体的中观层面风险得分存在一定差异。非发达经济体八年的风险得分持续稳定于较高水平,分布在 [0.58,0.61] 区间。发达经济体风险得分较低,分布在 [0.40,0.46] 区间。

五、"一带一路"沿线国家中观层面风险的波动性

本部分进一步探讨了 48 个"一带一路"沿线国家 2013—2020 年中观层面风险的波动性。评估中观层面的波动性主要是为了识别近几年来中观层面风险变化幅度较大的国家,从而对我国投资者起到预警作用。

首先,本部分采用各国 2013—2020 年中观层面风险得分的标准差衡量中观层面风险的波动性,如表 4-47 所示。

结合表 4-47 分析,风险得分波动性最小的 10 个国家分别是立陶宛、捷克、印度、斯里兰卡、克罗地亚、泰国、吉尔吉斯斯坦、亚美尼亚、以色列和土库曼斯坦,风险得分波动性最大的 10 个国家分别是塔吉克斯坦、阿尔巴尼亚、巴林、斯洛文尼亚、沙特阿拉伯、伊朗、阿联酋、黎巴嫩、乌兹别克斯坦和新加坡。

其次,本部分进一步采用各国 2013—2020 年中观层面风险排名的标准差作为替代变量衡量中观层面风险的波动性,如表 4-48 所示。

表 4-47 2013—2020 年 "一带一路" 沿线国家中观层面风险得分的波动性

国家	2013 年	2014 年	2015 年	2016 年	2017 年	2018 年	2019 年	2020 年	标准差
立陶宛	0.608 9	0.608 8	0.587 0	0.606 7	0.599 3	0.612 3	0.605 9	0.595 8	0.008 4
捷克	0.537 3	0.531 1	0.536 9	0.547 6	0.543 7	0.559 4	0.538 9	0.548 4	0.008 9
印度	0.510 1	0.514 2	0.513 9	0.519 0	0.498 1	0.497 0	0.504 8	0.494 4	0.009 2
斯里兰卡	0.554 2	0.553 4	0.539 1	0.537 3	0.528 8	0.539 6	0.526 7	0.530 6	0.010 4
克罗地亚	0.445 3	0.427 3	0.451 2	0.425 7	0.432 2	0.438 3	0.439 2	0.456 7	0.011 1
泰国	0.393 6	0.386 1	0.377 1	0.389 3	0.372 4	0.365 6	0.380 6	0.400 9	0.011 6
吉尔吉斯斯坦	0.705 7	0.708 4	0.685 7	0.699 8	0.709 5	0.723 9	0.707 3	0.724 4	0.012 5
亚美尼亚	0.726 2	0.728 0	0.738 4	0.704 8	0.698 9	0.719 2	0.722 4	0.721 0	0.012 7
以色列	0.359 7	0.372 2	0.360 2	0.370 0	0.335 4	0.356 9	0.372 7	0.378 0	0.013 5
土库曼斯坦	0.800 7	0.782 0	0.775 4	0.771 5	0.776 4	0.780 9	0.793 5	0.809 9	0.013 6
波兰	0.484 0	0.481 2	0.485 2	0.484 3	0.459 8	0.486 2	0.482 9	0.510 6	0.013 6
保加利亚	0.590 7	0.595 6	0.562 8	0.563 7	0.555 0	0.574 1	0.570 5	0.571 7	0.013 9
摩尔多瓦	0.715 2	0.709 4	0.713 7	0.675 0	0.677 2	0.708 7	0.687 6	0.705 1	0.016 5
卡塔尔	0.445 1	0.424 5	0.387 1	0.414 9	0.434 1	0.424 9	0.430 4	0.425 1	0.017 0
罗马尼亚	0.658 7	0.668 7	0.612 0	0.638 4	0.633 2	0.636 8	0.645 9	0.640 4	0.017 0

续表

国家	2013 年	2014 年	2015 年	2016 年	2017 年	2018 年	2019 年	2020 年	标准差
俄罗斯	0.573 0	0.563 9	0.560 6	0.542 1	0.521 5	0.543 1	0.535 3	0.534 7	0.017 4
孟加拉国	0.727 9	0.714 9	0.739 2	0.712 1	0.681 4	0.698 9	0.712 7	0.723 3	0.017 8
印度尼西亚	0.546 0	0.551 3	0.555 0	0.557 8	0.542 8	0.550 2	0.575 8	0.596 2	0.017 9
越南	0.628 6	0.594 5	0.598 2	0.611 9	0.575 7	0.584 6	0.584 7	0.576 2	0.018 4
菲律宾	0.533 5	0.527 6	0.524 5	0.551 7	0.534 2	0.566 7	0.558 5	0.574 2	0.018 9
乌克兰	0.598 9	0.620 6	0.614 8	0.625 1	0.646 7	0.614 4	0.587 1	0.595 1	0.019 0
马来西亚	0.301 6	0.305 0	0.309 4	0.309 8	0.276 6	0.293 3	0.335 7	0.336 0	0.020 0
巴基斯坦	0.720 3	0.703 4	0.696 9	0.702 4	0.709 9	0.742 6	0.749 7	0.736 5	0.020 3
缅甸	0.785 1	0.746 4	0.759 2	0.774 6	0.747 3	0.767 0	0.720 2	0.744 5	0.020 4
老挝	0.810 9	0.822 7	0.802 7	0.827 8	0.808 9	0.852 2	0.853 1	0.851 6	0.021 0
阿曼	0.475 9	0.477 2	0.473 8	0.493 0	0.494 1	0.482 7	0.509 1	0.536 7	0.021 3
柬埔寨	0.677 7	0.667 0	0.654 4	0.663 4	0.665 5	0.638 2	0.637 7	0.611 1	0.021 6
匈牙利	0.569 7	0.554 6	0.610 5	0.541 5	0.578 5	0.584 1	0.551 0	0.567 5	0.021 8
阿塞拜疆	0.662 5	0.624 3	0.671 5	0.693 5	0.648 6	0.674 8	0.679 9	0.686 9	0.022 4
伊拉克	0.843 9	0.844 6	0.877 0	0.892 0	0.824 4	0.868 8	0.847 4	0.875 2	0.022 5
哈萨克斯坦	0.613 7	0.603 6	0.613 0	0.595 4	0.662 1	0.613 2	0.596 4	0.587 0	0.023 0

续表

国家	2013年	2014年	2015年	2016年	2017年	2018年	2019年	2020年	标准差
埃及	0.620 7	0.604 4	0.596 3	0.581 3	0.559 0	0.572 0	0.612 7	0.623 1	0.023 5
白俄罗斯	0.724 4	0.711 8	0.709 6	0.662 6	0.658 9	0.683 1	0.706 2	0.707 6	0.024 3
爱沙尼亚	0.467 3	0.474 6	0.501 7	0.531 0	0.478 3	0.516 4	0.525 1	0.511 0	0.024 4
土耳其	0.486 5	0.492 6	0.500 9	0.461 7	0.458 0	0.434 1	0.507 4	0.464 1	0.025 1
蒙古国	0.598 4	0.615 9	0.633 0	0.664 5	0.601 0	0.602 6	0.584 5	0.603 1	0.025 2
约旦	0.521 6	0.518 8	0.529 5	0.536 7	0.532 0	0.543 4	0.568 2	0.598 1	0.026 9
拉脱维亚	0.580 9	0.562 4	0.541 2	0.558 6	0.569 5	0.602 3	0.609 4	0.619 4	0.027 5
塔吉克斯坦	0.757 6	0.722 6	0.731 9	0.734 1	0.667 9	0.703 1	0.695 1	0.693 8	0.028 6
阿尔巴尼亚	0.677 8	0.627 2	0.669 6	0.638 0	0.663 8	0.707 0	0.706 4	0.679 8	0.028 6
巴林	0.413 7	0.427 8	0.440 0	0.463 0	0.455 6	0.470 2	0.470 9	0.505 7	0.028 7
斯洛文尼亚	0.498 2	0.408 2	0.394 7	0.424 5	0.411 5	0.432 8	0.454 1	0.453 2	0.033 2
沙特阿拉伯	0.530 4	0.524 3	0.493 4	0.497 7	0.523 2	0.554 0	0.576 5	0.582 8	0.033 3
伊朗	0.585 6	0.585 9	0.624 8	0.630 0	0.660 2	0.632 3	0.554 8	0.539 0	0.042 0
阿联酋	0.447 0	0.404 6	0.401 2	0.417 3	0.432 1	0.458 5	0.504 7	0.509 7	0.042 1
黎巴嫩	0.574 6	0.553 7	0.550 6	0.575 4	0.567 5	0.586 4	0.672 3	0.645 3	0.044 2
乌兹别克斯坦	0.822 4	0.809 5	0.797 3	0.827 3	0.796 1	0.760 1	0.706 6	0.712 7	0.047 5
新加坡	0.152 6	0.172 8	0.172 7	0.212 9	0.217 5	0.247 6	0.281 4	0.315 9	0.057 0

表 4-48 2013—2020 年 "一带一路" 沿线国家中观层面风险排名的波动性

国家	2013 年	2014 年	2015 年	2016 年	2017 年	2018 年	2019 年	2020 年	标准差
以色列	3	3	3	3	3	3	3	3	0.000 0
新加坡	1	1	1	1	1	1	1	1	0.000 0
泰国	4	4	4	4	4	4	4	4	0.000 0
马来西亚	2	2	2	2	2	2	2	2	0.000 0
伊拉克	48	48	48	48	48	48	47	48	0.353 6
老挝	46	47	47	47	47	47	48	47	0.534 5
土库曼斯坦	45	45	45	44	45	46	46	46	0.707 1
缅甸	44	44	44	45	44	45	43	45	0.707 1
克罗地亚	7	8	9	8	7	8	6	7	0.925 8
波兰	11	12	11	11	11	12	9	12	0.991 0
亚美尼亚	41	43	42	41	41	41	44	41	1.165 0
卡塔尔	6	7	5	5	8	5	5	5	1.165 0
捷克	18	18	18	20	21	20	17	18	1.388 7
摩尔多瓦	38	39	40	37	39	40	36	38	1.407 9
巴林	5	9	8	10	9	10	8	10	1.685 0

续表

国家	2013年	2014年	2015年	2016年	2017年	2018年	2019年	2020年	标准差
立陶宛	29	30	25	28	28	29	29	26	1.690 3
孟加拉国	42	41	43	42	40	37	42	42	1.885 1
阿塞拜疆	34	33	36	38	32	35	35	36	1.885 1
印度	14	14	15	14	14	13	11	9	2.000 0
阿曼	10	11	10	12	13	11	13	16	2.000 0
菲律宾	17	17	16	21	19	21	20	21	2.070 2
阿联酋	8	5	7	6	6	9	10	11	2.121 3
爱沙尼亚	9	10	14	15	12	14	14	13	2.133 9
柬埔寨	35	35	34	35	37	34	32	30	2.138 1
罗马尼亚	33	36	29	33	30	33	33	33	2.138 1
保加利亚	26	27	24	24	22	23	22	20	2.267 8
土耳其	12	13	13	9	10	7	12	8	2.329 9
斯里兰卡	20	20	19	17	17	15	15	14	2.356 6
阿尔巴尼亚	36	34	35	32	36	39	39	35	2.375 5
吉尔吉斯斯坦	37	38	37	39	42	42	41	43	2.416 5
乌克兰	28	32	31	30	31	31	27	25	2.445 8
斯洛文尼亚	13	6	6	7	5	6	7	6	2.507 1

续表

国家	2013年	2014年	2015年	2016年	2017年	2018年	2019年	2020年	标准差
塔吉克斯坦	43	42	41	43	38	38	37	37	2.642 4
白俄罗斯	40	40	39	34	33	36	38	39	2.722 3
乌兹别克斯坦	47	46	46	46	46	44	40	40	2.825 3
印度尼西亚	19	19	22	22	20	18	23	27	2.915 5
越南	32	26	27	29	26	25	26	22	2.924 6
巴基斯坦	39	37	38	40	43	43	45	44	2.997 0
哈萨克斯坦	30	28	30	27	35	30	28	24	3.162 3
蒙古国	27	31	33	36	29	28	25	29	3.494 9
拉脱维亚	24	23	20	23	25	27	30	31	3.739 3
俄罗斯	22	24	23	19	15	16	16	15	3.770 2
埃及	31	29	26	26	23	22	31	32	3.817 3
匈牙利	21	22	28	18	27	24	18	19	3.907 4
沙特阿拉伯	16	16	12	13	16	19	24	23	4.340 4
约旦	15	15	17	16	18	17	21	28	4.340 4
黎巴嫩	23	21	21	25	24	26	34	34	5.237 2
伊朗	25	25	32	31	34	32	19	17	6.401 7

结合表 4-48 分析，波动性最小的 10 个国家分别是以色列、新加坡、泰国、马来西亚、伊拉克、老挝、土库曼斯坦、缅甸、克罗地亚和波兰；风险排名波动性最大的 10 个国家分别是哈萨克斯坦、蒙古国、拉脱维亚、俄罗斯、埃及、匈牙利、沙特阿拉伯、约旦、黎巴嫩和伊朗。风险得分和风险排名两个标准差数值的相关系数为 0.371，通过了 1% 的显著性检验，说明表 4-47 和表 4-48 的结论具有一定的一致性，风险得分波动性大的国家一般风险排名波动性也大。

再次，本部分将"一带一路"沿线国家分为六个地区，探讨各自的风险波动性，如表 4-49 所示。

表 4-49 2013—2020 年"一带一路"沿线国家中观层面风险的波动性
（分地区）

地区	八年的风险得分标准差	八年的风险排名标准差
东北亚	0.021 3	3.632 5
东南亚	0.023 0	1.254 4
中东欧	0.019 2	2.188 6
中亚	0.025 0	2.350 7
南亚	0.014 4	2.309 7
西亚北非	0.026 8	2.631 6
总样本	0.022 4	2.229 8

结合表 4-49 分析，从风险得分来看，波动性较小的地区是南亚地区，波动性较大的地区是西亚北非地区；从风险排名来看，

东南亚地区的波动性最小，东北亚地区的波动性最大。总体而言，中东欧地区和南亚地区的波动性相对较小。

最后，本部分将"一带一路"沿线国家按照经济发展水平分为非发达经济体和发达经济体，探讨各自的风险波动性，如表4-50所示。

表4-50 2013—2020年"一带一路"沿线国家中观层面风险的波动性（是否发达经济体）

经济体	八年的风险得分标准差	八年的风险排名标准差
非发达经济体	0.021 9	2.307 6
发达经济体	0.026 9	1.560 7
总样本	0.022 4	2.229 8
两类经济体差值	−0.005 0	0.746 9

结合表4-50分析，从风险得分和风险排名来看，两类经济体波动性大体一致，用两种方法计算的风险波动性的差值均未通过10%的显著性检验。

六、"一带一路"沿线国家中观层面风险不同阶段比较

为进一步识别中观层面金融风险快速上升或者大幅下降的国家，本节的最后一部分描述了"一带一路"沿线国家中观层面风险得分或排名在2013—2016年（前阶段）和2017—2020年（后

阶段）的相互对比。

首先，表4-51描述了两个阶段中观层面金融风险得分平均值的差值。

从表4-51可以看出，中观层面金融风险得分下降最快的10个国家分别是乌兹别克斯坦、塔吉克斯坦、蒙古国、越南、柬埔寨、俄罗斯、缅甸、土耳其、孟加拉国和印度。中观层面风险得分上升最快的10个国家分别是阿曼、巴基斯坦、约旦、阿尔巴尼亚、拉脱维亚、巴林、沙特阿拉伯、黎巴嫩、阿联酋和新加坡。中观层面风险得分上升较快的国家需要引起我国投资者的高度注意。

其次，表4-52描述了"一带一路"沿线国家不同阶段风险排名的变化。

从表4-52可以看出，中观层面风险排名上升最快的10个国家分别是俄罗斯、塔吉克斯坦、蒙古国、斯里兰卡、乌兹别克斯坦、越南、保加利亚、伊朗、印度和土耳其；中观层面风险排名下降最快的10个国家分别是阿曼、菲律宾、阿联酋、阿尔巴尼亚、吉尔吉斯斯坦、巴基斯坦、约旦、拉脱维亚、沙特阿拉伯和黎巴嫩。风险得分变化和风险排名变化的相关系数为0.765，通过了1%的显著性检验，说明表4-51和表4-52结论的一致性较高。

再次，本部分将"一带一路"沿线国家分为六个地区，对比六个地区不同阶段的中观层面风险，如表4-53所示。

表 4-51 "一带一路"沿线国家不同阶段中观层面风险得分

国家	2013 年	2014 年	2015 年	2016 年	2017 年	2018 年	2019 年	2020 年	中观层面风险得分变化
乌兹别克斯坦	0.822 4	0.809 5	0.797 3	0.827 3	0.796 1	0.760 1	0.706 6	0.712 7	-0.070 3
塔吉克斯坦	0.757 6	0.722 6	0.731 9	0.734 1	0.667 9	0.703 1	0.695 1	0.693 8	-0.046 6
蒙古国	0.598 4	0.615 9	0.633 0	0.664 5	0.601 0	0.602 6	0.584 5	0.603 1	-0.030 2
越南	0.628 6	0.594 5	0.598 2	0.611 9	0.575 7	0.584 6	0.584 7	0.576 2	-0.028 0
柬埔寨	0.677 7	0.667 0	0.654 4	0.663 4	0.665 5	0.638 2	0.637 7	0.611 1	-0.027 5
俄罗斯	0.573 0	0.563 9	0.560 6	0.542 1	0.521 5	0.543 1	0.535 3	0.534 7	-0.026 3
缅甸	0.785 1	0.746 4	0.759 2	0.774 6	0.747 3	0.767 0	0.720 2	0.744 5	-0.021 6
土耳其	0.486 5	0.492 6	0.500 9	0.461 7	0.458 0	0.434 1	0.507 4	0.464 1	-0.019 6
孟加拉国	0.727 9	0.714 9	0.739 2	0.712 1	0.681 4	0.698 9	0.712 7	0.723 3	-0.019 4
印度	0.510 1	0.514 2	0.513 9	0.519 0	0.498 1	0.497 0	0.504 8	0.494 4	-0.015 8
斯里兰卡	0.554 2	0.553 4	0.539 1	0.537 3	0.528 8	0.539 6	0.526 7	0.530 6	-0.014 5
白俄罗斯	0.724 4	0.711 8	0.709 6	0.662 6	0.658 9	0.683 1	0.706 2	0.707 6	-0.013 1
伊拉克	0.843 9	0.844 6	0.877 0	0.892 0	0.824 4	0.868 8	0.847 4	0.875 2	-0.010 4
保加利亚	0.590 7	0.595 6	0.562 8	0.563 7	0.555 0	0.574 1	0.570 5	0.571 7	-0.010 4
伊朗	0.585 6	0.585 9	0.624 8	0.630 0	0.660 2	0.632 3	0.554 8	0.539 0	-0.010 0
埃及	0.620 7	0.604 4	0.596 3	0.581 3	0.559 0	0.572 0	0.612 7	0.623 1	-0.009 0

续表

国家	2013 年	2014 年	2015 年	2016 年	2017 年	2018 年	2019 年	2020 年	中观层面风险得分变化
亚美尼亚	0.726 2	0.728 0	0.738 4	0.704 8	0.698 9	0.719 2	0.722 4	0.721 0	−0.009 0
摩尔多瓦	0.715 2	0.709 4	0.713 7	0.675 0	0.677 2	0.708 7	0.687 6	0.705 1	−0.008 7
泰国	0.393 6	0.386 1	0.377 1	0.389 3	0.372 4	0.365 6	0.380 6	0.400 9	−0.006 7
罗马尼亚	0.658 7	0.668 7	0.612 0	0.638 4	0.633 2	0.636 8	0.645 9	0.640 4	−0.005 4
以色列	0.359 7	0.372 2	0.360 2	0.370 0	0.335 4	0.356 9	0.372 7	0.378 0	−0.004 8
乌克兰	0.598 9	0.620 6	0.614 8	0.625 1	0.646 7	0.614 4	0.587 1	0.595 1	−0.004 0
立陶宛	0.608 9	0.608 8	0.587 0	0.606 7	0.599 3	0.612 3	0.605 9	0.595 8	0.000 5
匈牙利	0.569 7	0.554 6	0.610 5	0.541 5	0.578 5	0.584 1	0.551 0	0.567 5	0.001 2
波兰	0.484 0	0.481 2	0.485 2	0.484 3	0.459 8	0.486 2	0.482 9	0.510 6	0.001 2
马来西亚	0.301 6	0.305 0	0.309 4	0.309 8	0.276 6	0.293 3	0.335 7	0.336 0	0.004 0
克罗地亚	0.445 3	0.427 3	0.451 2	0.425 7	0.432 2	0.438 3	0.439 2	0.456 7	0.004 2
斯洛文尼亚	0.498 2	0.408 2	0.394 7	0.424 5	0.411 5	0.432 8	0.454 1	0.453 2	0.006 5
土库曼斯坦	0.800 7	0.782 0	0.775 4	0.771 5	0.776 4	0.780 9	0.793 5	0.809 9	0.007 8
哈萨克斯坦	0.613 7	0.603 6	0.613 0	0.595 4	0.662 1	0.613 2	0.596 4	0.587 0	0.008 2
捷克	0.537 3	0.531 1	0.536 9	0.547 6	0.543 7	0.559 4	0.538 9	0.548 4	0.009 4
阿塞拜疆	0.662 5	0.624 3	0.671 5	0.693 5	0.648 6	0.674 8	0.679 9	0.686 9	0.009 6

续表

国家	2013年	2014年	2015年	2016年	2017年	2018年	2019年	2020年	中观层面风险得分变化
卡塔尔	0.4451	0.4245	0.3871	0.4149	0.4341	0.4249	0.4304	0.4251	0.0107
印度尼西亚	0.5460	0.5513	0.5550	0.5578	0.5428	0.5502	0.5758	0.5962	0.0137
爱沙尼亚	0.4673	0.4746	0.5017	0.5310	0.4783	0.5164	0.5251	0.5110	0.0141
吉尔吉斯斯坦	0.7057	0.7084	0.6857	0.6998	0.7095	0.7239	0.7073	0.7244	0.0164
菲律宾	0.5335	0.5276	0.5245	0.5517	0.5342	0.5667	0.5585	0.5742	0.0241
老挝	0.8109	0.8227	0.8027	0.8278	0.8089	0.8522	0.8531	0.8516	0.0254
阿曼	0.4759	0.4772	0.4738	0.4930	0.4941	0.4827	0.5091	0.5367	0.0257
巴基斯坦	0.7203	0.7034	0.6969	0.7024	0.7099	0.7426	0.7497	0.7365	0.0289
约旦	0.5216	0.5188	0.5295	0.5367	0.5320	0.5434	0.5682	0.5981	0.0338
阿尔巴尼亚	0.6778	0.6272	0.6696	0.6380	0.6638	0.7070	0.7064	0.6798	0.0361
拉脱维亚	0.5809	0.5624	0.5412	0.5586	0.5695	0.6023	0.6094	0.6194	0.0394
巴林	0.4137	0.4276	0.4400	0.4630	0.4556	0.4702	0.4709	0.5057	0.0395
沙特阿拉伯	0.5304	0.5243	0.4934	0.4977	0.5232	0.5540	0.5765	0.5828	0.0477
黎巴嫩	0.5746	0.5537	0.5506	0.5754	0.5675	0.5864	0.6723	0.6453	0.0543
阿联酋	0.4470	0.4046	0.4012	0.4173	0.4321	0.4585	0.5047	0.5097	0.0587
新加坡	0.1526	0.1728	0.1727	0.2129	0.2175	0.2476	0.2814	0.3159	0.0878

表4-52 "一带一路"沿线国家不同阶段中观层面风险排名

国家	2013年	2014年	2015年	2016年	2017年	2018年	2019年	2020年	中观层面风险排名变化
俄罗斯	22	24	23	19	15	16	16	15	-6.50
塔吉克斯坦	43	42	41	43	38	38	37	37	-4.75
蒙古国	27	31	33	36	29	28	25	29	-4.00
斯里兰卡	20	20	19	17	17	15	15	14	-3.75
乌兹别克斯坦	47	46	46	46	46	44	40	40	-3.75
越南	32	26	27	29	26	25	26	22	-3.75
保加利亚	26	27	24	24	22	23	22	20	-3.50
伊朗	25	25	32	31	34	32	19	17	-2.75
印度	14	14	15	14	14	13	11	9	-2.50
土耳其	12	13	13	9	10	7	12	8	-2.50
斯洛文尼亚	13	6	6	7	5	6	7	6	-2.00
孟加拉国	42	41	43	42	40	37	42	42	-1.75
乌克兰	28	32	31	30	31	31	27	25	-1.75
白俄罗斯	40	40	39	34	33	36	38	39	-1.75
柬埔寨	35	35	34	35	37	34	32	30	-1.50

续表

国家	2013年	2014年	2015年	2016年	2017年	2018年	2019年	2020年	中观层面风险排名变化
克罗地亚	7	8	9	8	7	8	6	7	-1.00
埃及	31	29	26	26	23	22	31	32	-1.00
阿塞拜疆	34	33	36	38	32	35	35	36	-0.75
罗马尼亚	33	36	29	33	30	33	33	33	-0.50
伊拉克	48	48	48	48	48	48	47	48	-0.25
波兰	11	12	11	11	11	12	9	12	-0.25
摩尔多瓦	38	39	40	37	39	40	36	38	-0.25
匈牙利	21	22	28	18	27	24	18	19	-0.25
以色列	3	3	3	3	3	3	3	3	0.00
新加坡	1	1	1	1	1	1	1	1	0.00
泰国	4	4	4	4	4	4	4	4	0.00
马来西亚	2	2	2	2	2	2	2	2	0.00
缅甸	44	44	44	45	44	45	43	45	0.00
亚美尼亚	41	43	42	41	41	41	44	41	0.00
卡塔尔	6	7	5	5	8	5	5	5	0.00
立陶宛	29	30	25	28	28	29	29	26	0.00

续表

国家	2013年	2014年	2015年	2016年	2017年	2018年	2019年	2020年	中观层面风险排名变化
老挝	46	47	47	47	47	47	48	47	0.50
捷克	18	18	18	20	21	20	17	18	0.50
哈萨克斯坦	30	28	30	27	35	30	28	24	0.50
土库曼斯坦	45	45	45	44	45	46	46	46	1.00
巴林	5	9	8	10	9	10	8	10	1.25
爱沙尼亚	9	10	14	15	12	14	14	13	1.25
印度尼西亚	19	19	22	22	20	18	23	27	1.50
阿曼	10	11	10	12	13	11	13	16	2.50
菲律宾	17	17	16	21	19	21	20	21	2.50
阿联酋	8	5	7	6	6	9	10	11	2.50
阿尔巴尼亚	36	34	35	32	36	39	39	35	3.00
吉尔吉斯斯坦	37	38	37	39	42	42	41	43	4.25
巴基斯坦	39	37	38	40	43	43	45	44	5.25
约旦	15	15	17	16	18	17	21	28	5.25
拉脱维亚	24	23	20	23	25	27	30	31	5.75
沙特阿拉伯	16	16	12	13	16	19	24	23	6.25
黎巴嫩	23	21	21	25	24	26	34	34	7.00

表 4-53 "一带一路"沿线国家不同阶段中观层面风险的变化
（分地区）

地区	风险得分变化	风险排名变化
东北亚	-0.028 2	-5.250 0
东南亚	0.007 9	-0.083 3
中东欧	0.005 1	-0.053 6
中亚	-0.016 9	-0.550 0
南亚	-0.005 2	-0.687 5
西亚北非	0.015 5	1.250 0
总样本	0.004 1	0.000 0

结合表 4-53 分析，从风险得分变化和风险排名变化来看，风险得分下降最快的是东北亚地区，平均下降 0.028 2 分，风险排名平均上升 5.25 个名次；风险得分上升最快的是西亚北非地区，平均上升 0.015 5 分，风险排名平均下降 1.25 个名次。然而，中观层面风险得分与排名的上升和下降的幅度均不显著，从整体来看，各地区在两个阶段的中观层面风险趋于稳定。

最后，本部分将"一带一路"沿线国家按照经济发展水平分为非发达经济体和发达经济体，分别对比中观层面风险得分和风险排名的变化，如表 4-54 所示。

表 4-54 "一带一路"沿线国家不同阶段中观层面风险的变化
（是否发达经济体）

经济体	风险得分变化	风险排名变化
非发达经济体	0.002 3	0.040 7
发达经济体	0.020 0	-0.350 0
总样本	0.004 1	0.000 0
两类经济体差值	-0.017 8	0.390 7

结合表 4-54 中风险得分和风险排名的变化来看，两类经济体的中观层面风险上升和下降幅度均不显著，两类经济体在两个阶段的中观层面风险趋于稳定。

第四节 "一带一路"沿线国家整体金融风险评级结果分析

一、总体分析结果

根据前两节对"一带一路"沿线国家宏观层面和中观层面的风险识别和计算，本节将宏观层面和中观层面风险赋予相等的权重，对"一带一路"沿线各国整体的金融风险进行计算。具体结果如表 4-55 所示。

表 4-55　2013—2020 年"一带一路"沿线国家整体金融风险评级排名

排名	国家	整体金融风险得分	风险级别
1	新加坡	0.174 7	低
2	卡塔尔	0.298 5	较低
3	以色列	0.313 2	较低
4	阿联酋	0.313 9	较低
5	马来西亚	0.324 6	较低
6	巴林	0.375 4	较低

续表

排名	国家	整体金融风险得分	风险级别
7	克罗地亚	0.386 0	较低
8	爱沙尼亚	0.392 5	较低
9	斯洛文尼亚	0.370 3	较低
10	波兰	0.405 2	中等
11	阿曼	0.419 6	中等
12	捷克	0.424 8	中等
13	泰国	0.422 8	中等
14	匈牙利	0.440 8	中等
15	立陶宛	0.451 5	中等
16	俄罗斯	0.473 3	中等
17	沙特阿拉伯	0.445 7	中等
18	保加利亚	0.469 6	中等
19	土耳其	0.456 2	中等
20	哈萨克斯坦	0.493 2	中等
21	印度尼西亚	0.506 8	中等
22	伊朗	0.532 0	中等
23	约旦	0.477 4	中等
24	拉脱维亚	0.495 6	中等
25	越南	0.520 5	中等
26	阿塞拜疆	0.504 2	中等
27	亚美尼亚	0.517 4	中等
28	罗马尼亚	0.510 3	中等
29	斯里兰卡	0.525 6	中等

续表

排名	国家	整体金融风险得分	风险级别
30	白俄罗斯	0.533 3	中等
31	蒙古国	0.536 8	中等
32	埃及	0.519 7	中等
33	柬埔寨	0.535 8	中等
34	阿尔巴尼亚	0.545 6	中等
35	印度	0.539 5	中等
36	黎巴嫩	0.521 2	中等
37	摩尔多瓦	0.547 6	中等
38	菲律宾	0.554 0	中等
39	乌克兰	0.553 0	中等
40	吉尔吉斯斯坦	0.577 0	中等
41	土库曼斯坦	0.582 1	中等
42	塔吉克斯坦	0.595 7	中等
43	乌兹别克斯坦	0.602 1	较高
44	孟加拉国	0.632 3	较高
45	老挝	0.635 5	较高
46	缅甸	0.647 5	较高
47	巴基斯坦	0.663 3	较高
48	伊拉克	0.734 0	较高

根据表 4-55 中 2013—2020 年整体金融风险评级结果，大部分"一带一路"沿线国家处于中高风险级别。具体来看，低风险级别国家仅有新加坡，较低风险级别国家有 8 个，其余 39 个国家

均为中高风险级别。除此之外，部分国家（例如巴基斯坦、伊拉克）风险得分接近或超过 0.7，意味着这些国家具有较高的整体金融风险，我国企业在这些国家进行投融资要高度注意。总体来看，"一带一路"沿线国家的整体金融风险较高，需引起我国企业的重视。本评级体系考虑了整体金融风险得分和排名与宏观层面和中观层面风险的一致性。根据相关性分析，整体金融风险得分和宏观层面风险得分的相关系数为 0.856，和中观层面风险得分的相关系数为 0.912，两者均通过了 1% 的显著性检验；整体金融风险排名和宏观层面风险排名的相关系数为 1，和中观层面风险排名的相关系数为 0.497，两者均通过了 1% 的显著性检验。总体而言，本评级体系整体金融风险的评级结果与宏观和中观层面风险的评级结果具有较高的一致性。

为了进一步分析"一带一路"沿线国家整体金融风险得分，表 4-56 将总体样本分为六个地区，比较整体金融风险的差异。

表 4-56 "一带一路"沿线国家整体金融风险得分比较（分地区）

地区	整体金融风险得分	风险排名
东北亚	0.505 1	30.50
东南亚	0.480 3	30.11
中东欧	0.466 2	17.14
中亚	0.570 0	28.60
南亚	0.590 2	44.75

续表

地区	整体金融风险得分	风险排名
西亚北非	0.459 2	20.14
总样本	0.489 5	24.50

结合表 4-56 分析，整体来看，西亚北非地区和中东欧地区整体金融风险得分较低，风险排名相对靠前，其风险得分分别为 0.459 2 和 0.466 2 分，风险排名分别为 20.14 和 17.14 名；南亚和中亚地区整体金融风险得分较高，平均风险得分分别为 0.590 2 和 0.570 0，风险排名分别为 44.75 和 28.60 名。

表 4-57 将总体样本分为发达经济体分样本和非发达经济体分样本，比较两者整体金融风险的差异。

表 4-57 "一带一路"沿线国家整体金融风险得分比较（是否发达经济体）

经济体	整体金融风险得分	风险排名
非发达经济体	0.506 4	26.60
发达经济体	0.344 8	6.40
总样本	0.489 5	24.50
两类经济体差值	0.161 6***	20.20***

注：*** 表示在 1% 的水平上显著。

结合表 4-57 来看，发达经济体评级结果明显优于非发达经济体评级结果。从风险排名看，发达经济体的平均风险排名为 6.40，而非发达经济体的平均风险排名为 26.60，两者差异通过了 1% 的显著性检验。从风险得分看，发达经济体的平均整体金融风险得分为 0.344 8，而非发达经济体的平均整体金融风险得分为 0.506 4，两者差异通过了 1% 的显著性检验。

二、宏观指标与中观指标关联性分析

为了探究五大类宏观层面风险指标和六大类中观层面风险指标之间是否存在一定的关联性，本部分对原始数据进行分析并描述了相关性矩阵，如表 4-58 所示。

表 4-58 "一带一路"沿线国家宏观与中观层面指标相关性矩阵

	政治不确定性	政府政策不确定性	宏观经济不确定性	社会不确定性	自然不确定性
金融机构深度	0.148	0.650***	0.414***	0.213	-0.083
金融机构可得性	0.247*	0.786***	0.435***	0.504***	0.263*
金融机构效率	0.014	-0.056	-0.121	0.031	-0.007
金融市场深度	0.289**	0.584***	0.439***	0.178	-0.046
金融市场可得性	0.097	0.505***	0.262*	0.344**	-0.173
金融市场效率	0.191	0.503***	0.325**	0.327**	-0.077

注：*、**、*** 分别表示在 10%、5% 和 1% 的水平上显著。

根据表 4-58，政府政策不确定性和宏观经济不确定性与中观层面风险的相关程度较高。一方面，政府制定和实施金融层面的相关政策以及下行的国内经济发展水平均会影响金融机构和金融市场的正常运行；另一方面，金融机构和金融市场也是宏观经济重要的组成部分，中观层面的风险也可能通过风险传递最终反馈到宏观层面，影响宏观经济的正常运行及政府政策的制定和执行。除此之外，政治不确定性、社会不确定性和自然不确定性与中观层面风险的相关程度相对较低。

三、"一带一路"沿线国家整体金融风险的时间变化趋势

（一）地区维度

图 4-6 和表 4-59 展示了"一带一路"沿线不同地区整体金融风险得分的时间变化趋势。

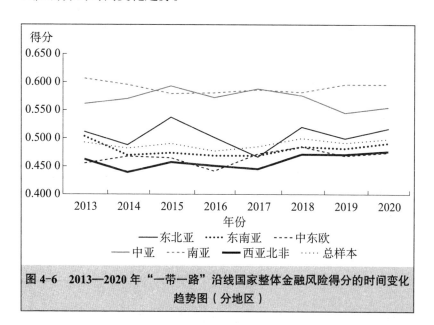

图 4-6 2013—2020 年"一带一路"沿线国家整体金融风险得分的时间变化
趋势图（分地区）

表 4-59 2013—2020 年"一带一路"沿线国家整体金融风险得分表（分地区）

地区	2013 年	2014 年	2015 年	2016 年	2017 年	2018 年	2019 年	2020 年
东北亚	0.511 4	0.488 0	0.537 1	0.501 4	0.466 7	0.519 9	0.499 3	0.516 8
东南亚	0.503 3	0.469 7	0.473 9	0.469 0	0.469 0	0.484 6	0.481 6	0.490 9
中东欧	0.455 3	0.467 8	0.465 1	0.441 3	0.472 2	0.484 8	0.468 4	0.474 5
中亚	0.560 9	0.570 4	0.593 0	0.572 4	0.588 1	0.575 8	0.544 8	0.554 7
南亚	0.606 5	0.595 4	0.579 2	0.580 8	0.586 3	0.581 7	0.595 7	0.595 7
西亚北非	0.462 4	0.439 1	0.457 4	0.450 9	0.445 1	0.471 3	0.470 9	0.476 3
总样本	0.492 3	0.481 9	0.490 3	0.477 1	0.485 0	0.499 8	0.491 5	0.498 3

结合图 4-6 和表 4-59 分析，总体来看，2013—2020 年，总样本的风险得分变化趋势接近一条直线，得分较为稳定，大致分布在 0.49 上下。具体而言，2016—2018 年整体金融风险呈现一定的上升趋势，反映了英国"脱欧"、美国前总统特朗普当选等事件给全球金融市场带来的不确定性。2019—2020 年沿线国家整体风险再次呈现上升趋势则反映了疫情的影响。除此之外，不同地区的风险得分存在一定差异。中亚地区和南亚地区八年的风险得分持续稳定于较高水平，分布在 [0.54，0.61] 区间；中东欧和西亚北非地区风险得分最低，分布在 [0.43，0.49] 区间。除此之外，从图 4-6 也可以看出东北亚地区八年来整体金融风险波动性较大。

（二）经济发展维度

图 4-7 和表 4-60 展示了"一带一路"沿线不同发达程度经济体的整体金融风险得分的时间变化趋势。

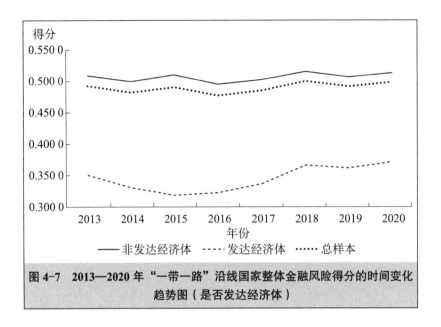

图 4-7   2013—2020 年"一带一路"沿线国家整体金融风险得分的时间变化
趋势图（是否发达经济体）

表 4-60   2013—2020 年"一带一路"沿线国家整体金融风险得分表
（是否发达经济体）

经济体	2013 年	2014 年	2015 年	2016 年	2017 年	2018 年	2019 年	2020 年
非发达经济体	0.508 8	0.499 5	0.510 3	0.495 0	0.502 3	0.515 4	0.506 5	0.513 1
发达经济体	0.350 6	0.330 6	0.318 6	0.322 6	0.336 7	0.366 1	0.361 7	0.371 2
总样本	0.492 3	0.481 9	0.490 3	0.477 1	0.485 0	0.499 8	0.491 5	0.498 3

结合图 4-7 和表 4-60 分析，总体来看，2013—2020 年，总样本的整体金融风险得分的时间变化趋势大体与非发达经济体一致，八年来变化幅度较小，而发达经济体风险得分的变化趋势近

似一个波动幅度较小的 U 形。除此之外，不同类型经济体的风险得分存在一定差异。非发达经济体八年的风险得分持续稳定于高水平，分布在 [0.49，0.52] 区间；发达经济体风险得分相对较低，分布在 [0.32，0.38] 区间。

四、"一带一路"沿线国家整体金融风险的波动性

本部分进一步探讨了 2013—2020 年 48 个 "一带一路" 沿线国家整体金融风险的波动性。评估整体金融风险的波动性主要是为了识别近几年整体金融风险变化幅度较大的国家，从而对我国投资者起到预警作用。

首先，本部分采用各国 2013—2020 年整体金融风险得分的标准差衡量整体金融风险的波动性，如表 4-61 所示。

从表 4-61 可以看出，风险得分波动性最小的 10 个国家分别是土库曼斯坦、卡塔尔、马来西亚、印度、罗马尼亚、土耳其、阿联酋、匈牙利、孟加拉国和亚美尼亚，风险得分波动性最大的 10 个国家分别是保加利亚、约旦、斯洛文尼亚、新加坡、柬埔寨、立陶宛、塔吉克斯坦、老挝、拉脱维亚和黎巴嫩。

其次，本部分进一步采用各国 2013—2020 年整体金融风险评级排名的标准差作为替代变量衡量整体金融风险的波动性，如表 4-62 所示。

表 4-61 2013—2020 年"一带一路"沿线国家整体金融风险得分的波动性

国家	2013 年	2014 年	2015 年	2016 年	2017 年	2018 年	2019 年	2020 年	标准差
土库曼斯坦	0.584 0	0.567 5	0.572 2	0.570 7	0.582 8	0.601 2	0.582 9	0.595 1	0.011 8
卡塔尔	0.322 4	0.288 9	0.280 2	0.292 9	0.303 6	0.299 8	0.301 4	0.298 9	0.012 3
马来西亚	0.305 0	0.342 9	0.305 5	0.332 4	0.334 0	0.315 0	0.325 7	0.336 4	0.014 5
印度	0.554 1	0.529 4	0.534 0	0.523 4	0.517 5	0.557 4	0.541 7	0.558 1	0.015 9
罗马尼亚	0.514 2	0.545 4	0.505 7	0.484 5	0.514 4	0.518 7	0.498 6	0.501 2	0.017 9
土耳其	0.424 5	0.465 2	0.449 8	0.440 2	0.458 4	0.470 6	0.482 4	0.458 2	0.018 1
阿联酋	0.309 9	0.298 1	0.287 1	0.316 3	0.302 2	0.321 8	0.334 3	0.341 8	0.018 5
匈牙利	0.436 3	0.435 1	0.450 6	0.401 3	0.439 8	0.446 9	0.450 2	0.466 5	0.018 9
孟加拉国	0.641 2	0.625 8	0.649 7	0.645 7	0.646 9	0.590 4	0.627 8	0.630 8	0.019 2
亚美尼亚	0.509 7	0.521 4	0.542 2	0.505 2	0.486 5	0.505 8	0.526 8	0.541 6	0.019 3
巴林	0.362 9	0.348 8	0.359 3	0.371 3	0.372 7	0.387 6	0.389 5	0.411 3	0.019 9
波兰	0.369 1	0.401 7	0.393 0	0.398 7	0.422 2	0.430 2	0.401 6	0.425 0	0.020 1
白俄罗斯	0.558 8	0.550 0	0.554 5	0.523 1	0.502 7	0.523 2	0.515 2	0.539 3	0.020 3
埃及	0.534 4	0.515 8	0.557 8	0.535 0	0.494 9	0.500 4	0.516 8	0.502 9	0.021 4
泰国	0.456 7	0.401 9	0.411 3	0.414 1	0.442 5	0.391 3	0.423 6	0.441 4	0.022 4
以色列	0.353 6	0.302 6	0.301 1	0.318 2	0.274 1	0.322 0	0.317 5	0.316 5	0.022 5

续表

国家	2013年	2014年	2015年	2016年	2017年	2018年	2019年	2020年	标准差
阿曼	0.403 6	0.383 4	0.419 1	0.433 7	0.402 5	0.455 1	0.421 4	0.438 1	0.022 9
乌克兰	0.504 0	0.555 2	0.589 2	0.550 6	0.563 0	0.552 1	0.555 3	0.555 5	0.023 4
斯里兰卡	0.522 3	0.526 4	0.475 6	0.538 1	0.546 3	0.552 4	0.519 5	0.524 6	0.023 5
阿尔巴尼亚	0.521 6	0.529 0	0.569 2	0.534 2	0.593 0	0.551 0	0.538 2	0.529 0	0.024 3
菲律宾	0.604 2	0.544 9	0.531 9	0.537 9	0.533 8	0.571 7	0.546 6	0.561 0	0.024 4
印度尼西亚	0.526 6	0.514 2	0.503 6	0.486 6	0.475 9	0.480 0	0.523 3	0.544 2	0.024 5
缅甸	0.659 9	0.613 2	0.692 1	0.649 7	0.614 8	0.663 8	0.643 1	0.643 7	0.025 9
吉尔吉斯斯坦	0.565 5	0.581 2	0.610 0	0.556 7	0.613 3	0.575 6	0.535 4	0.578 5	0.025 9
克罗地亚	0.375 2	0.428 1	0.394 0	0.342 0	0.410 6	0.380 2	0.370 7	0.387 0	0.026 1
乌兹别克斯坦	0.623 5	0.614 7	0.611 8	0.624 5	0.625 7	0.589 5	0.569 1	0.558 1	0.026 6
沙特阿拉伯	0.487 1	0.414 8	0.425 7	0.421 3	0.430 2	0.452 5	0.460 1	0.474 2	0.026 6
哈萨克斯坦	0.461 4	0.469 3	0.509 3	0.486 6	0.545 8	0.507 1	0.477 1	0.488 8	0.027 1
俄罗斯	0.519 4	0.468 9	0.500 0	0.468 8	0.430 3	0.458 3	0.460 4	0.480 5	0.027 2
伊朗	0.512 8	0.519 4	0.560 4	0.508 6	0.569 1	0.561 9	0.523 6	0.500 2	0.027 3
阿塞拜疆	0.478 4	0.464 2	0.515 3	0.553 7	0.517 9	0.491 5	0.497 5	0.514 9	0.027 6
越南	0.563 4	0.505 4	0.524 9	0.554 3	0.527 3	0.522 6	0.486 7	0.479 5	0.029 5

续表

国家	2013年	2014年	2015年	2016年	2017年	2018年	2019年	2020年	标准差
爱沙尼亚	0.371 9	0.356 4	0.373 8	0.386 1	0.369 3	0.426 5	0.436 7	0.419 0	0.030 4
摩尔多瓦	0.520 0	0.540 7	0.617 6	0.521 4	0.534 9	0.546 9	0.544 5	0.554 9	0.030 8
蒙古国	0.503 4	0.507 1	0.574 1	0.534 0	0.503 1	0.581 5	0.538 3	0.553 1	0.031 2
捷克	0.461 1	0.377 5	0.386 7	0.406 4	0.444 4	0.462 0	0.428 0	0.432 7	0.032 0
伊拉克	0.720 7	0.701 3	0.747 2	0.706 5	0.694 2	0.756 8	0.759 2	0.785 9	0.033 0
巴基斯坦	0.708 5	0.699 9	0.657 6	0.616 2	0.634 4	0.626 5	0.693 9	0.669 4	0.035 5
保加利亚	0.450 2	0.539 3	0.494 9	0.418 7	0.475 5	0.454 9	0.452 5	0.471 0	0.035 9
约旦	0.542 3	0.453 1	0.455 7	0.441 8	0.448 2	0.522 5	0.470 6	0.484 9	0.036 9
斯洛文尼亚	0.371 9	0.398 0	0.312 0	0.321 9	0.353 3	0.396 3	0.401 8	0.407 0	0.037 5
新加坡	0.130 3	0.139 9	0.142 7	0.165 2	0.172 1	0.203 2	0.210 8	0.233 3	0.037 5
柬埔寨	0.597 2	0.580 3	0.547 9	0.504 9	0.500 7	0.543 5	0.505 1	0.507 0	0.037 7
立陶宛	0.441 7	0.439 6	0.431 0	0.438 8	0.444 0	0.544 2	0.441 3	0.431 1	0.037 8
塔吉克斯坦	0.570 3	0.619 1	0.661 7	0.623 7	0.572 7	0.605 4	0.559 5	0.553 0	0.038 0
老挝	0.685 9	0.584 9	0.605 1	0.576 2	0.619 8	0.670 6	0.669 1	0.672 1	0.043 9
拉脱维亚	0.478 3	0.452 7	0.439 3	0.450 3	0.544 3	0.553 6	0.522 8	0.523 7	0.045 7
黎巴嫩	0.511 5	0.470 4	0.503 2	0.467 6	0.476 4	0.549 7	0.591 8	0.599 3	0.053 2

表 4-62 2013—2020 年 "一带一路" 沿线国家整体金融风险排名的波动性

国家	2013年	2014年	2015年	2016年	2017年	2018年	2019年	2020年	标准差
伊拉克	48	48	48	48	48	48	48	48	0.000 0
新加坡	1	1	1	1	1	1	1	1	0.000 0
巴林	6	6	7	8	8	7	7	8	0.834 5
阿联酋	3	3	3	3	3	4	5	5	0.916 1
卡塔尔	4	2	2	2	4	2	2	2	0.925 8
以色列	5	4	4	4	2	5	3	3	1.035 1
马来西亚	2	5	5	6	5	3	4	4	1.281 7
巴基斯坦	47	47	45	43	46	45	47	46	1.388 7
波兰	7	11	10	10	11	11	8	10	1.488 0
缅甸	45	43	47	47	43	46	45	45	1.552 6
孟加拉国	44	46	44	46	47	42	44	44	1.598 0
斯洛文尼亚	8	10	6	5	6	9	9	7	1.772 8
土库曼斯坦	40	39	37	41	40	43	42	42	1.927 2
爱沙尼亚	9	7	8	9	7	10	13	9	1.927 2
匈牙利	13	15	18	11	14	12	15	16	2.252 0
乌兹别克斯坦	43	44	42	45	45	41	41	38	2.386 7

续表

国家	2013年	2014年	2015年	2016年	2017年	2018年	2019年	2020年	标准差
泰国	16	12	12	13	15	8	11	14	2.503 6
老挝	46	42	40	42	44	47	46	47	2.659 2
阿曼	11	9	13	16	9	15	10	13	2.672 6
吉尔吉斯斯坦	38	41	41	40	42	39	33	41	2.875 4
土耳其	12	20	17	18	19	18	21	15	2.878 5
克罗地亚	10	14	11	7	10	6	6	6	2.964 1
沙特阿拉伯	21	13	14	15	12	13	17	18	3.067 7
印度	35	32	30	31	29	36	36	39	3.505 1
捷克	17	8	9	12	17	17	12	12	3.625 3
阿尔巴尼亚	30	31	36	33	41	32	34	30	3.700 9
塔吉克斯坦	39	45	46	44	39	44	40	34	4.068 6
亚美尼亚	24	29	31	27	23	22	32	32	4.105 7
罗马尼亚	27	36	25	23	28	24	24	24	4.240 5
菲律宾	42	35	29	35	32	38	38	40	4.257 3
白俄罗斯	36	37	33	30	26	27	26	31	4.334 2
俄罗斯	28	21	22	22	13	16	18	20	4.504 0

国家	2013年	2014年	2015年	2016年	2017年	2018年	2019年	2020年	标准差
摩尔多瓦	29	34	43	29	33	30	37	36	4.794 0
埃及	33	27	34	34	24	21	27	25	4.969 6
印度尼西亚	32	26	24	25	21	19	30	33	5.063 9
哈萨克斯坦	18	22	26	24	35	23	20	22	5.147 8
斯里兰卡	31	30	20	36	36	34	28	29	5.237 2
乌克兰	23	38	39	37	37	33	39	37	5.343 6
立陶宛	14	16	15	17	16	29	14	11	5.371 9
伊朗	26	28	35	28	38	37	31	23	5.444 5
约旦	34	18	19	19	18	25	19	21	5.501 6
保加利亚	15	33	21	14	20	14	16	17	6.318 9
阿塞拜疆	20	19	27	38	30	20	23	27	6.436 5
蒙古国	22	25	38	32	27	40	35	35	6.453 1
柬埔寨	41	40	32	26	25	28	25	26	6.653 4
越南	37	24	28	39	31	26	22	19	7.045 8
拉脱维亚	19	17	16	20	34	35	25	28	7.667 2
黎巴嫩	25	23	23	21	22	31	29	43	9.234 1

从表 4-62 可以看出，风险排名波动性最小的 10 个国家分别是伊拉克、新加坡、巴林、阿联酋、卡塔尔、以色列、马来西亚、巴基斯坦、波兰和缅甸，相对集中于整体金融风险较低和较高的国家。风险排名波动性最大的 10 个国家分别是立陶宛、伊朗、约旦、保加利亚、阿塞拜疆、蒙古国、柬埔寨、越南、拉脱维亚和黎巴嫩。风险得分和风险排名两个标准差数值的相关系数为 0.453，通过了 1% 的显著性检验，说明表 4-61 和表 4-62 结论的一致性整体上较高，整体金融风险得分波动性大的国家一般排名波动性也大。

再次，本部分将"一带一路"沿线国家分为六个地区，探讨各自的风险波动性，如表 4-63 所示。

表 4-63　2013—2020 年"一带一路"沿线国家整体金融风险的波动性
（分地区）

地区	八年的风险得分标准差	八年的风险排名标准差
东北亚	0.029 2	5.478 5
东南亚	0.028 9	3.446 4
中东欧	0.028 6	3.985 8
中亚	0.025 9	3.281 2
南亚	0.023 5	2.932 3
西亚北非	0.025 7	3.430 2
总样本	0.027 1	3.623 6

结合表 4-63，综合风险得分和风险排名的标准差来看，波动性最小的地区是南亚地区，波动性最大的地区是东北亚地区。

最后，本部分将"一带一路"沿线国家按照经济发展水平分为非发达经济体和发达经济体,分别探讨两类经济体的风险波动性,如表4-64所示。

表 4-64 2013—2020 年"一带一路"沿线国家整体金融风险的波动性
(是否发达经济体)

经济体	八年的风险得分标准差	八年的风险排名标准差
非发达经济体	0.026 8	3.843 0
发达经济体	0.029 7	1.737 0
总样本	0.027 1	3.623 6
两类经济体差值	−0.002 8	2.105 9**

注:** 表示在 5% 的水平上显著。

结合表4-64,从风险得分来看,两类经济体波动性大体一致,两类经济体风险得分波动性的差值未通过10%的显著性检验。从排名来看,非发达经济体风险排名波动性更大,两类经济体风险排名波动性的差值通过了5%的显著性检验。

五、"一带一路"沿线国家整体金融风险不同阶段比较

本部分描述了"一带一路"沿线国家整体金融风险得分或排名在2013—2016年(前阶段)和2017—2020年(后阶段)的对比,以此识别出整体金融风险快速上升或者下降的国家,从而为我国企业在沿线国家进行投融资起到预警作用。

首先,表4-65描述了沿线国家整体金融风险得分的前后对比。

表 4-65 "一带一路"沿线国家不同阶段整体金融风险得分

国家	2013 年	2014 年	2015 年	2016 年	2017 年	2018 年	2019 年	2020 年	风险得分变化
塔吉克斯坦	0.570 3	0.619 1	0.661 7	0.623 7	0.572 7	0.605 4	0.559 5	0.553 0	−0.046 0
柬埔寨	0.597 2	0.580 3	0.547 9	0.504 9	0.500 7	0.543 5	0.505 1	0.507 0	−0.043 5
乌兹别克斯坦	0.623 5	0.614 7	0.611 8	0.624 5	0.625 7	0.589 5	0.569 1	0.558 1	−0.033 1
越南	0.563 4	0.505 4	0.524 9	0.554 3	0.527 3	0.522 6	0.486 7	0.479 5	−0.033 0
埃及	0.534 4	0.515 8	0.557 8	0.535 0	0.494 9	0.500 4	0.516 8	0.502 9	−0.032 0
俄罗斯	0.519 4	0.468 9	0.500 0	0.468 8	0.430 3	0.458 3	0.460 4	0.480 5	−0.031 9
白俄罗斯	0.558 8	0.550 0	0.554 5	0.523 1	0.502 7	0.523 2	0.515 2	0.539 3	−0.026 5
孟加拉国	0.641 2	0.625 8	0.649 7	0.645 7	0.646 9	0.590 4	0.627 8	0.630 8	−0.016 6
巴基斯坦	0.708 5	0.699 9	0.657 6	0.616 2	0.634 4	0.626 5	0.693 9	0.669 4	−0.014 5
缅甸	0.659 9	0.613 2	0.692 1	0.649 7	0.614 8	0.663 8	0.643 1	0.643 7	−0.012 4
保加利亚	0.450 2	0.539 3	0.494 9	0.418 7	0.475 5	0.454 9	0.452 5	0.471 0	−0.012 3
以色列	0.353 6	0.302 6	0.301 1	0.318 2	0.274 1	0.322 0	0.317 5	0.316 5	−0.011 3
摩尔多瓦	0.520 0	0.540 7	0.617 6	0.521 4	0.534 9	0.546 9	0.544 5	0.554 9	−0.004 6
亚美尼亚	0.509 7	0.521 4	0.542 2	0.505 2	0.486 5	0.505 8	0.526 8	0.541 6	−0.004 4
罗马尼亚	0.514 2	0.545 4	0.505 7	0.484 5	0.514 4	0.518 7	0.498 6	0.501 2	−0.004 2
吉尔吉斯斯坦	0.565 5	0.581 2	0.610 0	0.556 7	0.613 3	0.575 6	0.535 4	0.578 5	−0.002 6

续表

国家	2013年	2014年	2015年	2016年	2017年	2018年	2019年	2020年	风险得分变化
印度尼西亚	0.5266	0.5142	0.5036	0.4866	0.4759	0.4800	0.5233	0.5442	-0.0019
菲律宾	0.6042	0.5449	0.5319	0.5379	0.5338	0.5717	0.5466	0.5610	-0.0015
克罗地亚	0.3752	0.4281	0.3940	0.3420	0.4106	0.3802	0.3707	0.3870	0.0023
阿塞拜疆	0.4784	0.4642	0.5153	0.5537	0.5179	0.4915	0.4975	0.5149	0.0025
泰国	0.4567	0.4019	0.4113	0.4141	0.4425	0.3913	0.4236	0.4414	0.0037
卡塔尔	0.3224	0.2889	0.2802	0.2929	0.3036	0.2998	0.3014	0.2989	0.0048
马来西亚	0.3050	0.3429	0.3055	0.3324	0.3340	0.3150	0.3257	0.3364	0.0063
乌克兰	0.5040	0.5552	0.5892	0.5506	0.5630	0.5521	0.5551	0.5553	0.0066
约旦	0.5423	0.4531	0.4557	0.4418	0.4482	0.5225	0.4706	0.4849	0.0083
印度	0.5541	0.5294	0.5340	0.5234	0.5175	0.5574	0.5417	0.5581	0.0084
伊朗	0.5128	0.5194	0.5604	0.5086	0.5691	0.5619	0.5236	0.5002	0.0134
阿尔巴尼亚	0.5216	0.5290	0.5692	0.5342	0.5930	0.5510	0.5382	0.5290	0.0143
蒙古国	0.5034	0.5071	0.5741	0.5340	0.5031	0.5815	0.5383	0.5531	0.0143
土库曼斯坦	0.5840	0.5675	0.5722	0.5707	0.5828	0.6012	0.5829	0.5951	0.0169
沙特阿拉伯	0.4871	0.4148	0.4257	0.4213	0.4302	0.4525	0.4601	0.4742	0.0170
阿曼	0.4036	0.3834	0.4191	0.4337	0.4025	0.4551	0.4214	0.4381	0.0193

续表

国家	2013 年	2014 年	2015 年	2016 年	2017 年	2018 年	2019 年	2020 年	风险得分变化
匈牙利	0.436 3	0.435 1	0.450 6	0.401 3	0.439 8	0.446 9	0.450 2	0.466 5	0.020 0
斯里兰卡	0.522 3	0.526 4	0.475 6	0.538 1	0.546 3	0.552 4	0.519 5	0.524 6	0.020 1
阿联酋	0.309 9	0.298 1	0.287 1	0.316 3	0.302 2	0.321 8	0.334 3	0.341 8	0.022 2
土耳其	0.424 5	0.465 2	0.449 8	0.440 2	0.458 4	0.470 6	0.482 4	0.458 2	0.022 5
哈萨克斯坦	0.461 4	0.469 3	0.509 3	0.486 6	0.545 8	0.507 1	0.477 1	0.488 8	0.023 1
立陶宛	0.441 7	0.439 6	0.431 0	0.438 8	0.444 0	0.544 2	0.441 3	0.431 1	0.027 4
波兰	0.369 1	0.401 7	0.393 0	0.398 7	0.422 2	0.430 2	0.401 6	0.425 0	0.029 1
巴林	0.362 9	0.348 8	0.359 3	0.371 3	0.372 7	0.387 6	0.389 5	0.411 3	0.029 7
伊拉克	0.720 7	0.701 3	0.747 2	0.706 5	0.694 2	0.756 8	0.759 2	0.785 9	0.030 1
捷克	0.461 1	0.377 5	0.386 7	0.406 4	0.444 4	0.462 0	0.428 0	0.432 7	0.033 8
斯洛文尼亚	0.371 9	0.398 0	0.312 0	0.321 9	0.353 3	0.396 3	0.401 8	0.407 0	0.038 7
爱沙尼亚	0.371 9	0.356 4	0.373 8	0.386 1	0.369 3	0.426 5	0.436 7	0.419 0	0.040 8
老挝	0.685 9	0.584 9	0.605 1	0.576 2	0.619 8	0.670 6	0.669 1	0.672 1	0.044 9
新加坡	0.130 3	0.139 9	0.142 7	0.165 2	0.172 1	0.203 2	0.210 8	0.233 3	0.060 3
黎巴嫩	0.511 5	0.470 4	0.503 2	0.467 6	0.476 4	0.549 7	0.591 8	0.599 3	0.066 2
拉脱维亚	0.478 3	0.452 7	0.439 3	0.450 3	0.544 3	0.553 6	0.522 8	0.523 7	0.081 0

从表 4-65 可以看出，前后两阶段整体金融风险下降最快的 10 个国家分别是塔吉克斯坦、柬埔寨、乌兹别克斯坦、越南、埃及、俄罗斯、白俄罗斯、孟加拉国、巴基斯坦和缅甸。整体金融风险上升最快的 10 个国家分别是波兰、巴林、伊拉克、捷克、斯洛文尼亚、爱沙尼亚、老挝、新加坡、黎巴嫩和拉脱维亚，需要引起我国企业充分注意。

其次，表 4-66 描述了"一带一路"沿线国家整体金融风险排名的前后对比。

表 4-66 "一带一路"沿线国家不同阶段整体金融风险排名

国家	2013年	2014年	2015年	2016年	2017年	2018年	2019年	2020年	风险排名变化
柬埔寨	41	40	32	26	25	28	25	26	−8.75
埃及	33	27	34	34	24	21	27	25	−7.75
越南	37	24	28	39	31	26	22	19	−7.50
白俄罗斯	36	37	33	30	26	27	26	31	−6.50
俄罗斯	28	21	22	22	13	16	18	20	−6.50
塔吉克斯坦	39	45	46	44	39	44	40	34	−4.25
保加利亚	15	33	21	14	20	14	16	17	−4.00
克罗地亚	10	14	11	7	10	6	6	6	−3.50
罗马尼亚	27	36	25	23	28	24	24	24	−2.75
乌兹别克斯坦	43	44	42	45	45	41	41	38	−2.25
约旦	34	18	19	19	18	25	19	21	−1.75
泰国	16	12	12	13	15	8	11	14	−1.25

续表

国家	2013年	2014年	2015年	2016年	2017年	2018年	2019年	2020年	风险排名变化
吉尔吉斯斯坦	38	41	41	40	42	39	33	41	-1.25
以色列	5	4	4	4	2	5	3	3	-1.00
印度尼西亚	32	26	24	25	21	19	30	33	-1.00
阿塞拜疆	20	19	27	38	30	20	23	27	-1.00
缅甸	45	43	47	47	43	46	45	45	-0.75
孟加拉国	44	46	44	46	47	42	44	44	-0.75
沙特阿拉伯	21	13	14	15	12	13	17	18	-0.75
马来西亚	2	5	5	6	5	3	4	4	-0.50
阿曼	11	9	13	16	9	15	10	13	-0.50
亚美尼亚	24	29	31	27	23	22	32	32	-0.50
伊拉克	48	48	48	48	48	48	48	48	0.00
新加坡	1	1	1	1	1	1	1	1	0.00
卡塔尔	4	2	2	2	4	2	2	2	0.00
匈牙利	13	15	18	11	14	12	15	16	
摩尔多瓦	29	34	43	29	33	30	37	36	0.25
巴基斯坦	47	47	45	43	46	45	47	46	0.50
波兰	7	11	10	10	11	11	8	10	0.50
斯洛文尼亚	8	10	6	5	6	9	9	7	0.50
巴林	6	6	7	8	8	7	7	8	0.75
阿联酋	3	3	3	3	3	4	5	5	1.25
爱沙尼亚	9	7	8	9	7	10	13	9	1.50
土耳其	12	20	17	18	19	18	21	15	1.50
阿尔巴尼亚	30	31	36	33	41	32	34	30	1.75
菲律宾	42	35	29	35	32	38	38	40	1.75

续表

国家	2013年	2014年	2015年	2016年	2017年	2018年	2019年	2020年	风险排名变化
立陶宛	14	16	15	17	16	29	14	11	2.00
乌克兰	23	38	39	37	37	33	39	37	2.25
土库曼斯坦	40	39	37	41	40	43	42	42	2.50
哈萨克斯坦	18	22	26	24	35	23	20	22	2.50
斯里兰卡	31	30	20	36	33	34	28	29	2.50
印度	35	32	30	31	29	36	36	39	3.00
捷克	17	8	9	12	17	17	12	12	3.00
伊朗	26	28	35	28	38	37	31	23	3.00
老挝	46	42	40	42	44	47	46	47	3.50
蒙古国	22	25	38	32	27	40	35	35	5.00
黎巴嫩	25	23	23	21	31	31	43	43	11.75
拉脱维亚	19	17	16	20	34	35	29	28	13.50

从表 4-66 可以看出，前后两阶段风险排名上升最快的 10 个国家分别是柬埔寨、埃及、越南、白俄罗斯、俄罗斯、塔吉克斯坦、保加利亚、克罗地亚、罗马尼亚和乌兹别克斯坦；风险排名下降最快的 10 个国家分别是土库曼斯坦、哈萨克斯坦、斯里兰卡、印度、捷克、伊朗、老挝、蒙古国、黎巴嫩和拉脱维亚。风险得分变化和风险排名变化的相关系数为 0.816，通过了 1% 的显著性检验，说明表 4-65 和表 4-66 结论的一致性较高。

再次，本部分将"一带一路"沿线国家分为六个地区，分别对比各地区不同阶段的整体金融风险的变化，如表 4-67 所示。

表 4-67 "一带一路"沿线国家不同阶段整体金融风险的变化（分地区）

地区	风险得分变化	风险排名变化
东北亚	-0.008 8	-0.750 0
东南亚	0.002 6	-1.611 1
中东欧	0.017 6	0.607 1
中亚	-0.008 4	-0.550 0
南亚	-0.000 6	1.312 5
西亚北非	0.013 5	0.357 1
总样本	0.008 2	0.000 0

结合表 4-67 分析，从综合风险评级得分变化和排名变化来看，风险得分下降最快的是东北亚地区，平均下降 0.008 8 分，风险排名平均上升 0.75 个名次；风险得分上升最快的是中东欧地区，平均上升 0.017 6 分，风险排名平均下降 0.607 1 个名次。然而，整体金融风险得分与排名的上升和下降的幅度均不显著，从整体来看，各地区在两个阶段的整体金融风险趋于稳定。

最后，本部分将"一带一路"沿线国家按照经济发展水平分为非发达经济体和发达经济体，分别对比两类经济体的整体金融风险的变化，如表 4-68 所示。

表 4-68 "一带一路"沿线国家不同阶段整体金融风险的变化
（是否发达经济体）

经济体	风险得分变化	风险排名变化
非发达经济体	0.005 9	-0.058 1
发达经济体	0.028 3	0.500 0

续表

经济体	风险得分变化	风险排名变化
总样本	0.008 2	0.000 0
两类经济体差值	-0.022 4*	-0.558 1

注：* 表示在 10% 的水平上显著。

结合表 4-68 分析，两个阶段内"一带一路"沿线发达经济体的整体金融风险波动略大于非发达经济体，但总体而言各经济体金融风险相对稳定，变化幅度较小。

第五节 与其他研究结论的相互比较

截至目前，国内外学者以及国内和国际的专业机构与组织已经从多个层面和角度对"一带一路"沿线国家的相关风险进行了评估和比较。为了验证本评级体系与其他评级结果的一致性，本节分别将本评级体系和国际机构、国内机构以及国内学者构建的风险评级结果进行了对比。关于国际机构，本节主要选择了国家风险国际指南[①]（International Country Risk Guide，ICRG）公布的综合国家风险同本章的风险评级结果进行对比。ICRG 是目前国际上较为权威的风险评级机构，其报告用户包括世界银行、国际货币基金组织、联合国等国际重要机构。本节将本评级体系下的

---

① 国家风险国际指南是由美国纽约国际报告集团编制的风险分析指标体系，网址：https://countryrisk.io/services/country-risk-indices/。

整体金融风险、宏观层面风险和中观层面风险得分（排名）分别与
ICRG 发布的 2013—2020 年综合国家风险平均得分（排名）进行
对比，以检验两者的一致性。由于某些国家数据缺失，只有 41 个
沿线国家纳入对比分析。ICRG 公布的综合国家风险得分越高代表
该国风险越低，与本评级体系相反，因此，本节在进行对比前，将
ICRG 的风险得分进行了反向处理。具体的对比结果如表 4-69 所示。

表 4-69　本评级体系与 ICRG 风险评级体系的对比结果矩阵

本评级体系	ICRG	
	2013—2020 年 综合国家风险得分	2013—2020 年 综合国家风险排名
整体金融风险得分	0.775***	
宏观层面风险得分	0.707***	
中观层面风险得分	0.679***	
整体金融风险排名		0.732***
宏观层面风险排名		0.671***
中观层面风险排名		0.639***

注：*** 表示在 1% 的水平上显著。

表 4-69 的结果表明，本评级体系包含的各层面风险得分（排
名）与 ICRG 发布的综合国家风险得分（排名）相关性较高，所
有相关系数都超过了 0.6，且均通过了 1% 的显著性检验。一方面，
本评级体系中的整体金融风险得分（排名）与 ICRG 的综合风险
国家得分（排名）之间较高的相关系数表明金融风险本身是国家
整体风险的重要组成部分，说明本评级体系具有较高的可靠性。

另一方面，依据本评级体系计算的宏观层面和中观层面的风险得分（排名）与 ICRG 的综合国家风险得分（排名）也有较高的相关性，证明了本评级体系选取分指标的综合性和合理性。

国内机构方面，本节选择了中国社会科学院世界经济与政治研究所（简称"社科院"）发布的《中国海外投资国家风险评级报告》与中国出口信用保险公司（简称"中国信保"）发布的《国家风险分析报告》两套系列研究报告同本评级体系进行对比。《中国海外投资国家风险评级报告》直到 2016 年才发布"一带一路"沿线国家风险评级子报告，且不同年份与本评级体系样本国家重合数量不同。具体而言，2015 年、2017—2019 年有 34 个，2020 年增加至 48 个。本评级体系分别将社科院 2015 年和 2017—2020 年发布的国家风险排名，以及中国信保发布的 2018 年、2020 年国家风险评级与本评级体系相对应的风险评级进行比较分析。① 由于中国信保评级体系将国家风险由低至高依次由 1 至 9 分成 9 级，为了便于对照，本评级体系将沿线国家的整体金融风险、宏观层面风险和中观层面风险从低、较低、中等、较高、高 5 个风险级别由 1 至 5 分成 5 级，通过两者评级的相关性判断评级结果是否存在一致性。具体的对比结果如表 4-70 所示。

---

① 《中国海外投资国家风险评级报告 2016》发布了 2015 年"一带一路"沿线国家风险评级的子报告，而《中国海外投资国家风险评级报告 2017》发布了 2017 年"一带一路"沿线国家风险评级的子报告，缺失 2016 年"一带一路"沿线国家风险评级的子报告，故无法将本评级体系的风险评级结果同 2016 年的国家风险排名进行对照。

表 4-70 本评级体系与国内专业机构风险评级体系的对比结果矩阵

	2015 年国家风险排名（社科院）	2017 年国家风险排名（社科院）	2018 年国家风险排名（社科院）	2019 年国家风险排名（社科院）	2020 年国家风险排名（社科院）	2018 年国家风险评级（中国信保）	2020 年国家风险评级（中国信保）
2015 年整体金融风险排名	0.783***						
2015 年宏观层面风险排名	0.703***						
2015 年中观层面风险排名	0.846***						
2017 年整体金融风险排名		0.749***					
2017 年宏观层面风险排名		0.560***					
2017 年中观层面风险排名		0.734***					
2018 年整体金融风险排名			0.698***				
2018 年宏观层面风险排名			0.602***				
2018 年中观层面风险排名			0.726***				
2019 年整体金融风险排名				0.670***			

续表

	2015年国家风险排名（社科院）	2017年国家风险排名（社科院）	2018年国家风险排名（社科院）	2019年国家风险排名（社科院）	2020年国家风险排名（社科院）	2018年国家风险评级（中国信保）	2020年国家风险评级（中国信保）
2019年宏观层面风险排名				0.490***			
2019年中观层面风险排名				0.678***			
2020年整体金融风险排名					0.698***		
2020年宏观层面风险排名					0.473***		
2020年中观层面风险排名					0.648***		
样本期整体金融风险评级						0.652***	0.584***
样本期宏观层面风险评级						0.683***	0.639***
样本期中观层面风险评级						0.626***	0.652***

注：*** 表示在 1% 的水平上显著。

表 4-70 的结果表明，本评级体系包含的各层面风险排名（评级）与国内专业机构发布的国家风险排名（评级）相关性较高，所有相关系数都接近或超过了 0.6，且均通过了 1% 的显著性检验。这说明金融风险作为国家风险的一个重要组成部分，通过风险之间相互包含、相互作用的逻辑关系影响国家整体风险。同时，较高的相关性进一步证明了本评级体系指标选取的综合性和评级结果的可靠性。

关于国内学者的研究结论，李原和汪红驹（2018）利用因子分析对 2012—2016 年"一带一路"沿线 64 个国家的投资风险进行评估，由于他们所计算的风险得分越高代表国家风险越低，本评级体系将其进行反向处理；张栋等（2019）利用主成分分析对"一带一路"沿线 35 个国家的投资风险进行识别；唐晓彬等（2020）利用"VHSD-EM"模型评估了 2014—2017 年"一带一路"沿线 50 个国家的投资风险指数。根据本评级体系计算的金融风险得分或排名同上述文献中的风险得分或排名对比的具体结果如表 4-71 所示。

表 4-71　本评级体系与国内学者风险评级体系的对比结果矩阵

	2012—2016年投融资风险得分	2012—2016年投融资风险排名	2016—2017年投资风险排名	2014—2017年投资风险指数
整体金融风险得分	0.767***			0.547***

续表

	2012—2016年投融资风险得分	2012—2016年投融资风险排名	2016—2017年投资风险排名	2014—2017年投资风险指数
宏观层面风险得分	0.689***			0.429***
中观层面风险得分	0.674***			0.528***
整体金融风险排名		0.784***	0.750***	
宏观层面风险排名		0.680***	0.747***	
中观层面风险排名		0.706***	0.569***	

注：1. 表 4-71 第二和第三列代表本评级体系与李原和汪红驹（2018）研究结论的对比结果，第四列代表与张栋等（2019）研究结论的对比结果，最后一列代表与唐晓彬等（2020）研究结论的对比结果。

2. *** 表示在 1% 的水平上显著。

表 4-71 的结果表明，我国对沿线国家的投资风险同沿线国家整体金融风险、宏观层面风险和中观层面风险均具有较高的相关性。一方面，一国的金融发展水平和金融风险显著影响东道国的区位优势和投资吸引力，进而直接影响东道国的投资风险水平。另一方面，投资风险和金融风险作为综合性的风险，都受到宏观层面上政治、政府政策、经济和社会等因素的共同作用，在指标选取方面有一定的重合性。同时，较高的相关性证明了本评级体系指标选取和评级结果的合理性。

此外，需要指出的是，本评级体系不同于上述对于国家风险和投资风险的评级体系，而是专门针对"一带一路"沿线国家的金融风险进行评价。特别是本评级体系在中观层面风险指标的选取中，针对性地选取了能够充分反映东道国金融市场和金融机构深度、可得性和效率的一系列指标，这是现有的其他评级机构所较少涉及的。因此，相较于其他评级机构的结果，本书风险评级体系的针对性更强。而且，同现有结论较高的相关性也进一步证明了本书评级体系是可靠且合理的。

第五章
"一带一路"沿线国家金融监管合作研究

金融监管合作，是指国际组织与各国，以及各国之间在金融监管、金融政策、金融规制等方面采取共同措施，通过互相协调与合作（汤正旗和邓保同，2000），共同维护金融稳定，促进金融业健康发展（于维生和张志远，2013）。推行金融监管国际合作，根本原因在于金融监管对象的全球化与金融监管主体的国别化存在矛盾（林俊国，2007）。这一矛盾包含两个层面：一是特定国家内的金融监管体制建设属于国家内政，各个国家有权自主决定本国的监管体制和监管标准，保障国家金融安全，各国在金融安全与金融资源方面的摩擦会导致国家之间的监管竞争和监管套利；二是在金融监管放松和金融创新等多重影响下，全球各国金融市场、金融机构和金融工具之间存在密切联系,大大增强了金融风险的传导,提高了金融危机在全球蔓延的可能性。在这种情况下,对金融风险进行有效防范,仅凭一国之力是根本无法完成的,必须加强国际金融监管合作。

"一带一路"倡议提出以来,沿线国家之间的经贸往来和对外投资逐步增多,沿线国家的金融机构也依托重大项目建立深度的业务合作关系,包括金融机构互设、货币互换、资本市场互联互通等。但是,由本书第二章至第四章的分析可知,一方面,伴随着"一带一路"融资规模的快速扩大和金融合作的快速拓展,与融资相关的系统性金融风险也在增加,风险的传导机制与传递途径相应增加;另一方面,"一带一路"沿线国家的金融制度安排存在较大的差异,金融监管体制模式多样,部分国家和地区还受到政治安全因素影响,"一带一路"沿线国家的金融风险不容忽视。金融监管合作是维护金融稳定发展的客观要求,对于落实"一带一路"倡议具有护航作用。如何在"一带一路"建设速度加快的背景下,不断探索金融监管合作的可行路径,以实现提升资金融通效率和抑制区域系统性金融风险的双重目标,成为推动"一带一路"建设高质量发展的一个重要课题。

因此,本章主要在第二章至第四章分析的基础上,探讨如何加强"一带一路"沿线国家金融监管合作以更好地应对"一带一路"金融风险。具体地,本章首先简要回顾了国际金融监管合作的基本途径与模式，以了解国际金融监管合作的新思路和新趋势；其次，梳理了"一带一路"倡议提出以来我国与沿线国家开展的金融监管合作实践；最后，结合"一带一路"沿线国家金融监管体制、金融风险和金融监管合作现状，分析"一带一路"沿线国家金融监管合作实践中存在的问题，并落脚于未来推进"一带一路"沿线国家金融监管合作的方向和制度安排。

第一节　金融监管合作的典型模式研究

国际上，金融监管合作可以追溯到第二次世界大战后。为了恢复世界经济，1944 年，联合国国际货币金融会议确立了以美元为中心的布雷顿森林体系，并成立了国际货币基金组织（International Monetary Fund，IMF）和世界银行（World Bank，WB），占据了世界三大经济组织中的两大席位。随后，区域发展银行的热潮兴起，对区域经济发展提供金融支持，例如美洲开发银行（Inter-American Development Bank，IADB）、亚洲开发银行（Asian Development Bank，ADB）、非洲开发银行（African Development Bank，AfDB）和欧洲复兴开发银行（European Bank for Reconstruction and Development，EBRD）都在这一时期成立。1975 年，为遏制国际银行业危机，以巴塞尔银行监管委员会成立及其所拟定的《巴塞尔协议》为标志，国际金融监管合作体系正式建立。经过近半个世纪的发展，金融监管合作的理论研究和实践经验都取得了相当丰富的成果。廖凡（2018）认为跨境金融监管合作可以按照制定、认可、实施相关监管的主体，划分为多边、区域和双边三种金融监管合作模式，这三种模式在合作基础、运作方式等方面有所不同（封筠，2013）。本节将分别从多边、双边和区域三种金融监管合作模式中选取典型的金融监管合作方式，梳理和了解国际金融监管合作的现状以及未来发展趋势。

一、金融监管合作的多边模式

多边金融监管合作是指两个以上的国家金融监管机构或者一国金融监管机构与国际组织之间采取合作的策略，共同维护金融稳定。一般地，多边模式可以划分为具有国际协调性质的金融监管合作、具有国际合作性质的金融监管合作和建立统一的国际金融监管三种类型。其中，具有国际协调性质的金融监管合作主要表现为在各国独立的监管法律和法规基础之上搭建起的信息沟通和监管合作平台，具有代表性的是国际货币基金组织和世界银行；具有国际合作性质的金融监管合作主要表现为国家之间通过签署协议，制定某些监管领域的共同标准，统一认识，协调行动，比如《巴塞尔协议》；建立统一的国际金融监管则是指在少数国家、某个地区乃至全球范围内形成通用的高标准，建立统一的监管机制，比如国际保险监督官协会。金融监管合作的多边模式更多根据国际金融环境及金融监管实施状况制定明确的监管规则。多边模式一般属于规则性协调，比如法律条款、协定等，用来规范各个国家对外开放的金融政策和监管跨境金融机构的经营行为。

（一）国际货币基金组织和世界银行的监管

国际货币基金组织是金融监管国际协调的主要机构。根据《国际货币基金协定》[①]，其功能是确保全球金融制度运作正常，主要职责是监察货币汇率和各国贸易情况，提供技术和资金协助。国际货币基金组织的金融监管工作由双边监管和多边监管两个部分组成。其中，双边监管即国际货币基金组织对每个成员国的政策进行评估并提供建议；多边监管即国际货币基金组织就世界经济或具有某些特征的一组国家开展分析。比如国际货币基金组织每五年对 29 个被认为金融系统具有系统重要性的辖区开展强制性评估，并在自愿基础上对其他成员国的金融部门开展评估，深入

---

① 《国际货币基金协定》是关于国际货币基金组织的管理制度及各成员国执行货币金融政策所应遵守的国际准则的法律文件，于 1944 年 7 月布雷顿森林会议通过，1945 年 12 月 27 日生效。

分析金融部门的风险和韧性，评估金融部门政策框架和安全网，从而提出一系列政策建议，以防范金融不稳定；国际货币基金组织与世界银行于 1999 年联合推出金融部门评估规划，评估成员经济体的金融体系发展程度和稳健性、监管框架质量以及应对金融危机的能力。这两项举措都属于典型的双边监管工作。

近年来，国际货币基金组织在金融监管协调方面的主要目标是深化金融稳定分析，提高全球金融体系的安全性。[1]首先，增加了"早期预警演练"工作机制，从事中事后的监管模式逐步迈向事前的预警性监管模式。早期预警演练每年进行两次，与其旗舰出版物（《世界经济展望》、《全球金融稳定报告》和《财政监测报告》）的编撰工作协调展开。国际货币基金组织和金融稳定委员会在早期预警演练方面开展了密切合作，为尾部风险和脆弱性等相关问题提供了一个综合视角。国际货币基金组织在宏观经济、宏观金融、宏观结构性、技术和主权风险等问题上发挥了主导作用，而金融稳定委员会则侧重于金融体系监管问题。其次，在监督工作中加强了对宏观结构性问题的关注，构建了宏观审慎政策调查数据库。数据库包含成员国为遏制系统性风险而可能采取措施的信息，以及成员国宏观审慎政策框架在机构方面的信息，成员国

---

[1] 国际货币基金组织 2019 年年报 . https://www.imf.org/external/pubs/ft/ar/2019/eng/assets/pdf/imf-annual-report-2019-cn.pdf.

政策制定者和研究人员可以使用该数据库来分析宏观审慎措施在一国国内和国家之间产生的影响，从而有助于进一步深入了解此类措施在降低系统性风险方面的利弊，是双边国家监督和多边经济分析的一份宝贵资源。最后，国际货币基金组织十分注重开展能力建设工作。在金融监管和监督、中央银行操作（包括汇率管理、宏观审慎政策和金融稳定方面的操作）、债务管理、危机预防和管理，以及金融稳定审查等领域持续开展能力建设，以便在各个新兴领域更好地为成员国提供支持，并且丝毫未曾放松治理的现代化和技术援助的提供。

国际货币基金组织侧重于提供评估、建议和监督服务，提高全球金融体系的安全性。而世界银行①在金融监管协作方面的主要工作是通过分享数据和分析工具，为发展中国家高质量的政策分析工作提供资源，以及为新兴市场和发展中国家提供债务管理的技术援助。其一，世界银行在发展数据的生产和传播方面发挥领导作用，所有用户都可通过世界银行的"开放数据"网站轻松获取这些数据。此外，世界银行还提供分析咨询服务，成员国使用世界银行的技术分析与建议来更好地制定或实施有助于保持长期

---

① 世界银行由国际复兴开发银行（International Bank for Reconstruction and Development，IBRD）、国际开发协会（International Development Association，IDA）、国际金融公司（International Finance Corporation，IFC）、多边投资担保机构（Multilateral Investment Guarantee Agency，MIGA）和国际投资争端解决中心（International Center for Settlement of Investment Disputes，ICSID）五个成员机构组成。

发展的政策、规划和改革。通过分享数据和分析工具，世界银行为发展中国家高质量的政策导向分析工作提供了平台。其二，根据《世界银行 2019 年年报》，截至 2019 财年，世界银行已经与50 多个中央和地方政府债务管理部门合作，帮助它们建立公共债务管理机构，并向有关国家提供技术援助，帮助它们设计和实施债务管理战略，评估债务可持续性，发展本币市场。有效、高效的战略性公共债务管理是金融稳定和可持续财政政策的基石，随着发展中国家的债务构成日益复杂，世界银行提供的技术援助对保障发展中国家的金融稳定性具有重要意义。

（二）巴塞尔银行监管委员会和国际证券业监管组织

1974 年，巴塞尔银行监管委员会（Basel Committee on Banking Supervision，BCBS，简称"巴塞尔委员会"）作为国际性常设跨国银行监督管理机构应运而生，成为国际金融监管领域内最具影响力的国际组织，也是出台各种监管合作协议和框架最多的机构。经过近半个世纪的发展，巴塞尔委员会逐步构建起以国际银行监管责任的分配原则、国际银行的资本充足监管原则、国际银行业务的全面风险管理原则、有效银行监管核心原则为主要支柱的巴塞尔原则框架，其核心目标是确保国际银行系统的稳定性。

国际上在关注银行业监管合作的同时，在证券业和保险业方面也进行了监管合作，相继于 1983 年和 1994 年成立了国际证监会组织（International Organization of Securities Commissions，IOSCO）和国际保险监督官协会（International Association of Insurance Supervisors，IAIS）。其中，IOSCO 是证券业主要的全球性监管合作组织，它是规则导向制，主要制定国际公认的监管准则和执法标准并推动其得到一致实施。截至 2020 年末，IOSCO 包括 91 个国家和地区的证券监管机构成员，这些机构负责日常的证券监管以及证券法规的执行。IOSCO 的核心目标在于保护投资者，确保市场的公平、高效和透明，以及减少系统性风险。IAIS 是一个订立国际标准的组织，其使命是提倡有效和具有全球一致性的保险业规管，建立及维护公平、安全和稳定的保险市场，以保障保单持有人的利益，并促进全球金融稳定。

（三）金融稳定委员会

金融稳定委员会（Financial Stability Board，FSB），顾名思义，是为促进金融体系稳定而成立的合作组织，隶属于二十国集团（G20）[①]。金融稳定委员会的前身是金融稳定论坛，是七国集团（G7）成立的产物。除了维护金融稳定的功能外，金融稳定委员

---

① 二十国集团（G20）于 1999 年倡议成立，由阿根廷、澳大利亚、巴西、加拿大、中国、法国、德国、印度、印度尼西亚、意大利、日本、韩国、墨西哥、俄罗斯、沙特阿拉伯、南非、土耳其、英国、美国以及欧盟 20 方组成。

会的任务还包括协调和推进全球金融监管改革，评估国际金融体系的脆弱性，以及应对最具挑战性的全球性金融问题。具体内容如下：第一，充当协调机构来推动成员的政策制定，以加强金融稳定，主要包含场外衍生品监管、金融机构处置、非银行金融中介监管、弹性金融机构建立等领域。例如针对2008年金融危机期间金融机构破产处置如何协调的相关问题，2010年G20首尔峰会上，金融稳定委员会就正式提出系统重要性金融机构监管框架《金融机构风险有效处置机制核心要素》，确立了全球金融监管改革的基调。又比如对非银行金融中介的监管，金融稳定委员会把监测作为优先工作，形成了全球的年度报告，不仅包括G20成员，还包括许多国际金融中心的非银行金融中介的发展状况。此外，金融稳定委员会还对非银行金融中介的活动进行了更细致的分类，以分析其潜在的脆弱性，提出了一系列政策建议。第二，评估金融体系的脆弱性。鉴于全球金融危机的危害性，金融稳定委员会为了更加有效地履行核心职能，避免金融脆弱性的传染效应，在2019年开展评估工作，旨在有效识别金融运行的漏洞。第三，金融稳定委员会的工作方向逐步从政策制定转向改革成效评估，包括对金融基础设施和中小企业融资的评估，以及对各国"大而不能倒"改革成效的评估。如2012年6月在G20洛斯卡沃斯峰会上，金融稳定委员会向G20提交了一份报告，详细地讨论了已实施的金融监管改革可能对新兴市场及发展中经济体产生的不确定影响程度（马克·卡尼和牛筱颖，2012）。

（四）金融监管合作多边模式的小结

总体而言，典型的金融监管合作多边模式有三种，分别涉及以国际货币基金组织、世界银行为代表的协调组织，以巴塞尔委员会、国际证券业监管组织为代表的金融标准制定组织，以及金融稳定委员会等具有统一性质的国际金融监管组织。三种金融监管合作多边模式构建起了多层次互补性、功能齐备的国际金融监管框架，以维护全球金融的安全和稳定。国际货币基金组织和世界银行是政府间的国际组织，开展全球性的金融监管工作，且两个国际组织在金融监管协调的领域、职能等方面是互相补充和互相配合的。比如在服务对象方面，国际货币基金组织提供的金融评估服务主要针对金融系统具有系统重要性的国家和地区，以防范由该类国家和地区金融风险引发的全球性金融危机；而世界银行主要为发展中国家提供分析咨询服务和债务管理支持援助。在职能上两者相互配合，世界银行为国际货币基金组织的评估和分析提供数据支持。而巴塞尔委员会、国际证监会组织和国际保险监督官协会是分别针对银行业、证券业和保险业的国际金融标准制定机构，负责制定每一类金融市场的金融监管原则细则，具体协调和指导各国开展金融监管工作。金融稳定委员会是 G20 下的协会类法人机构，是一个具有高度前瞻性的组织，协调"大而不能倒"、非银行金融中介等金融监管难题，并制定相关监管制度，同时，致力于推进全球金融监管改革。

二、金融监管合作的双边模式

金融监管合作的双边模式是指两个国家或地区的金融监管机构在金融监管领域进行信息交流和监管合作。由于合作参与方的数量仅限于两方，故而在监管合作的许多方面具有较大的灵活性和选择权，可以就监管对象、议题和程度等方面适时开展合作，容易控制各自的交易成本，所以双边模式是最为常见的国际金融监管合作模式。相比于金融监管合作多边模式，双边模式耗费的时间更少，方式也更加多样化。在合作方式上，国际上通用的金融监管合作双边模式主要有谅解备忘录（memoranda of understanding，MOU）、监管对话（regulatory dialogue，RD）和技术援助（technical assistance，TA），合作方可以自主决定最终进行合作的方式。一般地，大部分金融监管合作双边模式属于相机性协调形式，即利用非正式合作安排和无约束力框架协议。由于两国的国际话语权和地位存在差异，所以双边模式下的一些议题无法有效贯彻落实，这是开展双边金融监管合作不可避免的弊端。本部分对三种典型的金融监管合作双边模式展开讨论分析。

（一）谅解备忘录

双边金融监管合作谅解备忘录（以下简称"谅解备忘录"）一般是两个国家或地区的金融监管机构之间，就信息共享和合作机制签署的正式共识文件。谅解备忘录具有典型的信号作用，有助于缓解双边金融交往中因政策法规冲突而引发的矛盾，能够有效降低金融活动的交易成本，减少市场风险传导。

谅解备忘录是金融监管合作双边模式的主要形式。具体地，不同国家或地区之间，以及针对不同金融监管领域的谅解备忘录的内容可能存在较大差异，一般有四种类型的谅解备忘录。第一，两个国家或地区之间针对某一类业务制定金融市场准入规范。如关于证券经纪交易业务，美国与澳大利亚双方监管部门在 2008 年就司法管辖区域的准入问题达成合作共识。第二，两个国家或地区之间对跨境监管合作机制进行协商。如中国证监会与德国联邦金融监管局在 2019 年 1 月更新签署了谅解备忘录，对进一步加强监管合作，特别是双方在 D 股发行上市环节的监管合作做出具体部署。第三，两个国家或地区之间针对多个领域签署的合作协议。如哈萨克斯坦阿斯塔纳国际金融监管委员会与亚美尼亚中央银行于 2019 年 10 月 10 日共同签署关于加强金融监管合作的谅解备忘录，双方拟在银行、保险和证券市场监管领域，特别是在反洗钱、金融执法、金融许可、金融市场整顿等方面加强合作，建立监管信息交换渠道，开展协同合作，共同对各自管辖权范围内的跨境机构活动加强监管。[①]第四，两个国家或地区之间协定开展金融监管创新合作。如中国香港与泰国于 2019 年 5 月 12 日签署谅解备忘录，加强双方在促进金融创新方面的合作，双方将会互相转介创新业务、共享资讯和经验及合作开发创新项目，针对泰国中央银行开发的数字货币项目进行联合研究。[②]

严格来说，谅解备忘录是一种行政协议，仅用以记载不同国家（地区）、政府或组织间签署双边或多边意向的文件，并不具有强制执行力。谅解备忘录落实的有效性取决于双方监管机构的合作关系。一旦这种双方伙伴关系遭受破坏，或者任意一方单方面终止，谅解备忘录的金融监管合作效力将形同虚设（Pieere-Hugues，2011）。此外，谅解备忘录中缺乏一个独立的执行机构，不可避免会使得双方利益交织在金融监管合作之中。因此，谅解备忘录在合作的持续性与稳定性方面可能会有所欠缺（封筠，2013）。

（二）监管对话

国际金融监管合作对话机制一般是指经常性对话机制，由两

---

① AIFC 与亚美尼亚央行达成金融监管合作协议.（2019-10-11）. http://kz.mofcom.gov.cn/article/jmxw/201910/20191002903430.shtml.

② 香港金融管理局与泰国中央银行金融科技合作.（2019-05-14）. https://www.hkma.gov.hk/ chi/news-and-media/press-releases/2019/05/20190514-3/.

个国家或地区委派高层决策者与监管者，通过一系列正式与非正式会议解决双方金融监管机构共同关心的问题，金融市场监管对话强化了以进一步提升金融稳定为目标的双边监管合作。典型案例是美国与欧盟之间的金融监管对话机制，设于 2002 年。美国 - 欧盟金融市场监管对话机制通过会议，对双方监管政策变化、监管冲突以及协调机制展开讨论分享。多年来，这一监管机制已经解决多项问题，例如为应对欧盟对金融业集团的监管要求，美国设立监管大型非银行金融业的政府部门，双方就衍生产品规则、保险以及包括银行处置和审计在内的一些其他领域展开详细探讨，取得了良好的效果。当然，也有一些议题未得到贯彻落实，如美国通用会计准则与国际财务报告准则的趋同等。

相对于谅解备忘录的合作模式，专门的国际监管对话机制应用较少，大部分的监管对话包含在范围更大的国际经济论坛之中。如在 2019 年 1 月举行的第二次中德高级别财金对话机制，中德双方在会议中就金融领域的合作开展了深度对话，中国证监会也在对话后与德国联邦金融监管局签署《证券期货监管合作谅解备忘录》，以强化金融监管与市场合作。

（三）技术援助

金融监管技术援助是援助国无偿地或按优惠条件向受援国传授金融监管技术手段，帮助其完善金融监管体制，并提供金融基础设施建设支持，以促进受援国金融市场的发展，提高受援国金融稳定性。典型案例是美国在其证券交易委员会下设"证券市场发展国际学院"，定期举行培训项目，向新兴市场等国家讲解该机构所采用的基本监管原则和方法，同时还会讲解其调查证券违法的执法过程，分享最新调查技术手段和监督方法。

三、金融监管合作的区域模式

从地理范围来看，区域性金融监管合作可以看作是双边和全球性合作的过渡，处于国家和全球的中间地带。合作是建立在区域范围内国家的共同利益基础之上的。从博弈论的角度看，国家之间在地理范围内联系密切，金融监管合作类似多次博弈。合作有利于实现国家之间金融业的协调发展，维护区域内国家的共同利益。区域合作是未来金融监管合作的重要基石和必由之路。全球各国的金融监管体制、金融机构、金融工具的多样性共同构成有机整体，在这一条件下，提出适合所有国家的统一金融监管标准必然难以实现。因此，本着自愿平等的原则，在尊重各区域和各国经济金融发展规律和现实的基础上开展区域性金融监管合作是必然趋势。

欧盟即是采用国际区域性监管模式的典型（廖凡，2018）。2008年之前，欧盟的监管模式是各成员国独立开展监管活动，2008年之后，这一监管局面被打破，构建起以欧盟委员会为权力机构的欧洲金融监管体系，如图 5-1 所示。

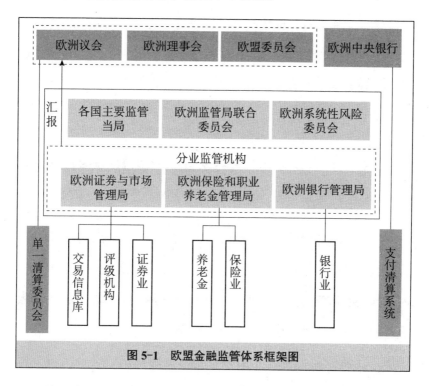

图 5-1　欧盟金融监管体系框架图

欧盟当前的金融监管结构从 2011 年 1 月 1 日开始运行，是一种多层次、宏观审慎和微观监管相结合的分业监管模式。具体地，宏观审慎机构主要是欧洲系统性风险委员会（European Systemic Risk Board，ESRB）。欧洲中央银行（European Central Bank，ECB）在现行的金融监管框架中也扮演了重要的角色并承担制定宏观审慎政策的职责。微观审慎机构由欧盟各国主要监管当局和三家分业监管机构组成。三家分业监管机构于 2011 年成立，分别是欧洲证券与市场管理局、欧洲保险和职业养老金管理局以及欧洲银行管理局。上述三家分业监管机构分别涵盖证券业、保险业和银行业，负责监管标准制定、协调等。同时，三家机构共同设立了欧洲监管局联合委员会，以消除分业监管中可能存在的监管交叉和监管冲突。

第二节 "一带一路"沿线国家金融监管合作实践

"一带一路"倡议下，开展监管合作同样体现为三个方面：第一，部分沿线国家已是国际性金融监管组织的成员，在全球范围内进行国际监管合作，例如许多"一带一路"沿线国家都是国际货币基金组织、世界银行、金融稳定委员会的成员，包括新加坡、印度、沙特阿拉伯等，它们在货币、金融稳定、资金支持方面发挥着重要作用。第二，聚焦区域属性，加强区域多边金融监管合作，例如在我国的倡议下，成立亚洲基础设施投资银行，为亚洲地区基础设施建设提供金融支持；又如东盟与中日韩三国组成"10+3"，推进《清迈倡议》，深化货币互换等协调机制，构建维护东亚区域稳定和发展的多边合作框架。第三，沿线国家开展双边合作，例如截至 2022 年 11 月，中国银保监会① 已与 86 个国家和

---

① 2023 年 3 月，党的二十届二中全会通过了《党和国家机构改革方案》，组建国家金融监督管理总局，不再保留中国银保监会。

地区的金融监管当局签署了126份监管合作谅解备忘录或合作协议，包括53个"一带一路"共建国家[①]，共同推进信息共享和监管合作，促进"一带一路"沿线国家金融稳定。延续国际典型的金融监管合作模式，本节重点归纳我国与沿线国家开展的区域多边及双边金融监管合作实践，为"一带一路"倡议下金融监管合作提供指导方向。

一、区域多边模式下的金融监管合作实践

"一带一路"沿线国家经贸往来和资金融通不断深化，区域联结不断加强，然而沿线国家金融发展水平高低不等，政治风险水平整体较高，多边金融监管合作成为防范沿线国家系统性风险、保持区域内金融稳定的必然要求。按照多边金融监管方式划分，沿线国家的监管模式可以划分为协调合作机制以及开发性机构。其中协调合作机制主要有多边合作框架、委员会、领导人会晤等方式，对区域内货币、信息、危机应对的监管内容进行纲领性约定；开发性机构以多边开发金融机构为主，提供资金支持、咨询服务、争端解决方法，促进区域内经济稳定发展。

---

① 深入学习贯彻党的二十大精神 推进银行业保险业高水平对外开放. (2022-12-15). http://www.cbirc.gov.cn/cn/view/pages/ItemDetail.html?docId=1088766&itemId=4228&generaltype=0.

（一）多边金融监管的协调合作机制

沿线国家在区域经济一体化的背景下，金融创新和金融开放水平不断提升，系统性风险加剧，亚洲等地区金融危机的爆发，直接促成区域监管合作的大力发展。"一带一路"沿线国家金融监管制度差异较大，既包含分业监管国家，也涵盖混业监管国家，这对于区域合作提出了更高的要求。

1.东亚地区：清迈倡议多边化（CMIM）协议

东南亚国家联盟[①]（以下简称"东盟"）是区域内包含政治、经济、安全一体化的合作机制，东盟所有成员均为"一带一路"沿线国家。东南亚国家整体处于新兴发展时期，冷战结束后，东盟开始探索金融合作协调机制。1997 年亚洲金融危机直接促使东盟与中日韩进行合作，东盟国家领导人与中日韩领导人首次举行联合会议，形成东亚地区"10+3"协调合作机制。

东亚地区的金融监管协调合作机制，是从《清迈倡议》向清迈倡议多边化（CMIM）协议发展而成的。为提高国家外汇储备，加强金融监管，减少亚洲金融危机再次发生的概率，2000 年 5 月"10+3"提出建立一个地区金融合作机制来弥补现有国际货币基金组织和世界银行的缺陷，并在泰国清迈签署《清迈倡议》（Chiang

---

① 东南亚国家联盟正式成立于 1967 年，包括文莱、柬埔寨、印度尼西亚、老挝、马来西亚、缅甸、菲律宾、新加坡、泰国、越南十国。

Mai Initiative，CMI）。该倡议是旨在建立区域性货币互换网络的协议，包含四个方面的合作，分别是监测资本流动、监测区域经济、建立双边货币互换网络和人员培训。其中双边货币互换网络是 CMI 最重要的部分，作为一项预防性安排，主要为防范东盟成员国在短期内国际资本流动不足而提供援助。东盟成员国大多以本国货币换取美元，中日韩三国之间则以本国货币互换为主，要求双边互换中至少 80% 是国际货币基金组织提供的融资项目，所以 CMI 是国际金融合作的补充机制。鉴于各国经济发展的程度不一，成员国的参与意愿相差甚大。相对于中低收入国家，中高收入等新兴市场国家对参与货币互换更加热衷。以新加坡为首的五个国家积极参与谈判，其他成员国也有加入相关谈判。此外，监测资本流动和区域经济以实施代理"经济评估和政策对话"方式为主，并未将双边货币互换与区域经济监测相互联系。

各国开始反思《清迈倡议》实施的有效性，提出改善措施，主要将货币互换从双边化向多边化转变。尤其在 2008 年全球金融危机爆发后，东盟成员国国际收支不平衡和短期流动性不足的问题显现。"10+3"开始加速落实多边互换协议的统一决策机制。经历多次磋商，CMIM 协议于 2020 年 6 月 23 日生效。[①]CMIM机制下，"10+3"各国出资额如表 5-1 所示。相较于《清迈倡

---

① 清迈倡议多边化协议修订稿生效．（2020-06-23）．https://www.chinanews.com/cj/2020/06-23/9219699.shtml.

议》，CMIM 有以下几个方面改变：首先，形成多边的货币储备库计划，"10+3"就储备库的总额度、贷款条件、贷款利率达成共识，2008 年计划总额度为 1 200 亿美元，2014 年各国决定增至 2 400 亿美元，其中中日韩提供 80% 的金额，东盟十国提供其余 20% 的部分，如表 5-1 出资额一列所示。其次，按照有区别的原则，成员国可以向储备库申请贷款，如表 5-1 中可申请贷款占出资额倍数一列所示。中国内地和日本可申请贷款占出资额的倍数最低，越南、柬埔寨等五国可申请贷款占出资额的倍数最高。例如新加坡需出资 95.4 亿美元，一旦出现流动性不足，可获得 2.5 倍贷款额度，即 238.5 亿美元。再次，CMI 下，成员国必须在发

表 5-1　CMIM 机制下"10+3"各国出资额

国家	出资额（亿美元）		出资额所占比例（%）		可申请贷款占出资额倍数
中国	768	中国内地：684	32	中国内地：28.5	0.5
		中国香港：84		中国香港：3.5	2.5
日本	768		32		0.5
韩国	284		16		1.0
三国合计	1 920		80		
新加坡	95.4		3.97		2.5
泰国	95.4		3.97		2.5
马来西亚	95.4		3.97		2.5
印度尼西亚	95.4		3.97		2.5
菲律宾	73.8		3.07		2.5

续表

国家	出资额（亿美元）	出资额所占比例（%）	可申请贷款占出资额倍数
越南	20	0.83	5.0
柬埔寨	2.4	0.10	5.0
缅甸	1.2	0.05	5.0
文莱	0.6	0.02	5.0
老挝	0.6	0.02	5.0
东盟合计	480	20	
总计	2 400	100	

资料来源：新加坡金融管理局。

生经济危机之后才可申请贷款，而 CMIM 变更了申请贷款条件，在危机发生前就可以提交贷款申请。最后，扩大储备库与国际货币基金组织贷款脱钩的比例。此前，无国际货币基金组织贷款项目的双边货币互换比例为 20%，而在 CMIM 中这一比例变更为 30%。

2. 中国-中东欧国家[①] **合作（"17+1"合作）**

中东欧地区是"一带一路"沿线国家之间经贸往来的重点合作区域之一，2012 年以来，我国与中东欧国家持续开展金融监管合作，具体举措如表 5-2 所示。

---

① 中东欧 17 国：波兰、捷克、斯洛伐克、匈牙利、斯洛文尼亚、克罗地亚、波黑、塞尔维亚、黑山、罗马尼亚、保加利亚、阿尔巴尼亚、北马其顿、爱沙尼亚、立陶宛（于 2021 年退出）、拉脱维亚和希腊。

表 5-2　中国-中东欧国家金融监管合作举措概况

年份	文件名称	金融监管合作举措
2012	《中国关于促进与中东欧国家友好合作的十二项举措》	中国与中东欧国家积极探讨货币互换、跨境贸易本币结算以及互设银行等金融合作，加强对务实合作的保障与服务。
2013	《中国－中东欧国家合作布加勒斯特纲要》	支持中国人民银行与中东欧国家央行根据各自实际需要签署本币互换协议，推动本币结算成为促进贸易与投资的方式之一。
2014	《中国－中东欧国家合作贝尔格莱德纲要》	1. 鼓励中国和中东欧国家企业在跨境贸易和投资中采用人民币结算。 2. 鼓励中国和中东欧国家银行在信息沟通、人员交流、相互提供业务便利和支持等方面开展全面金融合作。
2015	《中国－中东欧国家合作中期规划》	1. 加快完善投融资合作框架，创新金融合作模式。 2. 鼓励中国和中东欧国家开展本币互换、本币结算、金融监管等合作。支持在中东欧国家建立人民币清算安排。 3. 欢迎和支持同亚洲基础设施投资银行、丝路基金、欧洲投资银行、欧洲复兴开发银行及其他国家、地区和国际金融机构开展合作。
2015	《中国－中东欧国家合作苏州纲要》	欢迎中国银监会同捷克中央银行适时签署跨境危机管理合作协议，并与波兰金融监管局重新签署银行监管合作谅解备忘录。
2016	《中国－中东欧国家合作里加纲要》	支持金融监管部门之间加强交流与合作。
2017	《中国－中东欧国家合作布达佩斯纲要》	1. 各方在自愿和遵守各自法律和监管标准基础上加强交流，扩大互惠合作。 2. 欢迎部分中东欧国家与中国签署双边金融监管合作谅解备忘录，支持金融监管部门之间加强合作。

续表

年份	文件名称	金融监管合作举措
2018	《中国－中东欧国家合作索非亚纲要》	1. 欢迎更多中东欧国家与中国签署双边金融监管合作谅解备忘录,加强金融监管合作。 2. 各方支持立陶宛成立"16+1"金融科技协调中心,2019年在立陶宛举办"16+1"高级别金融科技论坛。
2019	《中国－中东欧国家合作杜布罗夫尼克纲要》	与会方支持在自愿基础上加强政府金融监管部门间的合作,为金融机构在遵守相关法律法规并尊重各国国情基础上开展合作创造良好监管环境。

2012年,中国－中东欧国家领导人会晤机制正式成立,每年举办一次,在经贸、基础设施、人文等近20个领域建立合作机制,其中多次强调加强金融监管合作,共同维护区域金融稳定。从"17+1"合作举措来看,尽管中国－中东欧国家合作纲要多次提出加强金融监管合作,然而现阶段,金融监管合作仍以区域内签订双方谅解备忘录、推行货币互换为主,尚未针对金融监管内容签订协议或出台专门政策要求。2015年,《中国－中东欧国家合作中期规划》提出,加快完善投融资合作框架,创新金融合作模式。随后,2017年、2019年都提到,要在各国自愿和遵守各自法律和监管标准基础上加强交流,扩大互惠合作。中东欧地区整体以银行业为主,证券市场分散,监管模式主要是统一监管,并且已经依托欧盟区域金融监管模式,进行了区域金融监管合作。那么,在我国同中东欧国家合作的趋势下,金融监管合作的模式

有必要进行相应创新。实践中，监管合作更多依托已有金融合作机构，例如同亚洲基础设施投资银行、丝路基金等国际金融机构开展合作，从而适应"17+1"合作背景。

3. 亚洲金融合作协会（AFCA）

如果说 CMIM 协议构成了东亚的金融安全网，那么交流平台的建设则源于 2015 年末博鳌亚洲论坛，习近平主席首次提出要搭建亚洲金融机构交流合作平台，推动构建地区金融合作体系。亚洲金融合作协会（Asian Financial Cooperation Association，AFCA）的设立目的在于维护区域金融稳定，主要由金融机构、行业组织、专业服务机构自愿加入，是在民政部登记注册的区域性国际非政府、非营利性的社会组织。2016 年 3 月，38 家国际金融机构在海南参加 AFCA 发起会议，并签署《发起设立亚洲金融合作协会意向书》。2017 年 5 月，AFCA 成立工作会议在北京召开，并且列入"一带一路"国际合作高峰论坛成果清单。

AFCA 的主要工作有两方面：一是加强会员机构交流，促进区域内金融自愿整合；二是通过治理结构制度安排，便利全体会员共同治理协会，共享协会服务及成果。[①]AFCA 旨在依托交流合作平台，为区域实体经济发展提供更有力的支撑。截至 2019 年 12 月 31 日，AFCA 会员机构有 120 余家，下设六个专业委员会，分别是"一带一路"金融、产业金融、绿色金融、财富管理、普

---

① 亚洲金融合作协会官网：cn.afca-asia.org/Portal.do?method=detailView&contentID=61。

惠金融、金融科技合作委员会。其中"一带一路"金融合作委员会成立于 2019 年 5 月，目的在于加快沿线国家经验共享和信息共享，为会员单位搭建"一带一路"交往活动和共同治理的国际平台，优化金融供给，满足金融需求，提高金融合作效率，减少和防范相关风险。"一带一路"金融合作委员会在成立之初部署了 2019—2022 年三年工作规划，具体设定如表 5-3 所示。

表 5-3 亚洲金融合作协会"一带一路"金融合作委员会工作内容

工作内容	具体情况
组织"一带一路"金融合作国际论坛	2019 年、2020 年、2021 年在北京举行
推动"一带一路"金融创新，积极引导本币在"一带一路"投融资中的使用，探索利用资本市场支持"一带一路"，引入可持续、多元化、市场导向的"一带一路"投融资模式	2019 年来，与阿布扎比国际金融中心联合主办"'一带一路'投资与发展圆桌"；与普华永道联合举办"一带一路"投融资系列研讨会；不定期发布与金融创新支持"一带一路"投融资相关的"一带一路"金融合作实践案例
推动建立"一带一路"投融资需求、风险警示等相关金融信息共享平台	2020 年发布《关于就"一带一路"投融资信息平台建设工作征求意见的函》
推进建立"一带一路"多国共治信用评级合作	尚未建立
与相关机构共同发起设立国际商事争端预防与解决组织	尚未建立，2022 年与国际商事争端预防与解决中心联合举办产业金融培训
积极搭建"一带一路"贸易金融、供应链金融、银团贷款等跨境金融业务合作平台，同时制定相关行业技术标准	2021 年发布《银行营业网点服务指南》《移动金融服务基于生物特征识别技术的客户身份证明技术要求》《移动支付商户展示码技术规范》；2022 年发布《个人金融信息保护指南》；2022 年成为国际标准化组织金融服务技术委员会（ISO/TC68）A 类联络员

续表

工作内容	具体情况
推动设立"一带一路"金融资产交易平台	尚未建立
编发"一带一路"金融合作报告	每周发布《"一带一路"经济金融报告》和《"一带一路"金融合作每周动态》

资料来源：根据《亚洲金融合作协会"一带一路"金融合作委员会2019—2022三年工作规划纲要》及 AFCA 官网资料整理。

由表 5-3 可以看出，"一带一路"金融合作委员会的工作内容涵盖金融监管的多个方面，包括金融信息共享、信用评级合作、金融技术标准、金融资产交易等，近年来该委员会主导下的"一带一路"合作交流处于上升期，但仍有待于未来进一步推进。

4. 多边开发融资合作中心（MCDF）

"一带一路"沿线国家横跨欧、亚、非大陆，投资以基础设施项目为主，这意味着依托多元化开发金融机构，是"一带一路"金融合作的重要特征之一。为加强已有多边开发金融机构相互合作，共同服务"一带一路"互联互通，我国财政部与亚洲开发银行、亚洲基础设施投资银行、欧洲复兴开发银行、欧洲投资银行、新开发银行、世界银行六家多边开发机构，在 2017 年 5 月签署关于加强在"一带一路"倡议下相关领域合作的谅解备忘录。随后，在 2017 年首届"一带一路"国际合作高峰论坛，我国倡议设立多边开发融资合作中心（Multilateral Cooperation Center for Development Finance，MCDF）。2019 年，我国财政部联合世界银行、亚洲开发银行、亚洲基础设施投资银行、拉美开发银行、欧洲复兴开发银行、欧洲投资银行、美洲开发银行、国际农业发展基金成立 MCDF，作为基础设施开发融资领域的多边合作平台。MCDF 通过推动多边开发银行的合作，为共建项目有效提供资金支持，努力促进信息共享。MCDF 实行项目执行和基金运行模式，由亚洲基础设施投资银行担任执行机构和基金托管方，并组建秘书处支持 MCDF 日常运作。

（二）多边开发金融机构

国际货币基金组织和世界银行，是全球多边监管模式的典型代表。各个地区为弥补国际组织的缺陷，基本都组建发展了适应各区域的多边开发金融机构。以"一带一路"倡议提出年（2013年）为节点，将涉及"一带一路"的区域多边开发金融机构分为"一带一路"倡议提出前成立和提出后成立两类，这些机构在沿线国家区域金融监管合作中都扮演着重要角色，具体如表 5-4 所示。

表 5-4 "一带一路"沿线国家主要多边开发金融机构

名称	设立时间	参与主体	监管合作
"一带一路"倡议提出前成立			
巴黎俱乐部	1961 年 11 月	22 个永久会员和 9 个观察组织	为面临支付困难的债务国寻求协调和可持续的解决方案，避免主权债务危机。
亚洲开发银行	1966 年 11 月	67 个成员	对成员国或地区成员拟定和执行发展项目与规划提供技术援助。

续表

名称	设立时间	参与主体	监管合作
伊斯兰开发银行	1974 年 8 月	沙特阿拉伯、阿联酋、科威特等 57 国	为成员国提供援助。
欧洲复兴开发银行	1991 年 4 月	38 个创始成员国	参与筹建金融机构及金融体系，其中包括银行体系及资本市场体系；提供金融政策改革服务。
中国－东盟银联体	2010 年 10 月	东盟 10 国 + 中国	以银联体的管理模式和运作框架进行金融合作。
"一带一路"倡议提出后成立			
丝路基金	2014 年 12 月	中国	在参与项目过程中，通过有效对接各国发展战略规划，与主要国家相关部门建立跨国协商机制，充分发挥对国内外监管机构的配合和补充作用。
金砖国家新开发银行	2015 年 7 月	金砖五国	建立初始规模 1 000 亿美元的应急储备安排，在多国联合构建的金融安全网下，进一步推动金砖国家之间金融监管合作，并通过监管体系的协调发展来迎接可持续发展的挑战。
亚洲基础设施投资银行	2015 年 12 月	106 个成员国（创始成员国为 57 个）	推动金融监管体制改革与国际接轨，并通过与现行多边开发金融机构的合作，提升亚洲和全球经济发展的稳定性。
中国－中东欧银联体	2017 年 11 月	中东欧 17 国 + 中国	按照"自主经营、独立决策、风险自担"的原则，开展项目融资、同业授信、规划咨询、培训交流、高层对话、政策沟通、信息共享等领域的合作。

续表

名称	设立时间	参与主体	监管合作
中日韩－东盟银行联合体	2019 年 10 月	东盟 10 国＋中日韩	以银联体的管理模式和运作框架进行金融合作。

资料来源：亚洲开发银行、新开发银行、亚洲基础设施投资银行等官方网站；王佳佳，许争."一带一路"沿线国家金融监管合作机制研究.沈阳师范大学学报（社会科学版），2018，42（1）：52-56.

根据表 5-4，"一带一路"倡议提出前，多个地区都各自组建了多边开发金融机构，对于金融监管合作，主要延续全球多边组织的运营模式，成立多个子机构或部门，分别负责贷款提供、技术援助、咨询服务等内容。例如伊斯兰开发银行下设伊斯兰发展银行、伊斯兰研究和培训学院、伊斯兰公司发展私营部门、国际伊斯兰贸易融资公司等，形成类似世界银行集团的运营模式，金融监管合作以区域内多边化评估和双边化技术援助为主。

"一带一路"倡议提出后，我国作为倡议国，单独或联合发起了多个开发金融机构，这些机构更多地与已有多边开发金融机构进行合作，服务共建国家的互联互通。例如亚洲基础设施投资银行（以下简称"亚投行"）是我国首个倡议建立的多边开发金融机构，法定资本达 1 000 亿美元。截至 2023 年 5 月，已有 106 个成员国，除主要为"一带一路"基础设施项目提供资金支持外，还根据沿线国家金融监管体制的差异，提出推动成员国金融监管体制改革与国际接轨，并通过与现行多边开发金融机构合作，提升亚洲与全球经济和金融发展的稳定性。除此之外,"一带一路"丝路基金和金砖国家新开发银行对于区域金融监管合作都作出了各自的贡献。

(三)区域多边模式下金融监管合作的小结

综上所述,"一带一路"的多边模式合作实践,是全球合作范围的重要补充,以亚洲、中东欧、西亚北非地区为主。其中,我国同东南亚国家的金融监管合作最为紧密,在 1997 年亚洲金融危机后,依托"10+3"合作机制,我国参与《清迈倡议》向多边化发展,对于防范区域金融风险作了积极探索。我国同中东欧地区的金融监管合作处于起步阶段,依托"17+1"合作机制,开始探索"自愿和遵守各自法律和监管标准基础上"的金融监管合作模式,当前仍以签署谅解备忘录为主。对于西亚北非地区,金融监管合作以地区内部为主,我国尚未深入与该地区进行多边金融监管合作。由此看来,我国与"一带一路"地区的合作实践,除与东南亚国家形成了较为明晰的金融监管机制外,与其他地区的合作尚处于起步阶段,缺乏金融科技、跨境征信、货币多边化合作和危机应急措施等方面的合作。

二、双边模式下的金融监管合作实践

"一带一路"沿线国家的金融监管合作实践,在多边模式下,主要以协调机制或开发金融机构为载体，更多借鉴了现有国际通行的模式；而在双边模式下，合作对象、合作议题、合作方式以及程度的确定方面具有较大的灵活性。双边模式是我国同沿线国家进行金融监管合作最常见的模式，其中签署谅解备忘录与监管对话是重要组成部分。

（一）双边金融监管合作谅解备忘录

我国参与签署金融监管合作谅解备忘录，由中国银保监会（现为国家金融监督管理总局）和中国证监会作为中国监管当局，分别在银行业和证券业同沿线国家金融监管当局进行合作。银行业方面，遵照巴塞尔委员会确定的跨境银行监管原则。2003 年银监会设立后，开始推进签署双边金融监管合作谅解备忘录，合作目的在于促进双边互设机构的合法稳健经营。合作途径主要是推动双边信息共享，做到及时了解互设机构的经营情况，发现问题或不良发展趋势，努力做到及时预警和惩戒。截至 2022 年 12 月，中国银保监会已与 86 个国家和地区的金融监管当局签署了 126 份监管合作谅解备忘录或合作协议，包括 53 个 "一带一路" 共建国家、32 个 "一带一路" 沿线国家。表 5-5 列出了与中国签订监管合作谅解备忘录或合作协议的 32 个 "一带一路" 沿线国家、监管机构以及谅解备忘录或合作协议的生效时间。

表 5-5　与中国签订监管合作谅解备忘录或监管合作
协议的"一带一路"沿线国家概览

国家	监管机构名称	生效时间	国家	监管机构名称	生效时间
东南亚地区			印度	印度储备银行	2010 年 12 月 16 日
新加坡	新加坡金融管理局	2004 年 5 月 14 日	尼泊尔	尼泊尔中央银行	2016 年 3 月 21 日
泰国	泰国中央银行	2006 年 9 月 18 日	马尔代夫	马尔代夫货币管理局	2017 年 12 月 7 日
		2017 年 7 月 25 日	俄罗斯、蒙古国及中亚地区		
菲律宾	菲律宾中央银行	2005 年 10 月 18 日	吉尔吉斯斯坦	吉尔吉斯共和国国家银行	2004 年 9 月 21 日
越南	越南中央银行	2008 年 5 月 5 日	俄罗斯	俄罗斯联邦中央银行	2005 年 11 月 3 日
		2017 年 11 月 12 日	哈萨克斯坦	哈萨克斯坦金融监管署	2005 年 12 月 14 日
马来西亚	马来西亚中央银行	2009 年 11 月 11 日		哈萨克斯坦国家银行[2]	2013 年 9 月 25 日
印度尼西亚	印度尼西亚中央银行	2010 年 7 月 15 日	塔吉克斯坦	塔吉克斯坦国家银行	2010 年 11 月 25 日
	印度尼西亚金融服务局[1]	2015 年 6 月 4 日	蒙古国	蒙古国中央银行	2014 年 8 月 21 日
柬埔寨	柬埔寨国家银行	2013 年 4 月 8 日	中东欧地区		
老挝	老挝人民民主共和国银行	2016 年 9 月 8 日	波兰	波兰共和国银行监督委员会	2005 年 2 月 27 日
南亚地区				波兰金融监管局[3]	2017 年 6 月 9 日
巴基斯坦	巴基斯坦国家银行	2004 年 10 月 15 日	匈牙利	匈牙利金融监督局	2005 年 11 月 21 日

续表

国家	监管机构名称	生效时间	国家	监管机构名称	生效时间
匈牙利	匈牙利国家银行	2016 年 3 月 31 日		阿联酋中央银行	2011 年 7 月 13 日
乌克兰	乌克兰中央银行	2007 年 1 月 30 日		阿布扎比金融服务监管局	2016 年 4 月 28 日
白俄罗斯	白俄罗斯国国家银行	2007 年 4 月 23 日	伊朗	伊朗中央银行	2013 年 2 月 19 日
捷克	捷克中央银行	2010 年 1 月 5 日	以色列	以色列银行	2013 年 5 月 27 日
立陶宛	立陶宛中央银行	2015 年 6 月 12 日	巴林	巴林中央银行	2013 年 9 月 16 日
西亚北非地区			科威特	科威特中央银行	2015 年 3 月 28 日
土耳其	土耳其银行监理署	2006 年 7 月 11 日	约旦	约旦中央银行	2017 年 6 月 15 日
卡塔尔	卡塔尔金融中心监管局	2007 年 5 月 11 日	黎巴嫩	黎巴嫩中央银行及银行监管委员会	2017 年 9 月 28 日
	卡塔尔中央银行	2014 年 11 月 3 日			
阿联酋	迪拜金融服务局	2007 年 9 月 24 日			

资料来源：根据国家金融监督管理总局官网披露内容整理。

注：1. 2013 年 1 月，印度尼西亚新设立金融服务局，接管原来由印度尼西亚央行履行的银行监管职能。

2. 2011 年 4 月，哈萨克斯坦金融监管署银行监管职能并入哈萨克斯坦国家银行。

3. 2008 年 1 月，波兰金融监管局与波兰银行监管委员会合并，负责全面监管波兰金融机构。

由表 5-5 可以看到，我国同新加坡、泰国、巴基斯坦、俄罗斯、阿联酋、卡塔尔、中东欧及中亚地区国家签署监管合作谅解备忘录时间较早，"一带一路"倡议提出后，同西亚北非地区国家的银行业合作进程加快。

证券业方面，截至 2022 年 12 月，中国证监会已同 67 个国家和地区签署了监管合作谅解备忘录。其中涵盖 28 个"一带一路"沿线国家，具体情况见表 5-6。

表 5-6　中国证监会与沿线国家证券（期货）监管机构签署的备忘录概览

国家	监管机构名称	签署时间	合作文件名称
新加坡	新加坡金融管理局	1995 年 11 月 30 日	关于监管证券和期货活动的相关合作与信息互换的备忘录
		2018 年 11 月 12 日	关于期货监管合作与信息交换的谅解备忘录
马来西亚	马来西亚证券委员会	1997 年 4 月 18 日	证券期货监管合作谅解备忘录
埃及	埃及资本市场委员会	2000 年 6 月 22 日	证券监管合作谅解备忘录
罗马尼亚	罗马尼亚国家证券委员会	2002 年 6 月 27 日	证券期货监管合作谅解备忘录
印度尼西亚	印度尼西亚资本市场监管委员会	2003 年 12 月 9 日	关于相互协助和信息交流的谅解备忘录
	印度尼西亚商品期货交易监管局	2004 年 10 月 14 日	期货监管合作谅解备忘录
越南	越南证券委员会	2005 年 6 月 27 日	证券期货监管合作谅解备忘录

续表

国家	监管机构名称	签署时间	合作文件名称
印度	印度证券及交易委员会	2006 年 9 月 15 日	证券期货监管合作谅解备忘录
	印度远期市场委员会[1]	2006 年 11 月 21 日	商品期货监管合作谅解备忘录
约旦	约旦证券委员会	2006 年 9 月 20 日	证券期货监管合作谅解备忘录
土耳其	土耳其资本市场委员会	2006 年 11 月 10 日	证券期货监管合作谅解备忘录
阿联酋	阿联酋证券商品委员会	2006 年 12 月 6 日	证券期货监管合作谅解备忘录
泰国	泰国证券交易委员会	2007 年 4 月 11 日	证券期货监管合作谅解备忘录
蒙古国	蒙古国金融监督委员会	2008 年 1 月 24 日	证券监管合作谅解备忘录
科威特	科威特股票交易所委员会	2010 年 5 月 5 日	证券期货监管合作谅解备忘录
巴基斯坦	巴基斯坦证券交易委员会	2010 年 12 月 17 日	证券期货监管合作谅解备忘录
以色列	以色列证券管理局	2011 年 3 月 29 日	证券期货监管合作谅解备忘录
卡塔尔	卡塔尔金融市场管理局	2011 年 4 月 7 日	证券期货监管合作谅解备忘录
老挝	老挝证券交易委员会	2011 年 9 月 19 日	证券期货监管合作谅解备忘录
乌克兰	乌克兰国家证券和股市委员会	2013 年 8 月 30 日	证券期货监管合作谅解备忘录[2]
立陶宛	立陶宛银行	2013 年 9 月 13 日	证券期货监管合作谅解备忘录

续表

国家	监管机构名称	签署时间	合作文件名称
白俄罗斯	白俄罗斯共和国财政部	2014 年 1 月 20 日	证券期货监管合作谅解备忘录
文莱	文莱金融管理局	2014 年 2 月 17 日	证券期货监管合作谅解备忘录
波兰	波兰金融监督管理局	2015 年 3 月 23 日	证券期货监管合作谅解备忘录
哈萨克斯坦	哈萨克斯坦国家银行	2015 年 5 月 13 日	证券期货监管合作谅解备忘录
	哈萨克斯坦阿斯塔纳金融服务管理局	2018 年 2 月 9 日	证券期货监管合作谅解备忘录
阿塞拜疆	阿塞拜疆国家证券委员会	2015 年 5 月 19 日	证券期货监管合作谅解备忘录
俄罗斯	俄罗斯中央银行	2016 年 6 月 25 日	证券期货监管合作谅解备忘录[3]
伊朗	伊朗证券和交易组织	2018 年 6 月 10 日	证券期货及其他投资产品监管合作谅解备忘录
柬埔寨	柬埔寨证券交易委员会	2019 年 6 月 21 日	证券期货监管合作谅解备忘录
匈牙利	匈牙利中央银行	2021 年 7 月 26 日	证券期货监管合作谅解备忘录

资料来源：根据中国证券监督管理委员会官网披露内容整理。

注：1. 2015 年 9 月，印度远期市场委员会（FMC）与印度证券交易委员会（SEBI）合并，FMC 与中国证监会签署的商品期货监管合作谅解备忘录由 SEBI 继承。

2. 取代 1997 年 12 月 22 日中国证监会与乌克兰证券与股市委员会签署的证券监管合作谅解备忘录。

3. 取代 2008 年 8 月 8 日中国证监会与俄罗斯联邦金融市场监督总局签署的证券期货监管合作谅解备忘录。

从表 5-6 我国证监会与沿线国家证券期货监管机构签署备忘

录情况来看，"一带一路"倡议提出前，我国已经同东南亚国家开展证券期货监管双边合作，基本完成了备忘录签署，这与中国与该盟"10+1""10+3"多边合作机制密不可分。此外，2012 年我国与中东欧"17+1"合作机制建立以来，证券期货监管双边合作明显加快，所以，多边模式的落实是双边合作模式开展的有力保障。

（二）货币监管合作

强化货币监管合作，是维护"一带一路"沿线国家金融稳定的重要保障。一方面，"一带一路"倡议要求加强资金流通，货币监管合作有利于加快货币流通，服务"一带一路"建设；另一方面，"一带一路"沿线国家整体风险较高，货币监管合作有利于强化金融安全网，防范化解流动性风险。当前，我国同沿线国家开展的双边货币监管合作，主要体现在以下几个方面：首先，推进双边货币互换，可以有效防止汇率大幅波动，预防国家紧急流动性危机，从而维护区域金融稳定，是货币监管合作的传统手段；其次，参与反洗钱与反恐怖国际合作，签署反洗钱信息交换合作备忘录；再次，尝试征信跨境监管合作，服务双边经贸往来；最后，探索数字货币监管合作模式，提升货币安全保障。

1. 双边货币互换

双边货币互换是货币合作的传统方式，2008 年全球金融危机爆发后，我国为维护区域金融稳定，助推人民币国际化，广泛地与多个国家和地区签订了货币互换协议，"一带一路"沿线国家是我国货币互换的主要对象。截至 2018 年末，我国与包括新加坡、马来西亚、俄罗斯等在内的 21 个沿线国家和地区签署了货币互换协议，涉及金额共计约 1.43 万亿元人民币，占我国货币互换规模的 41%，具体情况见表 5-7 所示。

表 5-7　中国人民银行与沿线国家和地区中央银行或货币
当局的双边货币互换情况

国家和地区	货币互换规模	国家和地区	货币互换规模
欧盟	3 500 亿元人民币 /450 亿欧元	新加坡	3 000 亿元人民币 /640 亿新加坡元
马来西亚	1 800 亿元人民币 /1 100 亿马来西亚林吉特	印度尼西亚	2 000 亿元人民币 /440 万亿印尼卢比
俄罗斯	1 500 亿元人民币 /8 150 亿俄罗斯卢布	泰国	700 亿元人民币 /3 700 亿泰铢
卡塔尔	350 亿元人民币 /208 亿里亚尔	阿联酋	350 亿元人民币 /200 亿阿联酋迪拉姆
埃及	180 亿元人民币 /470 亿埃及镑	蒙古国	150 亿元人民币 /5.4 万亿蒙古图格里克
乌克兰	150 亿元人民币 /540 亿乌克兰格里夫纳	土耳其	120 亿元人民币 /50 亿土耳其里拉
巴基斯坦	100 亿元人民币 /1 650 亿巴基斯坦卢比	斯里兰卡	100 亿元人民币 /2 250 亿斯里兰卡卢比
匈牙利	100 亿元人民币 /4 160 亿匈牙利福林	哈萨克斯坦	70 亿元人民币 /2 000 亿哈萨克斯坦坚戈
白俄罗斯	70 亿元人民币 /16 万亿白俄罗斯卢布	塔吉克斯坦	30 亿元人民币 /30 亿索莫尼

续表

国家和地区	货币互换规模	国家和地区	货币互换规模
阿尔巴尼亚	20亿元人民币/342亿阿尔巴尼亚列克	塞尔维亚	15亿元人民币/270亿塞尔维亚第纳尔
亚美尼亚	10亿元人民币/770亿德拉姆		

资料来源：根据中国人民银行官网信息整理。

值得注意的是，尽管我国与沿线许多国家签订了货币互换协议，互换规模高达万亿元级别，然而，在货币互换协议下，人民币的使用情况并不理想，仅占货币互换额度中较小份额，2015—2019年，境外货币当局动用人民币余额为200亿～300亿元/季度[①]，与货币互换总规模差距较大。

2. 反洗钱与反恐怖国际合作

反洗钱与反恐怖（以下统称"反洗钱"）监管，是维护金融稳定的重要方面，尤其部分"一带一路"沿线国家恐怖主义猖獗。我国参与反洗钱监管合作，是在国际多边组织的基础上开展的。2007年，我国正式成为金融行动特别工作组成员，该工作组是国际上最具影响力的政府间反洗钱组织，是全球反洗钱标准的制定机构。反洗钱国际合作工作的开展，主要体现在两个方面：第一，反洗钱组织开展对成员的双边评估。2012年，金融行动特别工作组制定国际标准《打击洗钱、恐怖融资、扩散融资国际标准：

---

① 中国人民银行官方网站公布的2015—2019年《人民币国际化报告》。

FATF 建议》，最新版本修订于 2019 年 6 月，并以此为依据，从 2014 年至 2022 年对所有成员开展互评估。第二，签署反洗钱备忘录。截至 2022 年 8 月，我国与境外金融情报机构累计签署 61 份合作文件，进行双边监管合作，共同维护货币安全。[①]

3. 征信跨境监管合作

随着我国与"一带一路"沿线国家经贸合作深化，资金持续融通，监管机构、金融机构、实体企业对掌握交易对手信用信息的要求不断提高。我国已充分认识到，征信跨境监管合作的必要性，"一带一路"倡议强调，"加强征信管理部门、征信机构和评级机构之间的跨境交流与合作"。当前，我国同沿线国家的征信跨境监管合作，处于监管模式合作的探索阶段。例如在 2019 年 11 月，我国与越南举办征信跨境合作交流会，探讨中国 - 东盟跨境征信合作的路径。

4. 数字货币监管合作

虚拟信息技术不受地域的限制，使货币安全性受到冲击，数字货币监管得到各地监管当局的关注。数字货币监管合作理念的系统性讨论源于 2018 年 G20 峰会，与会成员对数字货币带来的跨国洗钱和国际税收问题展开讨论。"一带一路"沿线国家涉及多个全球金融中心，例如新加坡、阿联酋、卡塔尔等国，为保障货

---

① 中国反洗钱监测分析中心与塞内加尔国家金融情报和处理中心签署反洗钱和反恐怖融资金融情报交流合作谅解备忘录.（2022-08-24）. camlmac.pbc.gov.cn/fxqzhongxin/3558093/3558105/4639970/index.html.

币支付的安全性，数字货币国际监管诉求日益增强。当前，数字货币跨境监管合作尚停留在规则起草或制度设想阶段，未形成有效的跨境监管合作模式。具体地，针对数字货币的支付功能、数字货币是否具有货币属性等问题，一些国际组织进行了探讨。例如国际货币基金组织在 2017 年 6 月发布《金融科技和金融服务：初步考虑》，提出数字货币等科技发展不能脱离资金融通等金融本质的功能，探讨了央行需要发行数字货币的原因及应采取何种形式等问题。

（三）技术援助

完善沿线国家金融监管体制，增强区域金融稳定性，是"一带一路"沿线各国的共同目标。我国作为倡议国，同样采取了金融监管的技术援助手段，推动建设长期、稳定、可持续的金融合作环境。具体来说，"一带一路"倡议下的技术援助主要体现在以下两个方面。

第一，依托国际金融监管合作组织，我国提供原则性的指导框架。"一带一路"沿线国家以新兴市场发展中国家为主，并且包含部分低收入国家。对低收入国家进行主权债务管理水平引导，是国际金融监管合作组织技术援助的重要方面。在借鉴国际货币基金组织和世界银行的低收入国家债务可持续性分析框架的基础上，结合沿线国家主权债务实际情况，我国财政部在 2019 年发布《"一带一路"债务可持续性分析框架》，鼓励沿线低收入国家使用债务可持续性分析框架。评估结果的应用不仅可以作为相关国家债务风险管理、新增贷款承载能力评估以及可持续发展规划的决策依据，还可以作为国际金融监管合作组织和其他国家提供技术援助的依据。

第二，结合沿线国家金融发展水平，我国提供针对性的交流培训。具体地，一是通过现有的金融机构，与沿线国家交流已有金融发展经验。例如，中国国家开发银行举办"一带一路"专项双多边交流培训，促进开发性金融的服务效果。二是新设专门的培训平台，依托国际组织、政府部门、研究机构，开展相应的技术援助项日。以"一带一路"国际合作高峰论坛成果为例，主要依托研究机构开展新设培训交流项目，具体如表5-8所示。其中，培训交流项目以不定期为主，研究机构根据沿线国家的特定需求定制培训项目。

表 5-8 "一带一路"国际合作高峰论坛成果——新设培训交流项目概况

成立时间	交流培训项目	设立主体	主要内容
2014 年 11 月	亚太财经与发展学院	中国财政部下属的上海国家会计学院	与中亚区域经济合作学院、亚洲开发银行、英国特许公认会计师公会等机构联合启动中国中亚会计精英交流项目。
2017 年 6 月	"一带一路"财经发展研究中心	中国财政部下属的厦门国家会计学院	提供前瞻性研究、专业化培训、国际化论坛、国际交流合作和留学生教育服务。

续表

成立时间	交流培训项目	设立主体	主要内容
2018 年 4 月	能力建设中心	中国人民银行、国际货币基金组织	为包括中国在内的"一带一路"沿线国家提供各类培训课程,支持沿线国家的能力建设,促进交流与互鉴。

资料来源:根据"一带一路"国际合作高峰论坛成果以及项目官网整理。

(四)双边模式下金融监管实践的小结

综上所述,在双边金融监管合作谅解备忘录方面,近一半的沿线国家与我国签署了银行业或证券业谅解备忘录,这些国家主要集中在东南亚、中东欧以及西亚北非地区。在货币监管合作方面,"一带一路"倡议提出以来,沿线国家货币互换协议签署规模不断扩大,但表现出货币互换使用规模较小的特点;反洗钱、跨境征信、数字货币等货币监管合作模式,以双边探讨和交流为主,尚未形成统一的监管合作体系。在技术援助方面,现阶段主要依托国际金融监管合作组织经验,聚焦我国对中低收入国家的债务风险管理指导,以及我国研究机构以不定期方式开展的培训交流项目。

总体来看,签署谅解备忘录构成了金融监管合作双边模式的主要方式,货币互换合作取得了阶段性成果,反洗钱、跨境征信、数字货币等货币监管合作处于探索阶段,技术援助的范围仍以少数沿线国家为主。

第三节　持续推进"一带一路"沿线国家金融监管合作的建议

国际金融监管合作一般分为日常合作和危机应急措施两大类。其中，日常合作主要分为三个发展阶段：第一阶段是合作双方以及多方签署谅解备忘录；第二阶段是各合作方通过协商，制定各谈判方共同遵守的统一监管标准；第三阶段是各合作方实现对金融市场的统一监管。危机应急措施是在非常规状态下采取的监管措施，如遭遇区域性甚至全球性金融危机。由前述"一带一路"沿线国家金融监管合作现状的梳理来看，"一带一路"沿线国家金融发展水平差异较大，目前的金融监管合作仅停留在简单的协商对话和双边监管合作谅解备忘录、双边本币互换协议等政策性协议签署的初级层面。并且，亚洲基础设施投资银行、丝路基金、金砖国家新开发银行、亚洲金融合作协会等多边和区域性金融监管组织，在推进"一带一路"沿线国家多边金融监管合作机制的构建和维护金融稳定方面的职能建设亦处于起步阶段。推进沿线国家金融监管合作机制建设和提升区域性金融监管合作水平，将是未来较长一段时间内"一带一路"建设的重点方向。

本节将基于当前"一带一路"沿线国家金融监管合作的现状，在充分借鉴国际合作经验的基础上，系统分析与阐释"一带一路"沿线国家金融监管合作存在的主要问题与障碍，并结合"一带一路"沿线国家金融监管需求与合作发展的实际，对推进"一带一路"沿线国家金融监管合作未来发展方向提出建议。

一、"一带一路"沿线国家金融监管合作问题分析

"一带一路"倡议提出以来，沿线国家之间的金融监管合作发展迅速。我国先后倡议并参与设立丝路基金、金砖国家新开发银行和亚洲基础设施投资银行等多边金融机构，与此同时，我国亦积极地拓展和深化与沿线国家相关金融监管机构的跨境金融监管合作，逐步构建起"一带一路"金融监管体系框架，为"五通"发展目标中的设施联通、贸易畅通和资金融通营造了良好的金融生态环境，并强化了区域间金融风险防控。但是，当前"一带一路"金融监管合作也存在一些挑战与问题，需要认真应对。

首先，"一带一路"沿线国家之间的政治制度差异和金融监管法律制度差异是造成金融监管合作问题的根本原因；其次，"一带一路"金融信息透明度较低是制约沿线国家金融监管合作进一步发展的现实障碍；再次，构建区域性金融风险预警系统和危机处置制度安排是保障"一带一路"金融稳定的必然要求；最后，逐

步统一金融监管标准和构建制度化的区域性金融监管合作平台是完善"一带一路"金融监管体系框架的硬性要求。

（一）"一带一路"沿线国家间的制度差异成为制约金融监管合作发展的重要因素

"一带一路"国家间的制度差异包括政治制度和金融监管法律制度差异。首先，在政治制度层面，沿线各国政治体制、经济水平、文化历史差异较大。民族文化冲突和地缘政治博弈会严重削弱沿线国家之间的政治互信基础，导致沿线国家对于金融监管合作协议的正常履行缺乏善意的预测，提升金融监管合作协议执行效果的不确定性，进而严重制约区域金融监管合作的发展进程。例如，中亚和南亚地区的大部分国家正处于政治和经济转型期，国家政局面临极大的不稳定性，影响了金融合作和金融监管合作。

其次，"一带一路"沿线国家金融监管法律制度存在一定差异，即便体制相同，监管的法律依据和政策手段也不尽相同。例如，虽然波兰、捷克等中东欧国家和一些中亚国家均采用统一金融监管模式，但是中东欧国家的金融市场发展水平较高，监管手段以市场调节为主，而中亚国家的金融监管主体仍然缺乏一定的独立性，金融监管的相关法规也有待进一步完善，监管的有效性较低。金融监管制度和法律依据上的差异会导致"一带一路"沿线各国在进行跨境金融监管合作时无法有效统一口径，进而产生监管真空和监管重叠，在一定程度上降低金融监管合作的效率。因此，要加强沿线国家的金融监管合作，首先需要充分考虑沿线国家在政治制度和金融监管法律制度方面的差异，并解决好以下三个问题：一是沿线国家之间因制度差异导致的金融制度协调和金融规则对接问题；二是由于沿线各国金融监管制度和监管法律法规不同，而形成的监管标准和监管执法措施手段不一致的问题；三是跨境金融活动日益活跃带来的监管权限划分与冲突问题。

（二）"一带一路"金融信息透明度较低

一方面，"一带一路"项目的金融信息透明度不足。世界银行关于"一带一路"的研究报告显示，截至 2019 年，有详细项目建设数据的沿线国家为 43 个，其中有 12 个国家已经面临债务水平高的困境。[①] 如果将所有沿线国家纳入评估范围，这一比例可能进一步增大。鉴于此，世界银行呼吁应增强"一带一路"项目债务条款与条件的透明度，让各国政府和金融服务机构能据此评估债务承担能力及面临的风险。

---

① "一带一路"经济学：交通走廊的机遇与风险 . (2019-06-18). https://www.shihang.org/zh/topic/regional-integration/publication/belt-and-road-economics-opportunities-and-risks-of-transport-corridors.

另一方面，"一带一路"金融监管合作离不开跨国征信业的同步发展，但沿线国家的征信体系建设情况不容乐观。其一，部分沿线国家没有征信系统或者征信体制不健全，如叙利亚、斯洛文尼亚、东帝汶、马尔代夫等国。此外，不同国家之间的政治体制、市场成熟度、征信评价标准不同，阻碍了各国企业信息的流通。当前，我国对"一带一路"建设项目的投资大部分是通过资金投入、基础设施建设以及企业带着技术和资金共同开发市场的模式进入沿线国家。在投资的过程当中，合作方的信用情况不容忽视，如何获取可靠的企业征信信息，从而确保投资资金的安全，成为摆在我们面前的一个重大挑战。其二，参与"一带一路"项目的小微企业征信信息难以获取。实践中，许多小微企业参与"一带一路"建设，设立了许多项目企业等主体，这些主体大多没有纳入信用信息监测范围，缺少信息披露。一旦某一建设环节出现问题，就容易导致不良债权等金融风险。其三，我国的信用体系建设还处于起步阶段，信用评级机构在国际上的影响力还很薄弱，缺乏国际征信评级话语权。目前征信业市场主要由三大国际评级机构垄断。这些国际评级机构对沿线发展中国家和中小企业关注不够，存在评级缺失甚至不准确的情况。缺乏国际认可的信用评级信息是"一带一路"沿线国家企业出现融资难问题的重要原因。因此，构建和完善与"一带一路"相适应的、能够被沿线国家广泛接受和认可的信用体系，刻不容缓。

（三）缺乏区域性金融风险预警系统和危机处置制度安排

大部分"一带一路"沿线国家金融风险防范机制不健全，金融体系稳定性较差，易受到宏观系统性风险的波及，从而出现经济衰退、货币贬值、汇率大幅波动等问题，增加了沿线国家合作的难度。而且，沿线国家地缘政治复杂、文化迥异，在发展阶段、金融体系、商业模式等方面存在较大差异，国别风险突发事件较多，风险评估和识别难度较大，难以量化的风险因素较多，这对"一带一路"跨境金融风险防范和应对提出了更高的要求，成为沿线国家金融监管合作不可回避的现实障碍。因此，完善风险应对和危机处置的制度安排十分重要，可以构建区域性金融风险预警系统，以保障"一带一路"金融稳定，维护"一带一路"金融安全。

（四）制度化的区域性金融监管合作平台匮乏

一方面，"一带一路"金融监管合作需要稳定的制度化组织作为平台和保障。虽然丝路基金、亚洲基础设施投资银行和金砖国家新开发银行为构建沿线国家多边金融监管合作机制提供了一定的保障和机遇，但是现有区域性组织在目标和职能方面存在差异，组织间的联系较为薄弱，且这些区域性组织大多属于投融资平台，协调沿线国家间金融监管合作只是其众多职能之一，专业化优势不明显，金融监管缺乏系统性。而沿线国家金融生态差异较大，金融监管合作需要解决大量实践层面上的困难，需要兼具权威性和专业性的组织来开展协调和对接工作。

另一方面，当前"一带一路"金融监管合作以双边监管合作谅解备忘录、双边货币互换协议等政策性协议的签署为主，属于"软法"①合作，在监管地域和约束对象上具有局限性，约束性不强、执行力较弱。廖凡（2018）表示，在国际金融监管合作上，阶段性的软法约束具有不可否认的合理性和实践价值，但在某些领域，硬性的约束是不可或缺的。对于跨境金融监管而言，在实践层面，执行或者可执行的法规缺失比法制层面的执行主体缺失问题更加严重。而在"一带一路"金融监管合作框架内，在未来发展中至少需要一个具有执法权的区域性金融监管机构或者组织来担任执行主体，制定和执行特定领域的金融监管法律规范，并引导区域内构建统一的金融监管标准，保障监管目标和监管手段的匹配。

二、"一带一路"沿线国家金融监管合作发展的对策与建议

"一带一路"金融监管体制框架的构建是一项系统工程，不可

---

① 软法是指那些不能运用国家强制力保证实施的法律规范。相对应地，硬法是指那些能够依靠国家强制力保证实施的法律规范。

能一蹴而就，在金融监管法律协调、金融监管机制对接、金融监管标准统一方面，要避免急功近利、重复建设，推进工作要注意先后顺序。

（一）近期对策：持续推进"一带一路"沿线国家金融监管体系框架的构建

一是以公平为基础、以透明为保障，建立、巩固和完善"一带一路"沿线国家政策协调与业务对接、财长对话等机制，妥善解决因制度差异导致的金融制度协调和金融规则对接问题。在金融监管政策协调的过程中，要充分利用中阿合作论坛、中非合作论坛等多边机制，加强政策沟通，提升沿线国家间的政治互信水平，缓解政治互信不足对"一带一路"金融监管合作效率的负面影响。成立银行业监管组织或机构，与双边合作谅解备忘录共同作为"一带一路"银行业监管合作的工具和平台。沿线国家的金融体系大多以银行业为主，因此，银行业的监管合作构成金融制度协调的重要内容，可以借鉴类似欧盟的银行业联盟制度，由我国央行或其他监管主体发起，通过政府间协议成立"一带一路"银行业监管组织和机构，通过一系列正式与非正式磋商来解决各方共同关心的银行业跨国监管问题，逐步统一银行业监管标准，促进跨境银行业监管执法信息交换方面的合作。这既可以保证及时调节监管机构之间的争议，又可以保证紧急情况下能作出有法律约束、可执行的决定，促进沿线国家银行业的共同发展。

二是借鉴国际上双边金融监管合作的技术援助模式，我国可以联合新加坡等金融发展水平较高的沿线国家，加大对其他沿线国家的技术援助，无偿地或按优惠条件向受援国传授金融发展经验和金融技术，并提供金融基础设施建设支持，以促进受援国金融市场的发展，提高受援国金融稳定性，缩小沿线国家金融生态的差异。具体地，"一带一路"双边金融监管合作的技术援助可以包括但不限于以下三种情况：第一，提供一对一的技术解决方案。例如，哈萨克斯坦筹划建设阿斯塔纳国际金融中心，并将在该中心成立现代化的证券交易所，上海证券交易所作为技术指导方为其提供技术解决方案。第二，设立专门的"一带一路"技术援助机构，定期开展技术援助项目。例如，可考虑在北京或上海建立专门针对沿线国家技术援助项目的机构，定期与沿线国家政府官员和商务人士开展培训交流会。第三，与沿线国家的金融机构之间进行日常业务活动，可与当地有影响力的金融机构签订战略合作协议，除相互业务代理外，还可包括人员交流和培训。例如，国内相关部门和中国银联等机构可积极响应相关国家诉求，在"走出去"的同时，积极开展人员交流和培训互动，帮助有意愿的国家加强银行卡技术、支付清算网络等金融基础设施建设，并尽可能熟悉当地技术标准，甚至输出我国的金融技术标准，帮助相关国家提升金融基础设施建设水平和金融监管能力。

（二）远期目标：建立"一带一路"金融监管（合作）组织

一是建立"一带一路"金融监管（合作）组织。回顾金融监管发展的历史可以发现，国际经济的发展会带来稳定的金融治理体系。展望未来，"一带一路"金融治理体系的变革要求建立一个以多边条约为基础，能够制定、实施和监督执行有约束力的国际硬法规则的"一带一路"金融监管（合作）组织。按照理想化的设想，该组织应当具有完整的立法权、执法权及监管合作机制，具有独立法人资格，并超越主权国家。该组织应当致力于在稳定金融体系、加强日常监管交流，以及建立跨境资金流动监管、金融市场合作监管和区域金融风险预警机制等方面深化合作，进行区域内的金融监管法律协调。

二是在"一带一路"金融监管（合作）组织的协调下，统一区域内国家间金融监管合作标准，辅以大国引导，不断推动该标准的落实。首先，针对不同类型的行业，应当制定不同的监管标准，从而实现"一带一路"金融监管法律的全面覆盖。其次，在标准设置中，应当考虑不同国家金融市场的发展程度，设置普通档和较低档两档最低金融监管合作标准，较为落后的国家可以申请使用较低档标准，由沿线各国通过协商对话确认是否通过申请。最后，考虑到沿线国家金融市场所处的发展阶段不同，应采取循序渐进的方式，由我国与沿线国家中较发达的国家探索建立金融监管合作标准，形成"一带一路"金融监管合作标准典范，并根据不同国家的金融监管体制发展程度逐步推广使用。

第六章
结　论

第一节　研究结论

　　本书聚焦于"一带一路"资金融通背景下的金融风险与金融监管合作议题，基于相关理论研究成果，结合定性和定量研究方法，归纳比较典型沿线国家的金融监管体制特征和监管合作实践，构建了"一带一路"金融风险分析框架和评级体系，探讨了未来推进"一带一路"沿线国家金融监管合作的方向和制度安排。本书的研究对于优化"一带一路"资金融通环境、防范金融系统性风险、进一步开展金融监管合作有积极的启示作用。

本书的主要结论包括：

第一，"一带一路"沿线国家的金融监管体制涵盖了现行国际上广泛采用的统一监管、分业监管和不完全统一监管三种金融监管模式。本书选取了七个国家代表"一带一路"沿线国家的金融监管体制特征和改革趋势，分别是新加坡、泰国、俄罗斯、印度、阿联酋、波兰、哈萨克斯坦。从对比分析结果来看，一是沿线国家的金融体系方面，各国金融体系以银行业为主，金融监管严格程度存在显著差别，尤其是资本充足率的法定标准设定，导致各国面临金融风险的类型和大小存在显著差异；二是沿线国家的金融业风险方面，得益于完善的金融基础设施和与金融发展相匹配的金融监管体制，无论是金融体系稳定性、结构失衡风险、"拉美化"风险，还是汇率和利率风险，新加坡的金融风险水平都最低；三是金融监管改革方面，自 2008 年金融危机以来，大部分沿线国家已经针对其金融体系暴露出的风险点，推出了相应的金融监管体制改革，主要聚焦在是否采用统一监管模式和强化宏观审慎监管职能方面。

第二，"一带一路"沿线国家的金融风险成因具有多层次特征，在国家、金融业、实体企业构成的关系网进行横纵向传导，国际商务综合风险管理框架适用于沿线国家宏观层面的金融风险分析，而金融发展分析框架适用于沿线国家金融机构与金融市场的中观层面金融风险分析。从金融风险成因的角度来看，政治不确定性、政府

政策不确定性、宏观经济不确定性、社会不确定性、自然不确定性
引发了国家层面的金融风险；币值波动、资产价格波动、地方政府
债务和影子银行引发了金融机构层面的风险；过度金融创新、金融
体系脆弱性、金融市场信息不对称则引发了金融市场层面的风险。
从金融风险传导路径来看，国家与国家之间的横向风险传导，主要
是通过国际货币市场、信贷市场以及产融结合将金融风险传导至其
他国家；国家向金融机构和企业的纵向传导，是由于国家信用评级
下调和流动性紧缩，将信用风险传导至国内信贷市场、资本市场和
实体企业，金融风险显著提高；金融机构和金融市场间的横向传
导，是由于沿线国家信贷市场部门过度集中，金融风险率先在信贷
部门溢出，进而引起信贷市场和资本市场的震荡；金融机构和金融
市场向实体企业的纵向传导，是由于金融机构在加速自身金融资产
回收的同时形成"惜贷"行为。无论哪种传导路径，都会造成实体
企业资金融通活动受限，诱发金融风险。

　　第三，不论在国家宏观层面，还是在金融机构与金融市场中
观层面，"一带一路"沿线国家整体上金融风险水平较高，低风
险级别国家数量较少。从金融风险评级结果来看，仅有新加坡一
个国家属于低风险级别，中高风险级别国家数量接近沿线国家总
数的80%。整体金融风险较低的是东南亚、中东欧和西亚北非地
区，整体金融风险较高的是中亚，除此之外还有一部分西亚北非
和南亚国家。从风险类型来看，宏观层面风险较低的是中东欧、

西亚北非地区以及部分东南亚国家，南亚地区的宏观层面风险相对较高。中观层面金融风险较高的也主要是中亚地区，以及部分西亚和南亚国家。中观层面金融风险较低的国家包含新加坡、马来西亚、泰国等东南亚国家。从金融风险变动趋势的角度来看，2013—2020 年沿线国家金融风险水平整体保持稳定，但是分别在 2016—2018 年以及 2019—2020 年两个区间呈现出了一定的上升趋势，在一定程度上反映了英国"脱欧"、特朗普当选美国总统以及新冠疫情等事件的影响。

第四，以国际金融监管合作制度为基础、多层次区域金融合作机制为支撑，初步构成了"一带一路"沿线国家的金融监管合作体系。从当前的"一带一路"金融监管合作来看，合作形式停留在双边监管合作谅解备忘录、货币互换协议等政策性协议签署的层面，亚洲金融合作协会等区域性金融合作组织的职能建设亦大多处于起步阶段。现实障碍在于部分"一带一路"沿线国家已经面临债务水平高的困境，其债务可持续性有可能进一步出现恶化，加上财政和金融信息透明度较低，让其他各国和金融机构难以评估债务承担风险，增加沿线国家金融合作成本。究其深层原因，国家之间政治制度差异和金融监管法律制度差异是桎梏"一带一路"沿线国家金融监管合作的根本所在，兼之民族、文化冲突和地缘政治博弈削弱国家之间的政治互信基础，使得沿线国家对于金融监管合作协议的正常履行缺乏善意的预测，增加金融监管合作协议执行效果的不确定性，进而严重制约区域金融监管合作的发展进程。基于此，未来应从构建"一带一路"沿线国家金融监管体系的近期措施，和建立"一带一路"金融监管组织的远期目标两个方面，持续加强"一带一路"金融监管合作。

第二节 研究局限

在沿线国家金融风险和金融监管合作方面，本书尽管作出了有益的探索研究，但在研究内容上仍然存在以下三个方面的局限：一是典型沿线国家金融监管体制的分析方面。"一带一路"沿线国家众多，各个国家的政治制度和金融监管历史都存在差异，即使都采用统一监管模式，沿线国家背后的金融监管重点、风险、执行也都有所不同，本书仅从金融监管体制模式的角度，选取了七个主要沿线国家的金融监管体制进行分析，不能涵盖所有沿线国家的金融监管体制特征。二是风险分析理论框架可进一步扩大。本书构建的"一带一路"倡议下的金融风险分析框架，主要结合了国际商务综合风险管理框架和金融发展分析框架，未来也可以检验其他模型对本书提出的金融风险分析框架的解释力度，增强"一带一路"倡议下金融风险分析框架的外部效度。三是沿线国家数据的获取和本书研究区间方面。由于"一带一路"沿线国家

以发展中国家为主，其中一些国家经济体量较小，金融发展水平
较为落后，信息透明度不高，相关数据未在世界银行、国际货币
基金组织等平台上披露或样本期间内披露不完整，出于不同国家
可比性的目的，本书将数据缺失严重的国家剔除出研究样本，从
而导致研究样本存在缺失的情况。囿于上述相关数据的限制，本
书的金融风险评级目前更新到 2020 年，尚不能完整反映新冠疫
情、俄乌冲突等重大事件对样本国家金融风险的影响；并且由于
风险评级区间相对较短，样本国家金融风险在 2013—2016 年以及
2017—2020 年前后两个阶段的对比呈现出较大的波动。

第三节　政策建议

一、防范管理国家主权信用风险

从国家主权信用风险角度来看，要强化长期稳定可持续的投
融资安排，防范主权信用风险冲击"一带一路"建设，要在满足
投资、融资需求和债务可持续性间寻求平衡。一些"一带一路"
沿线国家的政府债务率处于国际警戒线水平以上，主权信用风险
传导机制下，国家信用评级的下调，易引起国内信贷市场信用风
险增加以及国内资本市场的大幅震荡，最终造成金融机构信用风

险提高和资产质量下降，诱发系统性金融风险。

对此，本书提出，首先应鼓励"一带一路"沿线国家、国际机构、中方投融资机构使用可比的分析工具，依托《"一带一路"债务可持续性分析框架》，参考评估结果，对沿线国家主权信用风险进行分类管理，并作为项目贷款决策的重要参考。一方面，敦促有关沿线国家加强自身债务管理能力，防范主权信用风险；另一方面增强投融资机构的风险识别能力，降低主权信用风险引起资金损失的潜在可能。

其次，在 29 个国家的财政部门核准基础上，应进一步扩大《"一带一路"融资指导原则》的应用范围，不断加强顶层设计沟通，共同释放支持"一带一路"建设和可持续融资的政策信号，从而增强市场信心，逐步迈向共建、共享、共治"一带一路"建设。

最后，加大对低收入沿线国家的技术援助，我国可以联合金融发展水平较高的沿线国家，无偿地或按优惠条件向受援国传授金融发展经验和金融技术，辅以债务风险管理经验交流，以促进受援国金融业态的可持续发展，提高受援国金融稳定性，缩小沿线国家金融生态的差异性。

二、加强"一带一路"区域金融风险研究与评估

从金融风险评估和预警角度来看，要进一步落实国别研究和

风险评估工作，建立"一带一路"区域金融风险预警系统。整体来说，"一带一路"沿线国家尚未形成完善的区域金融风险预警机制。而完善的区域金融风险预警机制，一方面能够帮助沿线国家的监管部门尽早发现潜在的金融风险，通过事前风险管理及时排除风险隐患，提高"一带一路"沿线区域的金融稳定性；另一方面，"一带一路"沿线国家的信息透明度较低，对于一些沿线国家的政治、经济、文化、金融环境，投融资部门仍缺乏权威和可比的风险认知，风险预警系统能够引导投融资部门的资金安排计划，制定紧急风险应对政策方针。

对此，首先可以借鉴国际货币基金组织"早期预警演练"的工作机制，在"一带一路"金融监管（合作）组织下设相关部门具体开展相关工作。明确参与风险预警机制主体的前提下，对沿线国家以及重大投资项目的流动性、信用和汇率风险合理划分风险等级，随后根据适用的风险等级，并参照沿线国家的金融体系结构特征，构建同时包含宏微观审慎指标的金融预警指标体系框架。

其次，制定国别风险监测预警应急处置指引，将以政治不确定性和经济不稳定为代表的宏观层面风险重点列入国别风险监测体系，尤其关注国际重大突发事件下沿线国家的治理情况，密切跟踪和监控局势发展，把握相关业务风险，合理制定风险防控预案，严格执行各项风险防范措施。由"一带一路"金融监管（合作）组织对国别风险的动态变化进行持续跟踪监测，定期对沿线国家开展国别风险评估，不仅要确定国别风险监测预警信号等级，还要根据预警信号采取分级处置措施。

最后，利用中国出口信用保险公司等政策性金融机构的优势，发挥亚洲基础设施投资银行、金砖国家新开发银行、丝路基金等多边金融机构的作用，建立金融稳定基金。沿线国家可以考虑通过共同成立金融稳定基金，使参与国家得到短期资金来维护金融稳定，构建良好的"一带一路"金融生态环境。

三、推动"一带一路"区域金融合作进程

从金融合作进程的角度来看，要逐步完善金融合作协作机制，共建"一带一路"金融监管（合作）组织。鉴于"一带一路"沿线国家金融监管体制和金融风险水平的制度性差异，金融合作的进程中，有必要进一步完善金融合作协作机制。短期来看，可依托中国与东盟"10+3"、中国与中东欧"17+1"等已有合作平台，巩固和完善"一带一路"沿线国家金融政策协调与业务合作机制，妥善解决因制度差异导致的金融制度协调和金融规则对接问题。

具体而言，第一，应加强政策沟通，提升沿线国家间的政治互信水平，缓解政治互信不足对"一带一路"金融监管合作效率的负面影响。

第二，应以公平为基础，确保沿线各国在"一带一路"金融监管合作中地位平等、权利平等、机会平等、规则平等，不因沿线国家政治体制、经济水平、文化历史的差异而区别对待，通过平等合作与对话在金融制度协调、金融规则对接、监管标准统一、监管手段互补等方面达成深层次共识，协调推进"一带一路"金融监管合作进程。

第三，应以透明度为保障，允许沿线各国及关联方参与规则的研究设计、制定实施和评估调整，实现各方在规则制定和实施过程中的充分协商和沟通，保证信息的公开化，保障监管权限划分的合理性，保证各项机制建设都能够有章可循，最大限度地提高金融规则的透明度和可预见性，避免"一带一路"金融监管冲突，让沿线参与国家都从"一带一路"金融监管合作中受益。

综上所述，长期来看，建立一个以多边条约为基础的"一带一路"金融监管（合作）组织，无疑是未来"一带一路"金融治理体系变革的必然要求，有助于解决当前"一带一路"金融监管执行主体缺失的问题，能够从制度层面构建金融监管合作体系，为"一带一路"金融监管合作提供牢固框架和坚实基础。

四、扩大"一带一路"建设金融资本来源

从金融资本来源的角度来看，要进一步扩大"一带一路"建

设长期融资来源，降低错配风险。在宏观层面风险和中观层面风险的双劣势下，"一带一路"沿线发展中国家的金融系统更加脆弱。此外，"一带一路"建设主要集中在基础设施建设领域，资金需求量巨大，期限要求长，资金结算币种多样化，这容易引起期限错配、货币错配等金融风险。努力满足"一带一路"建设资金的同时，可以进一步扩大"一带一路"建设长期融资来源，降低错配风险。

首先，鼓励养老基金、保险资金、主权财富基金等长期机构投资者参与"一带一路"建设，在夯实风险识别和评估工作的基础上，创新多种投融资方式和渠道，利用 PPP 模式、资产证券化方式盘活基础设施存量资产，持续吸引长期资金。

其次，扩大沿线国家双边和多边的货币互换规模，稳步推进人民币国际化。鉴于当前处在人民币国际化进程之中，可以在逐步扩大货币互换规模的同时，有效提升人民币实际使用规模，缓解因沿线国家货币大幅波动以及美元波动带来的汇率压力，切实降低汇率波动风险。

最后，推动"一带一路"沿线国家股权和债券市场互联互通。一方面，支持沿线国家发展股权和债券交易市场，尤其是对于当前资本市场规模较小的国家，采用双边对话、经验交流等技术援助方式，提升沿线国家资本市场效率，发挥直接融资优势；另一方面，支持沿线国家和地方政府以及高信用评级机构在我国境内发行"一带一路"专项债券，也鼓励我国符合条件的企业和金融机构在沿线国家发行人民币或外币债券，充分发挥资金融通优势。

五、促进"一带一路"金融基础设施建设

从金融服务保障的角度来看，要加快"一带一路"金融基础设施建设，构建多层次征信服务体系。"一带一路"沿线国家金融基础建设整体上处于起步阶段，未来，有序构建多层次的金融基础设施服务保障体系，不仅能够保障金融系统的高效运行，还是实施宏观审慎管理和强化风险防控的重要抓手。短期来看，在"走出去"的同时，应积极开展人员交流和培训互动，帮助有意愿的国家加强银行卡技术、支付清算网络等金融基础设施建设，并尽可能熟悉当地技术标准，甚至输出我国的金融技术标准，帮助相关国家提升金融基础设施建设水平和金融监管能力。长期来看，要建设和完善"一带一路"征信体系，包括建立征信跨境合作机制、统一的信用标准制度体系和征信信息共享平台。

首先，从沿线国家的实际情况出发，通过沿线各国征信主管部门交流合作，在如何保护征信主体信息、共享方式以及共享范围等方面进行重点探讨，求同存异，从而形成一个广泛的征信跨境合作机制。考虑到沿线国家征信基础设施建设水平各异，跨境征信合作可以选择条件较成熟的国家进行合作试点，逐步覆盖

"一带一路"所有国家。

其次，统一的信用标准制度体系是建设"一带一路"征信体系的必要前提，我们应该在"一带一路"信用体系建设当中，将合作重点放在沿线国家共同商议新型信用评级标准，积极倡导可比和统一的征信体系标准，从而稳定国际信用评级市场的新秩序。

最后，积极开发和运用监管科技手段，建立开放共享的"一带一路"征信信息平台，可以由有关征信主管部门牵头，倡导征信数据互联互通，整合沿线各国大型征信服务机构的已有征信数据库，并持续地从沿线各国的相关部门和金融机构收集金融信息，融合运用大数据和互联网技术，组建和共享"一带一路"征信信息数据库。同时，在平台上按照重点区域和重点项目的征信信息入口、大型企业和大型项目征信信息入口、中小企业征信信息入口等进行分类展示，供投资者选择适合自身情况的征信项目。

［1］Abdelsalam O, Elnahass M, Ahmed H, et al. Asset securitizations and bank stability: evidence from different banking systems. Global Finance Journal, 2022, 51: 100551.

［2］Acharya V V, Imbierowicz B, Steffen S, et al. Does the lack of financial stability impair the transmission of monetary policy？. Journal of Financial Economics, 2020, 138（2）: 342-365.

［3］Ackerman G, Peterson H. Terrorism and COVID-19: actual and potential impacts. Perspectives on terrorism, 2020, 14（3）: 59-73.

［4］Agliardi E, Agliardi R, Pinar M, et al. A new country risk index for emerging markets: a stochastic dominance approach. Journal of Empirical Finance, 2012, 19（5）: 741-761.

［5］Ahern K R, Daminelli D, Fracassi C. Lost in translation？ The effect of cultural values on mergers around the world. Journal of

Financial Economics, 2015, 117（1）: 165-189.

［6］Aizenman J, Jinjarak Y, Park D. Financial Development and Output Growth in Developing Asia and Latin America: A Comparative Sectoral Analysis. National Bureau of Economic Research, Working Paper, 2015.

［7］Aizenman J. Macro prudential supervision in the open economy, and the role of central banks in emerging markets. Open Economies Review, 2010, 21: 465-482.

［8］Allen L, Bali T G, Tang Y. Does systemic risk in the financial sector predict future economic downturns？ The Review of Financial Studies, 2012, 25（10）: 3000-3036.

［9］Almeida H, Cunha I, Ferreira M A, et al. The real effects of credit ratings: the sovereign ceiling channel. The Journal of Finance, 2017, 72（1）: 249-290.

［10］Almeida H, Cunha I, Ferreira M A, et al. The real effects of sovereign credit rating downgrades. Research Paper, 2014.

［11］Arezki R, Candelon B, Sy A N R. Sovereign rating news and financial markets spillovers: evidence from the European debt crisis. International Monetary Fund, 2011.

［12］Arghyrou M, Tsoukalas D. The Greek debt crisis: likely causes, mechanics and outcomes. The World Economy, 2011, 34

（2）：173-191.

［13］Arner D, Lin J. Financial regulation: a guide to structural reform. Hong Kong: Sweet & Maxwell Limited, 2003.

［14］Asongu S, Odhiambo N M. Financial access, governance and insurance Sector development in sub-Saharan Africa. Journal of Economic Studies, 2020, 47（4）: 849-875.

［15］Beck T, Demirguc-Kunt A, Levine R. A new database on the structure and development of the financial sector. World Bank Economic Review, 2000, 14（3）: 597-604.

［16］Berdiev A N, Saunoris J W. Financial development and the shadow economy: a panel VAR analysis. Economic Modelling, 2016, 57: 197-207.

［17］Bernanke B S, Gertler M, Gilchrist S. The financial accelerator and the flight to quality. Review of Economics and Statistics, 1996, 78（1）: 1-15.

［18］Bernanke B, Gertler M, Gilchrist S. The financial accelerator in a quantitative business cycle framework. Handbook of Macroeconomics, 1999, 1: 1341-1393.

［19］Botev J, Égert B, Jawadi F. The nonlinear relationship between economic growth and financial development: evidence from developing, emerging and advanced economies. International

Economics, 2019, 160: 3-13.

［20］Boyer R. Assessing the impact of fair value upon financial crises. Socio-Economic Review, 2007, 5（4）: 779-807.

［21］Brewer T L. The instability of governments and the instability of controls on funds transfers by multinational enterprise. Journal of International Business Studies, 1983, 14（3）: 147-157.

［22］Brooks R, Faff R W, Hillier D, et al. The national market impact of sovereign rating changes. Journal of Banking & Finance, 2004, 28（1）: 233-250.

［23］Buchanan B G, Le Q V, Rishi M. Foreign direct investment and institutional quality: some empirical evidence. International Review of Financial Analysis, 2012, 21: 81-89.

［24］Büthe T, Milner H V. The politics of foreign direct investment into developing countries: increasing FDI through international trade agreements. American Journal of Political Science, 2008, 52（4）: 741-762.

［25］Caldara D, Iacoviello M. Measuring geopolitical risk. American Economic Review, 2022, 112（4）: 1194-1225.

［26］Calvo A G, Reinhart C M. Fear of floating. The Quarterly Journal of Economics, 2002, 117（2）: 379-408.

[27] Calvo S G, Reinhart C M. Capital inflows to Latin America: is there evidence of contagion effects. World Bank : International Economics, 1996.

[28] Canh N P, Dinh T S. Financial development and the shadow economy: a multi-dimensional analysis. Economic Analysis and Policy, 2020, 67: 37-54.

[29] Canh N P, Nguyen T T. Nexus between financialisation and natural resources rents: empirical evidence in a global sample. Resources Policy, 2020, 66: 1-21.

[30] Čihák M, Demirgüç-Kunt A, Feyen E, et al. Benchmarking financial systems around the world. World Bank Policy Research Working Paper, 2012.

[31] Claessens S, Ratnovski L. What is shadow banking. International Monetary Fund, Working Paper, 2014.

[32] Cull R, Demirguç - Kunt A, Morduch J. Financial performance and outreach: a global analysis of leading microbanks. The Economic Journal, 2007, 117 (517): 107-133.

[33] Cull R, Demirguç - Kunt A, Morduch J. Microfinance meets the market. Journal of Economic Perspectives, 2009, 23 (1): 167-192.

[34] Desbordes R, Vicard V. Foreign direct investment and

bilateral investment treaties: an international political perspective. Journal of Comparative Economics, 2009, 37（3）: 372-386.

［35］Djankov S, Mcliesh C, Shleifer A. Private credit in 129 countries. Journal of Financial Economics, 2007, 84（2）: 299-329.

［36］Eichengreen B, Rose A K. Contagious currency crises: channels of conveyance. NBER-EASE, 1999, 7: 29-56.

［37］Fama E F. Efficient capital markets: a review of theory and empirical work. The Journal of Finance, 1970, 25（2）: 383-417.

［38］Fidrmuc J, Korhonen I. The impact of the global financial crisis on business cycles in Asian emerging economies. Journal of Asian Economics, 2010, 21（3）: 293-303.

［39］Fisher I. The debt-deflation theory of great depressions. Econometrica, 1933, 1（4）: 337-357.

［40］Froot K, Scharfstein D, Stein J. Herd on the street: informational inefficiencies in a market with short-term speculation. Journal of Finance, 1992, 47（4）: 1461-1484.

［41］Gennaioli N, Shleifer A, Vishny R W. Neglected risks, financial innovation and financial fragility. Journal of Financial Economics, 2012, 104（3）: 452-468.

［42］Gerlach S，Schulz A，Wolff G B. Banking and sovereign risk in the Euro area. Social Science Research Network，Working Paper，2010.

［43］Gertler M，Gilchrist S. Monetary policy，business cycles and the behavior of small manufacturing firms. The Quarterly Journal of Economics，1994，109（2）：309-340.

［44］Gerlach S，Smets F. Contagious speculative attacks. European Journal of Political Economy，1995，11（1）：45-63.

［45］Gianviti F，Von Hagen J，Krueger A O，et al. A European mechanism for sovereign debt crisis resolution：a proposal. Brussels：Bruegel，2010.

［46］Glover B，Shubik S R. Sovereign debt crises and international financial contagion：estimating effects in an endogenous network，Working Paper，2012.

［47］Gnangnon S K. Multilateral trade liberalization and terms of trade volatility. Journal of International Commerce，Economics and Policy，2018，9（3）：1-15.

［48］Guo G，Wu H M. A study on risk retention regulation in asset securitization process. Journal of Banking & Finance，2014，45：61-71.

［49］Haile F，Pozo S. Currency crisis contagion and the

identification of transmission channels. International Review of Economics and Finance, 2008, 17（4）: 572-588.

［50］Hakkiot C S, Keeton W R. Financial stress: what is it, how can it be measured, and why does it matter？ Economic Review, 2009, 94（2）: 5-50.

［51］Henisz W J, Mansfield E D, Von Glinow M A. Conflict, security, and political risk: international business in challenging times. Journal of International Business Studies, 2010, 41（5）: 759-764.

［52］Holburn G L F, Zelner B A. Political capabilities, policy risk, and international investment strategy: evidence from the global electric power generation industry. Strategic Management Journal, 2010, 31（12）: 1290-1315.

［53］Huang H H, Kerstein J, Wang C. The impact of climate risk on firm performance and financing choices: an international comparison. Journal of International Business Studies, 2018, 49: 633-656.

［54］Jay V W, Anil L. Risk and FDI flows to developing countries: economics. South African Journal of Economic and Management Sciences, 2008, 11（4）: 511-527.

［55］Jiménez G, Ongena S, PeydróJ L, et al. Credit supply

and monetary policy: identifying the bank balance-sheet channel with loan applications. American Economic Review, 2012, 102 (5): 2301-2326.

[56] Kim E, Jo S A, Hwang J Y, et al. A survey of depressive symptoms among South Korean adults after the Korean financial crisis of late 1997: prevalence and correlates. Annals of Epidemiology, 2005, 15 (2): 145-152.

[57] Kirikkaleli D, Onyibor K. The effects of financial and political risks on economic risk in southern European countries: a dynamic panel analysis. International Journal of Financial Research, 2020, 11 (1): 381-393.

[58] Koo R C. The Holy Grail of macroeconomics: lessons from Japan's great recession. New York: John Wiley & Sons, 2008.

[59] Korinek A. Excessive dollar borrowing in emerging markets: balance sheet effects and macroeconomic externalities. Social Science Research Network, Working Paper, 2009.

[60] LaPorta R, Lopez-De-Silanes F, Shleifer A. The economic consequences of legal origin. Journal of Economic Literature, 2008, 46 (2): 285-332.

[61] LaPorta R, Lopez-De-Silanes F, Shleifer A, et al. Law and finance. Journal of Political Economy, 1998, 106 (6): 1113-

1155.

[62] Lee C C, Chen M P. Do natural disasters and geopolitical risks matter for cross-border country exchange-traded fund returns. The North American Journal of Economics and Finance, 2020, 51: 101054.

[63] Lee K H, Sapriza H, Wu Y. Sovereign debt ratings changes and stock liquidity around the world. Journal of Banking & Finance, 2016, 73 (12): 99-112.

[64] Levine R. Finance and growth: theory and evidence. Handbook of Economic Growth, 2005, 1: 865-934.

[65] Li J, Meyer K E, Zhang H, et al. Diplomatic and corporate networks: bridges to foreign locations. Journal of International Business Studies, 2018, 49: 659-683.

[66] Liu J, Wei W, Chang C P. The nexus between country risk and exchange rate regimes: a global investigation. The North American Journal of Economics and Finance, 2018, 51: 100842.

[67] Martell R. The effect of sovereign credit rating changes on emerging stock markets. SSRN, Working Paper, 2005.

[68] Maskus K E, Neumann R, Seidel T. How national and international financial development affect industrial R&D. European Economic Review, 2012, 56 (1): 72-83.

［69］Mateev M. The effect of sovereign credit rating announcements on emerging bond and stock market: new evidences. Oxford Journal: An international Journal of Business & Economics, 2014, 7（1）: 28-41.

［70］Mian A R, Sufi A. The consequences of mortgage credit expansion: evidence from the U.S. mortgage default crisis. The Quarterly Journal of Economics, 2009, 124（4）: 1449-1496.

［71］Miller K D. A framework for integrated risk management in international business. Journal of International Business Studies, 1992, 23: 311-331.

［72］Mina W. Political risk guarantees and capital flows: the role of bilateral investment treaties. Open-Assessment E-Journal, 2015, 9（1）: 1-38.

［73］Minsky H P. Stabilizing an unstable economy. New York: Mc Graw-Hill, 2008.

［74］Minsky H P. The financial instability hypothesis. Levy Economics Institute of Bard College, 1992.

［75］Mishkin F S. Global financial instability: framework, events, issues. Journal of Economic Perspectives, 1999, 13（4）: 3-20.

［76］Mishkin F S, Eakins S G. Financial markets and

institutions. New York: Pearson, 2011.

[77] Montalbano P. Trade openness and developing countries' vulnerability: concepts, misconceptions and directions for research. World Development, 2011, 39 (9): 1489-1502.

[78] Nigh D. The effect of political events on United States direct foreign investment: a pooled time-series cross-sectional analysi. Journal of International Business Studies, 1985, 16: 1-17.

[79] Pieere-Hugues V. Mutual recognition in international financial. Harvard International Law Journal, 2011, 52 (1): 81-83.

[80] Rajan R, Zingales L. Financial dependence and growth. American Economic Review, 1998, 88: 559-586.

[81] Reinhart C M, Rogoff K S. The aftermath of financial crises. American Economic Review, 2009, 99 (2): 466-472.

[82] Schmukler S L, Zoido P, Halac H. Financial globalization, crises, and contagion. The Globalization World Bank Policy Research Report, Working Paper, 2005.

[83] Slangen A H L, Tulder R J M V. Cultural distance, political risk, or governance quality？ towards a more accurate conceptualization and measurement of external uncertainty in foreign entry mode research. International Business Review, 2009, 18 (3):

276-291.

[84] Svirydzenka K. Introducing a new broad-based index of financial development. International Monetary Fund Working Paper, 2016.

[85] Swamy V. Bank regulation, supervision and efficiency during the global financial crisis. Social Science Research Network, Working Paper, 2014.

[86] Upper C. Simulation methods to assess the danger of contagion in interbank markets. Journal of Financial Stability, 2011, 7(3): 111-125.

[87] Weber R, Arner D W. Toward a new design for international financial regulation. Social Science Electronic Publishing, 2007, 29: 391-453.

[88] Zetzsche D A, Buckley R P, Barberis J N, et al. Regulating a revolution: from regulatory sandboxes to smart regulation. Fordham Journal of Corporate & Financial Law, 2017, 23(1): 31-103.

[89] 巴曙松. 加强对影子银行系统的监管. 中国金融, 2009(14): 24-25.

[90] 巴曙松, 沈长征. 从金融结构角度探讨金融监管体制改革. 当代财经, 2016(9): 43-51.

［91］曹红辉. 地方融资平台：风险成因与治理. 财政研究，2010（10）：56-58.

［92］陈华，赵俊燕. 美国金融危机传导过程、机制与路径研究. 经济与管理研究，2009（2）：102-109.

［93］陈继勇，陈大波. 贸易开放度、经济自由度与经济增长：基于中国与"一带一路"沿线国家的分析. 武汉大学学报（哲学社会科学版），2017，70（3）：46-57.

［94］陈小荣，尹继志，刘洁，等. 区域金融协同发展测度及协同机制构建研究：基于京津冀地区省级面板数据的实证分析. 金融发展研究，2020（5）：50-55.

［95］陈胤默，孙乾坤，文雯，等. 母国税收政策不确定性与企业对外直接投资. 世界经济研究，2019（11）：65-79，135.

［96］崔宇清. 金融高杠杆业务模式、潜在风险与去杠杆路径研究. 金融监管研究，2017（7）：52-65.

［97］杜亚斌，顾海宁. 影子银行体系与金融危机. 审计与经济研究，2010，25（1）：82-87.

［98］范爱军. 金融危机的国际传导机制探析. 世界经济，2001（6）：31-36.

［99］范小云，王道平，方意. 我国金融机构的系统性风险贡献测度与监管：基于边际风险贡献与杠杆率的研究. 南开经济研究，2011（4）：3-20.

［100］菲利普·乔瑞. 风险价值 VAR：金融风险管理新标准. 北京：中信出版社，2010.

［101］封筠. 金融监管国际合作制度双边模式研究. 暨南学报（哲学社会科学版），2013，35（5）：80-84.

［102］高凌云，王碧珺. 中国海外投资国家风险评级报告. 北京：中国社会科学出版社，2021.

［103］葛志强，姜全，闫兆虎. 我国系统性金融风险的成因、实证及宏观审慎对策研究. 金融发展研究，2011（4）：57-60.

［104］耿颢. 山东省金融深度和金融宽度实证分析. 金融发展研究，2009（10）：30-33.

［105］郭亚静，吴念鲁. 主权信用评级对证券市场的影响研究述评. 当代财经，2012（9）：121-129.

［106］何靖，邓可斌. 跷跷板效应与金融风险防控：兼论"一委一行两会"新监管格局创新的意义. 经济学家，2019（3）：81-93.

［107］何杨，满燕云. 地方政府债务融资的风险控制：基于土地财政视角的分析. 财贸经济，2012（5）：45-50.

［108］黄佳军，蒋海. 金融集聚、信息缺陷与金融风险形成机制分析. 南方金融，2010（11）：31-35，71.

［109］黄世忠. 金融科技巨擘的幻灭与反思：Wirecard 财务舞弊案剖析. 金融会计，2020（7）：6-17.

［110］黄新飞，林志帆. 东道国政治制度质量如何影响中国OFDI决策：基于资源寻求动机与调节效应视角的实证检验. 中山大学学报（社会科学版），2020，60（4）：158-170.

［111］黄益平. 防控中国系统性金融风险. 国际经济评论，2017（5）：80-96，5.

［112］江春，许立成. 金融监管与金融发展：理论框架与实证检验. 金融研究，2005（4）：79-88.

［113］蒋冠宏. 制度差异、文化距离与中国企业对外直接投资风险. 世界经济研究，2015（8）：37-47，127-128.

［114］姜国华，饶品贵. 宏观经济政策与微观企业行为：拓展会计与财务研究新领域. 会计研究，2011（3）：9-18，94.

［115］江红莉，刘丽娟，程思婧. 系统性金融风险成因、测度及传导机制：基于文献综述视角. 金融理论与实践，2018（11）：49-55.

［116］姜建刚，张建红. 政治换届、国际关系与中国对外直接投资：交易成本视角. 世界经济研究，2020（7）：33-45，135-136.

［117］孔锋，吕丽莉，王一飞，等."一带一路"建设的综合灾害风险防范及其战略对策. 安徽农业科学，2017，45（22）：214-216，230.

［118］孔萌萌. 金融监管体系演进轨迹：国际经验及启示.

改革，2011（12）：59-66.

[119] 李东荣. 关于主权债务危机的若干思考. 中国金融，2010（5）：10-12.

[120] 李建军，宗良，甄峰. 主权信用评级与国家风险的逻辑关系与实证研究. 国际金融研究，2012（12）：41-46.

[121] 李金龙，李朝辉. 金融监管中的政治行政体制影响因素分析：以美、英、法、加等国为例. 甘肃社会科学，2011（3）：166-170.

[122] 李猛. 金融宽度和金融深度的影响因素：一个跨国分析. 南方经济，2008（5）：56-67.

[123] 李猛. "一带一路"中我国企业海外投资风险的法律防范及争端解决. 中国流通经济，2018，32（8）：109-118.

[124] 李明明，秦凤鸣. 主权信用评级、债务危机与经济增长：来自欧元区国家的经验证据. 金融研究，2016（10）：16-31.

[125] 李妍. 宏观审慎监管与金融稳定. 金融研究，2009（8）：52-60.

[126] 李愚泰，史番. 我国金融风险的成因与应对策略. 市场论坛，2019（11）：1-5.

[127] 李原，汪红驹. "一带一路"沿线国家投资风险研究. 河北经贸大学学报，2018，39（4）：45-55.

[128] 廖凡. 跨境金融监管合作：现状、问题和法制出路.

政治与法律，2018（12）：2-11.

［129］廖儒凯，任啸辰. 中国影子银行的风险与监管研究. 金融监管研究，2019（11）：68-83.

［130］林炳华，赵鸿程. 金融发展、创新活力与产业结构升级：基于系统 GMM 及门限效应的分析. 福建论坛（人文社会科学版），2019（10）：22-32.

［131］林朝颖，黄志刚，杨广青. 基于微观视角的货币政策风险传导效应研究. 国际金融研究，2014（9）：25-33.

［132］林俊国. 金融监管的国际合作机制. 北京：社会科学文献出版社，2007.

［133］刘莉君. 中国企业参与"一带一路"建设的境外安全风险评价. 中国安全科学学报，2019，29（8）：143-150.

［134］刘锡良，董青马. "走出去"战略中我国企业金融风险分担机制研究. 国际贸易，2013（1）：27-33.

［135］刘毅. 自由与管制：金融管制的历史变迁及其启示. 经济评论，2001（4）：82-87.

［136］刘亦文，陈亮，李毅，等. 金融可得性作用于实体经济投资效率提升的实证研究. 中国软科学，2019（11）：42-54.

［137］刘志强，张健. 主权信用风险对经济增长的影响分析. 价格理论与实践，2011（8）：66-67.

［138］刘忠，汪仁洁. 当前地方政府债务所蕴藏的金融风险

及其防范. 云南社会科学, 2014（2）: 80-84.

［139］路德维希·冯·米塞斯. 货币和信用理论. 北京: 商务印书馆, 2015.

［140］卢进勇, 王光, 闫实强. 双边投资协定与中国企业投资利益保护: 基于"一带一路"沿线国家分析. 国际贸易, 2018（3）: 45-50.

［141］卢盛荣. 国际金融危机对中国经济的影响及其传导机制. 东南学术, 2009（1）: 34-42.

［142］吕涛, 聂锐. 产业联动的内涵理论依据及表现形式. 工业技术经济, 2007（5）: 2-4.

［143］马克·卡尼, 牛筱颖. 金融监管改革的进展与方向. 中国金融, 2012（24）: 24-26.

［144］马树才, 华夏, 韩云虹. 地方政府债务影响金融风险的传导机制: 基于房地产市场和商业银行视角的研究. 金融论坛, 2020, 25（4）: 70-80.

［145］马翔, 李雪艳. "一带一路"战略背景下的资金融通问题研究. 内蒙古社会科学（汉文版）, 2016, 37（1）: 14-19.

［146］马亚明, 邵士妍. 资产价格波动、银行信贷与金融稳定. 中央财经大学学报, 2012（1）: 45-51.

［147］孟醒, 董有德. 社会政治风险与我国企业对外直接投资的区位选择. 国际贸易问题, 2015（4）: 106-115.

［148］米健. 当今与未来世界法律体系. 北京：法律出版社，2010.

［149］欧阳艳艳，谢家泉，王东明. 金融发展、金融风险对国际资本流入的影响. 金融经济学研究，2020，35（1）：81-90，80.

［150］潘镇，金中坤. 双边政治关系、东道国制度风险与中国对外直接投资. 财贸经济，2015（6）：85-97.

［151］庞晓波，李丹. 中国经济景气变化与政府债务风险. 经济研究，2015，50（10）：18-33.

［152］綦相. 国际金融监管改革启示. 金融研究，2015（2）：36-44.

［153］饶品贵. 货币政策、信贷资源配置及其经济后果研究. 大连：东北财经大学出版社，2014.

［154］饶品贵，姜国华. 货币政策对银行信贷与商业信用互动关系影响研究. 经济研究，2013，48（1）：68-82，150.

［155］尚晓，庞小红，白文梅，等. 供给侧结构性改革背景下系统性金融风险防范问题研究. 征信，2017，35（5）：77-82.

［156］沈军，白钦先. 中国金融体系效率与金融规模. 数量经济技术经济研究，2013，30（8）：35-50.

［157］石俊志. 小额信贷发展模式的国际比较及其对我国的启示. 国际金融研究，2007（10）：4-9.

［158］孙玲. 金融风险的生成机理与传导问题研究. 中州学刊，2010（1）：69-71.

［159］孙焱林，覃飞. "一带一路"倡议降低了企业对外直接投资风险吗. 国际贸易问题，2018（8）：66-79.

［160］汤谷良，王珮. 制度之殇：危机当下国企天价竞"地王"的悲哀. 财务与会计，2009（20）：53-54.

［161］唐晓彬，王亚男，张岩. "一带一路"沿线国家投资风险测度研究. 数量经济技术经济研究，2020，37（8）：140-158.

［162］汤正旗，邓保同. 略论金融监管的国际合作. 襄樊学院学报，2000（1）：25-28.

［163］陶玲，朱迎. 系统性金融风险的监测和度量：基于中国金融体系的研究. 金融研究，2016（6）：18-36.

［164］田益祥，陆留存，李成刚，等. 主权信用评级变动对股票、债券和信贷市场的冲击比较：基于国际面板数据动态模型的实证检验. 投资研究，2013，32（4）：72-80.

［165］王灿. "一带一路"建设中的金融风险识别与防范. 国际商务财会，2018（11）：6-9.

［166］王劲松，韩克勇，赵琪. 资产价格波动对金融稳定的影响：基于中国数据的实证研究. 中国流通经济，2016，30（3）：102-107.

［167］王浦劬. 政治学基础. 4 版. 北京：北京大学出版社，

2018.

［168］王秋彬."一带一路"建设中的大国因素.理论视野，2016（11）：72-76.

［169］汪涛，贾煜，崔朋朋，等.外交关系如何影响跨国企业海外市场绩效.中国工业经济，2020（7）：80-97.

［170］王勋，黄益平，陶坤玉.金融监管有效性及国际比较.国际经济评论，2020（1）：59-74，6.

［171］王义中，何帆.金融危机传导的资产负债表渠道.世界经济，2011，34（3）：51-71.

［172］王永钦，杜巨澜，王凯.中国对外直接投资区位选择的决定因素：制度、税负和资源禀赋.经济研究，2014，49（12）：126-142.

［173］王志芳.中国建设"一带一路"面临的气候安全风险.国际政治研究，2015，36（4）：56-72，6.

［174］汪中华，赵葆奇.金融规模、结构、效率对碳排放的门槛效应分析.生态经济，2019，35（11）：28-32，111.

［175］翁东玲."一带一路"建设的金融支持与合作风险探讨.东北亚论坛，2016，25（6）：46-57，125.

［176］吴成颂，王琪.利率市场化、资产价格波动与银行业系统性风险.投资研究，2019，38（3）：4-17.

［177］吴恒煜，卢新华.货币危机传染理论研究.华东经济

管理，2003（2）：107-109.

［178］吴盼文，曹协和，肖毅，等. 我国政府性债务扩张对金融稳定的影响：基于隐性债务视角. 金融研究，2013（12）：57，59-71.

［179］吴舒钰."一带一路"沿线国家的经济发展. 经济研究参考，2017（15）：16-45.

［180］夏彩云，贺瑞."一带一路"战略下区域金融合作研究. 新金融，2015（7）：34-38.

［181］项后军，巫姣，谢杰. 地方债务影响经济波动吗. 中国工业经济，2017（1）：43 61.

［182］肖刚. 制度型开放：构建"一带一路"投融资新体系. 北京：中国金融出版社，2019.

［183］肖奎，彭中，关梅. 国际金融监管趋势及中资银行境外发展的对策建议. 农村金融研究，2019（4）：36-39.

［184］肖崎. 金融体系的变革与系统性风险的累积. 国际金融研究，2010（8）：53-58.

［185］谢平，邹传伟. 金融危机后有关金融监管改革的理论综述. 金融研究，2010（2）：1-17.

［186］谢圣远，谢俊明. 系统性金融风险的成因及防范：币值波动视角. 经济纵横，2019（9）：114-120.

［187］谢世清. 历次主权债务危机的成因与启示. 上海金融，

2011（4）：62-65．

［188］徐放达，王增涛．机构传导、网络关联与金融业系统性风险扩散．统计与决策，2020，36（12）：134-137．

［189］徐忠．新时代背景下中国金融体系与国家治理体系现代化．经济研究，2018，53（7）：4-20．

［190］严丹屏，徐长生．金融危机传染渠道研究．武汉金融，2003（6）：22-23．

［191］杨公齐．经济全球化视角下的金融危机成因解析．现代财经－天津财经大学学报，2008（8）：25-28．

［192］杨海珍，程相娟，李妍，等．系统性金融风险关键成因及其演化机理分析：基于文献挖掘法．管理评论，2020，32（2）：18-28．

［193］叶建木，张丽娟．美国次贷危机风险传导机制研究．财会通讯，2009（32）：151-152．

［194］叶永刚，张培．中国金融监管指标体系构建研究．金融研究，2009（4）：159-171．

［195］于维生，张志远．国际金融监管的博弈解析与中国政策选择．国际金融研究，2013（1）：16-27．

［196］岳娟丽，程启智，管鸿禧．金融体系脆弱性来源研究．河北经贸大学学报，2018，39（3）：55-64．

［197］曾忠东，谢志超，丁巍．美国金融危机对中国贸易影

响的价格溢出效应分析. 国际金融研究, 2012 (2): 24-31.

［198］张栋, 许燕, 张舒媛. "一带一路"沿线主要国家投资风险识别与对策研究. 东北亚论坛, 2019, 28 (3): 68-89, 128.

［199］张可心. 国家风险评级与金融安全. 征信, 2019, 37 (4): 84-88.

［200］张培, 叶永刚. 区域的宏观金融风险: 基于东亚及东南亚国家 (地区) 的实证分析. 经济管理, 2011, 33 (8): 1-6.

［201］张斯琪. "一委一行两会"格局下中国金融监管协调框架探析. 中国行政管理, 2020 (3): 117-122.

［202］张嫩. 主权信用评级调整的经济影响. 新金融, 2017 (10): 53-58.

［203］张晓朴. 系统性金融风险研究: 演进、成因与监管. 国际金融研究, 2010 (7): 58-67.

［204］张原, 朱梦昕. 开放条件下金融风险传导: 条件、路径与机制. 财会通讯, 2015 (2): 113-115.

［205］张志英. 金融风险传导的路径研究. 企业经济, 2008 (3): 144-146.

［206］郑雪峰, 刘立峰. "一带一路"的投融资问题及对策建议. 中国经贸导刊, 2018 (15): 34-36.

［207］周稳海, 赵桂玲. 金融风险的成因及对策研究. 现代商业, 2010 (11): 29.

［208］周英章，蒋振声. 货币渠道、信用渠道与货币政策有效性：中国 1993 — 2001 年的实证分析和政策含义. 金融研究，2002（9）：34-43.

［209］祝继高，陆正飞. 货币政策、企业成长与现金持有水平变化. 管理世界，2009（3）：152-158，188.

［210］卓娜，昌忠泽. 金融风险的成因、传导与防范：国内外研究述评. 技术经济，2015，34（3）：112-122.

［211］宗芳宇，路江涌，武常岐. 双边投资协定、制度环境和企业对外直接投资区位选择. 经济研究，2012，47（5）：71-82，146.

［212］邹静，袁祖应，童中文. 政府干预、资产价格波动与银行系统性风险. 金融论坛，2015，20（9）：28-37.

已同中国签署共建"一带一路"合作文件的国家及相关政策一览

洲别	国家 / 地区	签署协议情况
非洲	苏丹	中国与苏丹签署共建"一带一路"合作协议
	南非	中国与南非签署"一带一路"政府间合作备忘录
	塞内加尔	中国与塞内加尔签署"一带一路"合作文件
	塞拉利昂	中国与塞拉利昂等 28 个非洲国家签署共建"一带一路"谅解备忘录
	科特迪瓦	中国与塞拉利昂等 28 个非洲国家签署共建"一带一路"谅解备忘录
	索马里	中国与塞拉利昂等 28 个非洲国家签署共建"一带一路"谅解备忘录
	喀麦隆	中国与塞拉利昂等 28 个非洲国家签署共建"一带一路"谅解备忘录
	南苏丹	中国与塞拉利昂等 28 个非洲国家签署共建"一带一路"谅解备忘录
	塞舌尔	中国与塞拉利昂等 28 个非洲国家签署共建"一带一路"谅解备忘录
	几内亚	中国与塞拉利昂等 28 个非洲国家签署共建"一带一路"谅解备忘录
	加纳	中国与塞拉利昂等 28 个非洲国家签署共建"一带一路"谅解备忘录

续表

洲别	国家 / 地区	签订协议情况
	赞比亚	中国与塞拉利昂等 28 个非洲国家签署共建"一带一路"谅解备忘录
	莫桑比克	中国与塞拉利昂等 28 个非洲国家签署共建"一带一路"谅解备忘录
	加蓬	中国与塞拉利昂等 28 个非洲国家签署共建"一带一路"谅解备忘录
	纳米比亚	中国与塞拉利昂等 28 个非洲国家签署共建"一带一路"谅解备忘录
	毛里塔尼亚	中国与塞拉利昂等 28 个非洲国家签署共建"一带一路"谅解备忘录
	安哥拉	中国与塞拉利昂等 28 个非洲国家签署共建"一带一路"谅解备忘录
	吉布提	中国与塞拉利昂等 28 个非洲国家签署共建"一带一路"谅解备忘录
	埃塞俄比亚	中国与塞拉利昂等 28 个非洲国家签署共建"一带一路"谅解备忘录
	肯尼亚	中国与塞拉利昂等 28 个非洲国家签署共建"一带一路"谅解备忘录
	尼日利亚	中国与塞拉利昂等 28 个非洲国家签署共建"一带一路"谅解备忘录
	乍得	中国与塞拉利昂等 28 个非洲国家签署共建"一带一路"谅解备忘录
	刚果（布）	中国与塞拉利昂等 28 个非洲国家签署共建"一带一路"谅解备忘录
	津巴布韦	中国与塞拉利昂等 28 个非洲国家签署共建"一带一路"谅解备忘录
	阿尔及利亚	中国与塞拉利昂等 28 个非洲国家签署共建"一带一路"谅解备忘录

续表

洲别	国家／地区	签订协议情况
	坦桑尼亚	中国与塞拉利昂等 28 个非洲国家签署共建"一带一路"谅解备忘录
	布隆迪	中国与塞拉利昂等 28 个非洲国家签署共建"一带一路"谅解备忘录
	佛得角	中国与塞拉利昂等 28 个非洲国家签署共建"一带一路"谅解备忘录
	乌干达	中国与塞拉利昂等 28 个非洲国家签署共建"一带一路"谅解备忘录
	冈比亚	中国与塞拉利昂等 28 个非洲国家签署共建"一带一路"谅解备忘录
	多哥	中国与塞拉利昂等 28 个非洲国家签署共建"一带一路"谅解备忘录
	卢旺达	中国与卢旺达签署"一带一路"建设相关文件
	摩洛哥	中国与摩洛哥签署共建"一带一路"谅解备忘录
	马达加斯加	中国与马达加斯加签署《中华人民共和国政府与马达加斯加共和国政府关于共同推进丝绸之路经济带和 21 世纪海上丝绸之路建设的谅解备忘录》
	突尼斯	中国与突尼斯签署共建"一带一路"谅解备忘录
	利比亚	中国与利比亚签署共建"一带一路"谅解备忘录
	埃及	中国与埃及签署共建"一带一路"合作文件
	赤道几内亚	中国与赤道几内亚签署共建"一带一路"谅解备忘录
	利比里亚	中国与利比里亚签署共建"一带一路"谅解备忘录
	莱索托	中莱、中科、中贝签署"一带一路"合作谅解备忘录
	科摩罗	中莱、中科、中贝签署"一带一路"合作谅解备忘录
	贝宁	中莱、中科、中贝签署"一带一路"合作谅解备忘录
	马里	中国和马里签署共建"一带一路"合作备忘录

续表

洲别	国家 / 地区	签订协议情况
	尼日尔	中国与非洲联盟签署共建"一带一路"合作规划
	刚果（金）	中国与刚果（金）签署关于共同推进"一带一路"建设的谅解备忘录
	博茨瓦纳	中国与博茨瓦纳签署"一带一路"合作文件
	中非	中国与中非签署共建"一带一路"谅解备忘录
	几内亚比绍	中国与几内亚比绍签署共建"一带一路"谅解备忘录
	厄立特里亚	中国与厄立特里亚签署共建"一带一路"谅解备忘录
	布基纳法索	中国与布基纳法索签署共建"一带一路"谅解备忘录
	圣多美和普林西比	中国与圣普签署共建"一带一路"谅解备忘录
	马拉维	中国与马拉维签署共建"一带一路"谅解备忘录
亚洲	韩国	"一带一路"倡议和韩国"欧亚倡议"对接，双方签署合作谅解备忘录
	蒙古国	中国同蒙古国、新加坡、东帝汶、马来西亚、缅甸等国签署政府间"一带一路"合作谅解备忘录
	新加坡	中国同蒙古国、新加坡、东帝汶、马来西亚、缅甸等国签署政府间"一带一路"合作谅解备忘录
	东帝汶	中国同蒙古国、新加坡、东帝汶、马来西亚、缅甸等国签署政府间"一带一路"合作谅解备忘录
	马来西亚	中国同蒙古国、新加坡、东帝汶、马来西亚、缅甸等国签署政府间"一带一路"合作谅解备忘录
	缅甸	中国同蒙古国、新加坡、东帝汶、马来西亚、缅甸等国签署政府间"一带一路"合作谅解备忘录
	柬埔寨	中国与柬埔寨签署政府间共建"一带一路"合作文件
	越南	中国与越南签署共建"一带一路"和"两廊一圈"合作备忘录

续表

洲别	国家/地区	签订协议情况
	老挝	中国与老挝签署共建"一带一路"合作文件
	文莱	中国同文莱签署"一带一路"等双边合作文件
	巴基斯坦	中国同巴基斯坦等国签署政府间"一带一路"合作谅解备忘录
	斯里兰卡	中国商务部和斯里兰卡财政计划部签署有关共建"21世纪海上丝绸之路"的备忘录
	孟加拉国	中孟签署《关于编制共同推进"一带一路"建设合作规划纲要的谅解备忘录》
	尼泊尔	中国同尼泊尔等国签署政府间"一带一路"合作谅解备忘录
	马尔代夫	中国同马尔代夫签署政府间共同推进"一带一路"建设谅解备忘录
	阿联酋	中国与阿联酋签署共建"一带一路"谅解备忘录
	科威特	科威特是最早同中国签署共建"一带一路"合作文件的国家
	土耳其	中国与土耳其签署"一带一路"谅解备忘录
	卡塔尔	中国同卡塔尔签署"一带一路"等领域合作文件
	阿曼	中国与阿曼签署共建"一带一路"谅解备忘录
	黎巴嫩	中国同黎巴嫩签署共建"一带一路"合作文件
	沙特阿拉伯	中国和沙特阿拉伯发表关于建立全面战略伙伴关系的联合声明
	巴林	中国与巴林签署共同推进"一带一路"建设的谅解备忘录
	伊朗	中国和伊朗发表关于建立全面战略伙伴关系的联合声明
	伊拉克	中国和伊拉克发表关于建立战略伙伴关系的联合声明
	阿富汗	中国和阿富汗发表联合声明

续表

洲别	国家/地区	签订协议情况
	阿塞拜疆	中阿签署《中阿关于共同推进丝绸之路经济带建设的谅解备忘录》
	格鲁吉亚	中国与格鲁吉亚启动自贸区可行性研究并签署共建"丝绸之路经济带"合作文件
	亚美尼亚	中国和亚美尼亚发表关于进一步发展和深化友好合作关系的联合声明
	哈萨克斯坦	中国发改委与哈萨克斯坦国民经济部签署关于共同推进丝绸之路经济带建设的谅解备忘录
	吉尔吉斯斯坦	中国和吉尔吉斯斯坦发表关于建立全面战略伙伴关系联合声明
	塔吉克斯坦	中塔签署《关于编制中塔合作规划纲要的谅解备忘录》
	乌兹别克斯坦	中乌签署共建"丝绸之路经济带"合作文件
	泰国	中泰签署《共同推进"一带一路"建设谅解备忘录》
	印度尼西亚	中印尼签署推进"一带一路"和"全球海洋支点"建设谅解备忘录
	菲律宾	中国与菲律宾发表联合声明
	也门	中国与也门签署共建"一带一路"谅解备忘录
	叙利亚	中国和叙利亚签署"一带一路"合作谅解备忘录
	巴勒斯坦	中国与巴勒斯坦签署共建"一带一路"谅解备忘录
	土库曼斯坦	中国与土库曼斯坦签署共建"一带一路"谅解备忘录
欧洲	塞浦路斯	中国与塞浦路斯签署共建"一带一路"合作文件
	俄罗斯	中国与俄罗斯发表关于丝绸之路经济带建设和欧亚经济联盟建设对接合作的联合声明
	奥地利	中国同奥地利签署"一带一路"合作文件
	希腊	中国与希腊签署共建"一带一路"合作谅解备忘录

续表

洲别	国家/地区	签订协议情况
	波兰	中国同波兰、塞尔维亚、捷克、保加利亚、斯洛伐克分别签署政府间共同推进"一带一路"建设谅解备忘录
	塞尔维亚	中国同波兰、塞尔维亚、捷克、保加利亚、斯洛伐克分别签署政府间共同推进"一带一路"建设谅解备忘录
	捷克	中国同波兰、塞尔维亚、捷克、保加利亚、斯洛伐克分别签署政府间共同推进"一带一路"建设谅解备忘录
	保加利亚	中国同波兰、塞尔维亚、捷克、保加利亚、斯洛伐克分别签署政府间共同推进"一带一路"建设谅解备忘录
	斯洛伐克	中国同波兰、塞尔维亚、捷克、保加利亚、斯洛伐克分别签署政府间共同推进"一带一路"建设谅解备忘录
	阿尔巴尼亚	中国同克罗地亚、黑山、波黑、阿尔巴尼亚签署政府间"一带一路"合作谅解备忘录
	克罗地亚	中国同克罗地亚、黑山、波黑、阿尔巴尼亚签署政府间"一带一路"合作谅解备忘录
	波黑	中国同克罗地亚、黑山、波黑、阿尔巴尼亚签署政府间"一带一路"合作谅解备忘录
	黑山	中国同克罗地亚、黑山、波黑、阿尔巴尼亚签署政府间"一带一路"合作谅解备忘录
	爱沙尼亚	中国与中东欧 16 国签署"一带一路"合作文件
	立陶宛	中国与中东欧 16 国签署"一带一路"合作文件
	斯洛文尼亚	中国与中东欧 16 国签署"一带一路"合作文件
	匈牙利	中国与匈牙利签署关于共同推进丝绸之路经济带和 21 世纪海上丝绸之路建设的谅解备忘录

续表

洲别	国家/地区	签订协议情况
	北马其顿	中马签署《中华人民共和国商务部和马其顿共和国经济部关于在中马经贸混委会框架下推进共建丝绸之路经济带谅解备忘录》
	罗马尼亚	中罗签署《关于在两国经济联委会框架下推进"一带一路"建设的谅解备忘录》
	拉脱维亚	中拉签署共建"一带一路"政府间谅解备忘录
	乌克兰	中乌签署"一带一路"框架下合作协议
	白俄罗斯	中白签署共建"丝绸之路经济带"合作议定书
	摩尔多瓦	中国与中东欧16国签署"一带一路"合作文件
	马耳他	中国与马耳他签署中马共建"一带一路"合作文件
	葡萄牙	中国和葡萄牙发表关于进一步加强全面战略伙伴关系的联合声明
	意大利	中国与意大利签署"一带一路"合作文件
	卢森堡	中国同卢森堡签署共建"一带一路"谅解备忘录
大洋洲	新西兰	中国和新西兰签署关于加强"一带一路"倡议合作的安排备忘录
	巴布亚新几内亚	中国与巴布亚新几内亚签署共建"一带一路"合作文件
	萨摩亚	中国与萨摩亚签署"一带一路"倡议合作谅解备忘录
	纽埃	中国与纽埃签署"一带一路"合作谅解备忘录
	斐济	中国与斐济签署共建"一带一路"合作谅解备忘录
	密克罗尼西亚联邦	中国同密克罗尼西亚联邦、库克群岛、汤加等签署共建"一带一路"合作协议
	库克群岛	中国同密克罗尼西亚联邦、库克群岛、汤加等签署共建"一带一路"合作协议
	汤加	中国同密克罗尼西亚联邦、库克群岛、汤加等签署共建"一带一路"合作协议

续表

洲别	国家/地区	签订协议情况
	瓦努阿图	中瓦签署共同推进"一带一路"建设谅解备忘录
	所罗门群岛	中国与所罗门群岛签署共建"一带一路"谅解备忘录
	基里巴斯	中基两国政府签署共同推进"一带一路"建设合作文件
南美洲	智利	中国与智利签署共建"一带一路"合作谅解备忘录
	圭亚那	中国与圭亚那签署"一带一路"合作文件
	玻利维亚	中玻签署共建"一带一路"等双边合作文件
	乌拉圭	中国与乌拉圭签署共建"一带一路"谅解备忘录
	委内瑞拉	中国同委内瑞拉签署共建"一带一路"合作文件
	苏里南	中国与苏里南签署共建"一带一路"合作文件
	厄瓜多尔	中厄签署"一带一路"合作文件
	秘鲁	中国与秘鲁签署共建"一带一路"谅解备忘录
	阿根廷	中国与阿根廷签署共建"一带一路"谅解备忘录
北美洲	哥斯达黎加	中国同哥斯达黎加签署共建"一带一路"谅解备忘录
	巴拿马	中国与巴拿马签署《关于共同推进丝绸之路经济带和21世纪海上丝绸之路建设的谅解备忘录》
	萨尔瓦多	中国与萨尔瓦多签署共建"一带一路"合作谅解备忘录
	多米尼加	中国与多米尼加签署共建"一带一路"合作谅解备忘录
	特立尼达和多巴哥	中国与特立尼达和多巴哥签署共建"一带一路"合作文件
	安提瓜和巴布达	中国与安提瓜和巴布达签署《关于共同推进丝绸之路经济带与21世纪海上丝绸之路建设的谅解备忘录》

续表

洲别	国家/地区	签订协议情况
	多米尼克	中国与多米尼克签署《中华人民共和国政府与多米尼克政府关于共同推进丝绸之路经济带与21世纪海上丝绸之路建设的谅解备忘录》
	格林纳达	中国与格林纳达签署共建"一带一路"谅解备忘录
	巴巴多斯	中国与巴巴多斯签署共建"一带一路"合作谅解备忘录
	古巴	中国与古巴签署《关于共同推进丝绸之路经济带和21世纪海上丝绸之路建设的谅解备忘录》
	牙买加	中国与牙买加签署共建"一带一路"谅解备忘录
	尼加拉瓜	中国与尼加拉瓜签署共建"一带一路"谅解备忘录

资料来源：https://www.yidaiyilu.gov.cn/xwzx/roll/77298.htm。

图书在版编目（CIP）数据

"一带一路"金融风险与金融监管 / 祝继高等著
. -- 北京 : 中国人民大学出版社, 2023.8
（共建"一带一路"高质量发展丛书）
ISBN 978-7-300-31927-8

Ⅰ.①一… Ⅱ.①祝… Ⅲ.①国际金融 – 风险管理 –
研究②国际金融 – 金融监管 – 研究 Ⅳ.①F831

中国国家版本馆 CIP 数据核字 (2023) 第 121451 号

共建"一带一路"高质量发展丛书
"一带一路"金融风险与金融监管
祝继高　王　谊　等　著
"Yidai Yilu" Jinrong Fengxian yu Jinrong Jianguan

出版发行	中国人民大学出版社		
社　　址	北京中关村大街31号	邮政编码	100080
电　　话	010-62511242（总编室）	010-62511770（质管部）	
	010-82501766（邮购部）	010-62514148（门市部）	
	010-62515195（发行公司）	010-62515275（盗版举报）	
网　　址	http://www.crup.com.cn		
经　　销	新华书店		
印　　刷	涿州市星河印刷有限公司		
开　　本	720 mm×1000 mm　1/16	版　　次	2023年8月第1版
印　　张	29 插页2	印　　次	2023年12月第2次印刷
字　　数	266 000	定　　价	128.00元